以文化人　守正创新
——新时代党史课程教学改革探索

李栓久◎主　编
何志明　段文健◎副主编

图书在版编目（CIP）数据

以文化人　守正创新：新时代党史课程教学改革探索 / 李栓久主编. -- 成都：四川大学出版社，2025.5. -- ISBN 978-7-5690-7598-4

Ⅰ．D23

中国国家版本馆 CIP 数据核字第 2025RR1285 号

书　　名：	以文化人　守正创新——新时代党史课程教学改革探索
	Yiwenhuaren Shouzheng-Chuangxin——Xinshidai Dangshi Kecheng Jiaoxue Gaige Tansuo
主　　编：	李栓久

选题策划：周　洁
责任编辑：周　洁
责任校对：周　颖
装帧设计：墨创文化
责任印制：李金兰

出版发行：四川大学出版社有限责任公司
　　　　　地址：成都市一环路南一段 24 号（610065）
　　　　　电话：（028）85408311（发行部）、85400276（总编室）
　　　　　电子邮箱：scupress@vip.163.com
　　　　　网址：https://press.scu.edu.cn
印前制作：四川胜翔数码印务设计有限公司
印刷装订：成都市火炬印务有限公司

成品尺寸：170 mm×240 mm
印　　张：18.5
字　　数：265 千字

扫码获取数字资源

版　　次：2025 年 5 月 第 1 版
印　　次：2025 年 5 月 第 1 次印刷
定　　价：82.00 元

四川大学出版社
微信公众号

本社图书如有印装质量问题，请联系发行部调换

版权所有　◆　侵权必究

前　言

　　文化是一个国家、一个民族的灵魂。2024年，习近平总书记对学校思政课建设作出重要指示："以中华优秀传统文化、革命文化和社会主义先进文化为力量根基，把道理讲深讲透讲活，守正创新推动思政课建设内涵式发展，不断提高思政课的针对性和吸引力。"党的历史是高校思政课最生动、最有说服力的教科书，党史课程是大学阶段的一门重要课程，将中华优秀传统文化、革命文化和社会主义先进文化融入党史课程教学，对于引导青年学生增强文化自信、推动文化传承与创新、深化党史育人功能具有重要的现实意义。

　　自2021年以来，四川大学相继开设"四史"课"中共党史"和马克思主义理论本科基础课程"中国共产党历史"。在课程教学团队的努力下，两类课程在内容和形式上实现了相互支撑与资源共享。以教学资源开发为例，教学团队编写出版学生学习指导用书《百年历程中的伟大实践：党史导读与学习指导》，"中国共产党历史"慕课也相继在智慧树和中国大学MOOC网上线，同时完成AI课程建设等。教学团队坚持以习近平文化思想为根本遵循，紧扣《党史学习教育工作条例》中关于"加强党史精品课程建设，建立完善党史精品课程库"助力马克思主义理论和中共党史党建学学科建设的部署要求，着力构建"中共党史（公共课）"和"中国共产党历史（专业课）"双课程体系，不断深化教学改革，在全省率先发起推进中华优秀传统文化、革命文化和社会主义先进文化融入党史课程教学的理论研究与实践探索，最终凝聚成了这部《以文化人　守正创新——新时

以文化人　守正创新
——新时代党史课程教学改革探索

代党史课程教学改革探索》。

　　本书既是教学团队深耕细作的阶段性成果，也是新时代高校以文化人、培根铸魂的生动实践。在内容架构上，本书由总论和三个篇章构成，包含18篇论文，均为一线教师针对课堂教学中存在的"融入"问题所进行的思考。第一篇章重点探讨了新时代背景下推进中华优秀传统文化融入党史课程的应用载体、逻辑理路、具体路径等问题；第二篇章重点分析了如何将红色故事、红色校史、革命文物、革命家精神等革命文化融入党史课教学；第三篇章重点考察了推进社会主义先进文化融入党史课程的价值旨归、现实困境、路径选择等基本问题。这些研究直面教学难点，精准剖析融入关键，无一不是在为党史课程教学"添砖加瓦"。我们期待这些探索能够引起全国高校党史课程教学同行的关注，助力更多教师丰富教学内容、优化教学方法，使党史教学真正成为培根铸魂、启智润心的生动实践。

　　值得一提的是，本书的作者主要来自四川大学马克思主义学院和川内其他兄弟高校，如电子科技大学、四川师范大学、西南科技大学、四川文理学院、中国民用航空飞行学院等。这种跨校合作模式，不仅带来了丰富的教学实践经验，也展现了新时代党史课程教学改革的开放理念。我们希望以此为契机，诚邀更多的党史研究专家和一线教师投身党史课程教学改革，共同探索新时代党史课程教育教学的创新路径。

　　特别鸣谢四川大学马克思主义学院以及全国高校思想政治理论课教师研修基地（四川大学）对本书出版的大力支持。四川大学出版社为本书的编辑出版提供了全方位的专业指引，确保本书得以高质量呈现。在此，我们谨向所有为本书出版作出贡献的专家学者和出版工作者致以崇高的敬意。由于学识所限，书中疏漏之处在所难免，衷心期待能得到学界同行的批评指教。

编　者
2025年4月

目 录

总　论　坚持正确的文化方向，推进党史课程建设内涵式发展
……………………………………………………………… 何志明 /001

第一篇　中华优秀传统文化

新时代中华优秀传统文化融入党史课程的教学路径分析……… 段文健 /019
中华优秀传统文化融入党史学习教育刍议 ……………………… 苗翠翠 /032
中华优秀传统文化融入高校党史课程的逻辑理路……… 薛一飞　游梦琪 /048
中华优秀传统文化为党史课程注入"中国特色"之魂 …………… 粟薪樾 /062
中华优秀传统文化中蕴含的党史课程教学资源探析…… 黄雪垠　杞　航 /082

第二篇　革命文化

党史课程教学过程中应该强调讲好"红色故事" ……………… 刘雨丝 /105
革命文化资源融入马克思主义基本原理研究 ………… 魏泳安　普思琪 /117
让革命文物走进党史课的一点思考……………………………… 秦　仆 /130
"三线精神"融入党史课教学的经验与体会 …………… 崔一楠　唐　岑 /143
以老一辈川籍无产阶级革命家精神风范贯穿党史教育全过程
　　　　　　　　　　　　　　　　　　　　…… 张俊峰　何先成 /160
运用红色校史文化提升高校思政育人实效的困境与突破
　　　　　　　　　　　　　　　　　…… 冯　兵　赵　一　周家盈 /175

中国共产党人精神谱系融入党史课程教学专题的优化设计研究
.... 刘美佳 /196

第三篇　社会主义先进文化

社会主义先进文化融入高校党史课程的教学立意探析
.... 刘宗灵　李晨馨 /215
社会主义先进文化融入党史课教学的必要性与契合性 .... 刘园园 /230
社会主义先进文化融入党史课教学的价值旨归、现实困境与路径
　选择研究 .... 邢海晶　叶碧琳 /247
社会主义先进文化融入党史课教学的前提、着力点与实现路径
.... 李　欢 /265
社会主义先进文化融入"中共党史"课程教学的路径研究
.... 徐　鹏　赵甜甜 /278

总 论
坚持正确的文化方向，推进党史课程建设内涵式发展[*]

何志明[①]

摘　要：内涵式发展是党史课程建设成效的标识性特点。新时代党史课程建设必须坚持强调文化的指引作用和厚植课程的文化底蕴。中华优秀传统文化、革命文化和社会主义先进文化是中国特色社会主义文化建设的重要基础。新时代党史课程内涵式发展，必须以习近平文化思想为指导，突出中华优秀传统文化、革命文化和社会主义先进文化在党史课程建设中的重要地位，强调其"源头活水"、"鲜活资源"和"方向指引"作用，精心遴选教学案例，持续推进党史课程建设的内涵式发展。

关键词：习近平文化思想；文化方向；党史课程；内涵式发展

---

[*]【基金项目】国家社科基金重点项目"中共中央驻北方代表历史资料搜集、整理与研究"（项目编号：24ADJ009）；四川大学研究阐释党的二十届三中全会精神专项"中国式现代化历程中的精神文明建设实施路径及其经验研究"（项目编号：2024SZQH05）。

[①]【作者简介】何志明，四川大学马克思主义学院副教授，硕士生导师，历史学博士，四川大学"四史"课程之"中共党史"、马克思主义理论本科专业基础课"中国共产党历史"课程负责人，主要从事中共党史研究。

以文化人　守正创新
——新时代党史课程教学改革探索

经过十余年的快速发展之后，思政课建设也面临新的使命与任务。2024年5月，习近平总书记对学校思政课建设作出重要指示，提出新时代新征程，思政课也面临新形势新任务，"要始终坚持马克思主义指导地位，以中国特色社会主义取得的举世瞩目成就为内容支撑，以中华优秀传统文化、革命文化和社会主义先进文化为力量根基，把道理讲深讲透讲活，守正创新推动思政课建设内涵式发展，不断提高思政课的针对性和吸引力"①。党的十八大以来，思政课建设取得了令人瞩目的成就。习近平总书记以中华优秀传统文化、革命文化和社会主义先进文化为核心概念，为新时代推进思政课建设指明了方向，那就是以文化为依托，以内涵式发展为根本途径。为此，党的二十届三中全会通过的《中共中央关于进一步全面深化改革、推进中国式现代化的决定》指出，"必须增强文化自信，发展社会主义先进文化，弘扬革命文化，传承中华优秀传统文化"。作为四川大学"四史"课程之一，"中共党史"课程自2021年开设以来，在取得了一些阶段性成果的同时，也面临如何实现内涵式发展的全新课题。习近平总书记关于"以中华优秀传统文化、革命文化和社会主义先进文化为力量根基"的重要指示，为本课程从文化的角度入手，推进课程建设的内涵式发展提供了重要遵循。

一、中华优秀传统文化是党史课程建设的重要源头活水

中华民族已经走过了五千多年的发展历程，创造了光辉灿烂的中华文明，形成了具有自身特色的中华优秀传统文化。这是中华民族的根和魂，也是我们文化自信的源头，更是中国人民生生不息的重要软实力。习近平总书记指出："优秀传统文化是一个国家、一个民族传承和发展的根本，

---

① 《不断开创新时代思政教育新局面　努力培养更多让党放心爱国奉献担当民族复兴重任的时代新人》，《人民日报》，2024年5月12日，第1版。

总　论　坚持正确的文化方向，推进党史课程建设内涵式发展

如果丢掉了，就割断了精神命脉。"① 中华优秀传统文化是中华民族不懈奋斗的精神力量，更是中国共产党百年来踔厉奋发、笃行不怠的情感动力。自成立之日起，中国共产党就是中华优秀传统文化的忠实继承者和弘扬者。无论是新民主主义革命时期、社会主义革命和建设时期、改革开放和社会主义现代化建设新时期，还是中国特色社会主义新时代，中国共产党人都继承与发扬了中华优秀传统文化，谱写了可歌可泣的壮美诗篇，创造了不朽的中国奇迹，成为推动实现中华民族伟大复兴、实现中国式现代化目标的不竭动力。那么，哪些才是中华优秀传统文化的体现？习近平总书记在全国宣传思想工作会议上指出："要把优秀传统文化的精神标识提炼出来、展示出来，把优秀传统文化中具有当代价值、世界意义的文化精髓提炼出来、展示出来。"② 中华优秀传统文化博大精深，内容丰富，具体可以体现为深沉的家国情怀、深邃的和合理念、恢宏的天下胸襟、坚定的世界担当。这些是中华优秀传统文化的精神标识，也是党史课程建设永远要汲取的精神养分。

（一）深沉的家国情怀

所谓"家国情怀"，是指公民对于民族共同体的高度认同以及对于国家和家庭的情感升华。其基本内涵包括家国同构、共同体意识和仁爱之情。它既与忠孝观念、民族精神、爱国主义、乡土情感、天下为公等传统文化有重要联系，又是对这些传统文化的超越。习近平总书记高度重视家国情怀的涵育。2019 年春节团拜会上，习近平总书记发表重要讲话时强调，"我们要在全社会大力弘扬家国情怀，培育和践行社会主义核心价

---

① 习近平：《在纪念孔子诞辰 2565 周年国际学术研讨会暨国际儒学联合会第五届会员大会开幕会上的讲话》，《人民日报》，2014 年 9 月 25 日，第 2 版。
② 《举旗帜聚民心育新人兴文化展形象　更好完成新形势下宣传思想工作使命任务》，《人民日报》，2018 年 8 月 23 日，第 1 版。

观,弘扬爱国主义、集体主义、社会主义精神,提倡爱家爱国相统一,让每个人、每个家庭都为中华民族大家庭作出贡献。"① 习近平总书记所提倡的"家国情怀",既是中华民族优秀传统文化的重要内容,又是中华民族五千多年历史上众多志士仁人的杰出表现,更是向着中华民族伟大复兴中国梦奋斗而不可缺少的精神状态。在中国共产党的百年历程中,一大批中国共产党人在这种家国情怀的指引下,毅然决然地踏上了不懈奋斗的人生道路直至战斗到生命的最后一刻。

在本课程的教学专题"中国共产党的不懈奋斗史"中,可以融入一批具有代表性的共产党人的感人案例,向学生展现共产党人这种深沉的家国情怀。以山东早期党的创始人邓恩铭的家书为例,1925年8月,邓恩铭任中共山东地方执行委员会书记,领导全省的职工运动、农民运动和统一战线等各项工作。9月,他接到六弟来信,因家乡遭灾,米价飞涨,希望他寄钱回家,帮助度过灾荒。他在复信中写道:"我从济南回到青州,就知道家乡米贵。但是我没有分文汇回去,使老少少受点穷苦,实在是罪过!但是,弟弟们,你们要原谅我,因为我赋性刚直,脾气不好,在这样的时代,实无我插身的地,兼之我又不会巴结,所以在外漂泊两年,只能谋个人的温饱,无力顾家。这实在是不得已的事情,不是我目无家庭也。现在我一面请求二叔汇点钱去,我自家也设法筹措点,九日以前总有钱汇回去,至于多少不能决定。"② 彼时,邓恩铭掌管着党的许多办公经费,若有一点私心,是能够拿出一点钱来接济家里的。可他宁愿亏欠家里,也不愿影响革命,这个感人故事的背后,展现的是共产党人这种"舍小家、为大家"的家国情怀。此外,四川早期共产主义的传播者、曾在国立成都高等师范学校任教的王右木为了筹措党的经费,变卖家庭财产的故事,也

---

① 《习近平在2019年春节团拜会上的讲话》,《人民日报》,2019年2月4日,第1版。
② 《邓恩铭家书里的家国情怀》,《中国组织人事报》,2023年8月21日,第7版。

可以融入本专题，有效拉进学生与教学内容的距离，使学生进一步了解川大校史。

（二）深邃的和合理念

和合理念是指中国优秀传统文化的首要价值，也是中国文化的精髓所在。"和合"二字，最早见于春秋时期的《国语·郑语》："商契能和合五教，以保于百姓者也。""和合"理念也是春秋战国时期诸子百家反复阐述的重要理念，例如老子的"阴阳和合"、孔子的"和为贵"、孟子的"天时不如地利，地利不如人和"。管子则将"和合"并举："畜之以道则民和，养之以德则民合。和合故能习。"在中国先贤那里，"和"和"合"是实现"和谐"的途径，"和谐"是"和"和"合"的理想实现，也是人类古往今来孜孜以求的"天"与"人"诸多元素之间的理想关系状态。关于和合理念，习近平认为："'和'指的是和谐、和平、中和等，'合'指的是汇合、融合、联合等。这种'贵和尚中、善解能容，厚德载物、和而不同'的宽容品格，是我们民族所追求的一种文化理念。"① 这种理念体现在中国传统文化中的"天人合一""和谐共生""以和为贵""协和万邦""和而不同""求同存异"等思想和观念中，蕴含了极其深刻的哲学思辨和中国智慧。

在党史课的教学设计中，应该充分融入上述中国古代先贤的哲学思想，精心遴选教学案例，突出中国共产党百年来对和合理念的追求。在"中国共产党百年发展历程概述"等教学专题中，突出中国共产党强调"和而不同""求同存异"，始终承认差别和分歧，在此基础上调整统一战线策略，实现了两次国共合作，最终赢得了革命的胜利。在新中国成立后，中国共产党在处理党际、国际关系的正确策略，也体现了和而不同的

---

① 习近平：《之江新语》，浙江人民出版社2007年版，第150页。

原则。党的十八大以来，习近平总书记在讲话中多次提到"共生""和合共生"的理念。2021年7月6日，习近平总书记在中国共产党与世界政党领导人峰会上的主旨讲话中强调："人类是一个整体，地球是一个家园。面对共同挑战，任何人任何国家都无法独善其身，人类只有和衷共济、和合共生这一条出路。"[①] 在不同教学专题中，融入中国共产党以和合理念为指引的理论与实践成果，能使党史课程的教学内容拥有更为扎实的传统文化基础。

（三）恢宏的天下胸襟

天下胸襟是一种天下观，强调人应该将天下作为自己分析与审视问题的立足点。中国优秀传统文化孕育了中国人特有的天下观，那就是以万民苍生为旨归。例如古代先贤提出的"修身、齐家、治国、平天下""穷则独善其身，达则兼济天下"的崇高品格，"先天下之忧而忧，后天下之乐而乐"的博大胸怀，"天下兴亡，匹夫有责"的使命担当，都是中国人天下胸襟的直接体现。鸦片战争以后，面临危如累卵的局面，一大批先进的中国人以救国救民为己任，踏上了寻求国家独立、民族解放的救国之路。他们用鲜血和生命为中国人找到了一条救国之路，那就是马克思主义。十月革命后，马克思的学说在中国广泛传播，马克思关于全人类彻底解放、实现共产主义的学说，迅速与中国传统文化中的天下胸襟结合在一起，成为先进中国人最终选择的信仰。在"中国共产党的思想探索史"教学专题中，在涉及马克思主义在中国早期传播部分，不仅要突出十月革命对马克思主义传播的影响，也就是外因的作用，而且要着重分析马克思的学说与中华优秀传统文化中的天下观之间存在相通之处，使先进中国人实现了

---

① 《加强政党合作 共谋人民幸福——在中国共产党与世界政党领导人峰会上的主旨讲话》，《人民日报》，2021年7月7日，第2版。

"外来思想"与"内在基因"之间的有机嵌套,最终使学生对马克思主义在中国广泛传播的认识更为深刻,从而达到较好的教学效果。

(四)坚定的世界担当

世界担当也是一种特殊的天下观,属于中华优秀传统文化的重要组成部分,强调个人和组织对于世界的责任,最终实现"天下大同"的美好愿景。《礼记·礼运》中关于大同社会的描述即体现了这一点:大道之行也,天下为公。选贤与能,讲信修睦。故人不独亲其亲,不独子其子,使老有所终,壮有所用,幼有所长,矜、寡、孤、独、废疾者皆有所养,男有分,女有归。货恶其弃于地也,不必藏于己;力恶其不出于身也,不必为己。是故谋闭而不兴,盗窃乱贼而不作,故外户而不闭。是谓大同。在中国传统观念中,小到个人,大到政权,都应该在实现大同社会目标中发挥作用。那么,中华文明如何承担起应有的世界文化担当?2014年3月27日,习近平主席在联合国教科文组织总部发表演讲中指出:"推动中华文明创造性转化和创新性发展,激活其生命力,把跨越时空、超越国度、富有永恒魅力、具有当代价值的文化精神弘扬起来,让收藏在博物馆里的文物、陈列在广阔大地上的遗产、书写在古籍里的文字都活起来,让中华文明同世界各国人民创造的丰富多彩的文明一道,为人类提供正确的精神指引和强大的精神动力。"① 这种强调文明互鉴的思路,同样强调中华文明在人类文明中发挥世界担当的作用。在文明互鉴维度如此,在反侵略战争方面,中国共产党人也同样发挥了重要作用。在"中国共产党的不怕牺牲史"专题中,分析中国共产党领导的反侵略斗争尤其是抗日战争,中国人民以强烈的世界担当,承担了世界反法西斯主战场的责任,为人类反法西

---

① 《习近平在联合国教科文组织总部发表演讲》,《人民日报》,2014年3月28日,第3版。

斯战争的最后胜利作出了不可磨灭的贡献。

深沉的家国情怀、深邃的和合理念、恢宏的天下胸襟、坚定的世界担当，是中华优秀传统文化的重要组成部分。在党史课程教学设计环节，需要结合各专题教学内容，精心遴选教学案例，将中华优秀传统文化融入课程教学过程，夯实党史课程的传统文化根基。

二、革命文化是党史课程建设的鲜活资源

所谓"革命文化"，是指中国共产党成立以来，领导中国人民在新民主主义革命、社会主义革命和建设、改革开放和社会主义现代化建设新时期以及中国特色社会主义新时代的长期革命斗争实践中形成的一种独具中国特色的先进文化。革命文化以马克思主义为指导，坚持共产主义理想信念，以革命精神为内核，以人民为中心的价值取向，以实现中华民族伟大复兴为志向。[①] 中国共产党百年历史征程中，留下了深厚的革命文化积淀，这些都是党史课程建设的鲜活资源。革命文化是中国共产党人在重大历史事件中的突出事迹为主要体现，形成的极具标识性的精神概念。这些概念主要由中国共产党人的精神谱系构成，也是党史课程教学过程中的重要素材。因此，将精神谱系与"五史"结合起来，形成具有川大特色的党史课程教学设计，是革命文化融入党史课的重要途径。

（一）以伟大梦想精神展现中国共产党百年不懈奋斗史

中国共产党的百年历史，就是一部执着追求实现中华民族伟大复兴中国梦的不懈奋斗史。理想信念如火炬，如明灯，一经点燃就会产生巨大的精神力量。"为什么中国革命能成功？奥秘就是革命理想高于天，在最困

---

① 范希春：《在推进中国式现代化历史进程中大力弘扬革命文化》，《红旗文稿》，2023年第6期。

难的时候坚持下去,这样才能不断取得奇迹般的胜利"。第五次反"围剿"失败后,面对强敌的围追堵截,红军辗转 14 省,翻雪山、过草地,诞生了著名的长征精神。"困难再大,想想红军长征,想想湘江血战",一切困难都迎刃而解。抗战时期,面对顽固派的经济封锁,我们党艰苦奋斗、自力更生,把荒凉的南泥湾建设成了"陕北小江南",形成了奋斗到底的"南泥湾精神"。社会主义建设时期,面对"一穷二白、百废待兴"的局面,以王进喜为代表的石油工人,自立自强,攻克一道道技术难关,将"贫油国"的帽子扔进了太平洋,产生了著名的"大庆精神"。从长征精神、南泥湾精神到大庆精神,始终蕴含着实现中华民族独立与富强的伟大梦想,成为勾勒中国共产党百年不懈奋斗历程的重要线索。

(二)以伟大斗争精神诠释中国共产党百年不怕牺牲史

中国共产党的百年历史,就是一部充分发扬斗争精神勇往直前的不怕牺牲史。"敢于斗争、敢于胜利,是中国共产党不可战胜的强大精神力量。"① 这股精神气就是习近平总书记强调的"平常时候看得出来、关键时刻站得出来、危难关头豁得出来"。九一八事变后,中共满洲省委率先在全国举起抗日大旗,党领导下的东北抗联部队在白山黑水之间和日伪军展开了殊死搏斗,赵一曼、杨靖宇、赵尚志等一批优秀中华儿女抛头颅、洒热血,把生命留在了林海雪原,熔铸成东北抗联精神。新中国成立后,面对霸权主义威胁和重大自然灾害,一大批共产党人前赴后继,舍身报国,形成了抗美援朝精神、抗洪精神和抗震救灾精神等伟大斗争精神,谱写了一曲曲不畏艰险、敢于斗争、敢于胜利、勇于牺牲的英雄壮歌。敢于斗争是中国共产党的鲜明品格,我们党依靠斗争走到今天,也必然依靠斗

---

① 习近平:《在庆祝中国共产党成立 100 周年大会上的讲话》,人民出版社 2021 年版,第 17 页。

争赢得未来。

（三）以伟大创造精神贯穿中国共产党百年理论探索史

中国共产党的百年历史，就是一部敢于创造、追求真理的理论探索史。1921年成立伊始，中国共产党就面临着如何将马克思主义理论与中国实际相结合的问题。为此，中国共产党人发扬伟大创造精神并形成了一系列伟大理论成果。新民主主义革命时期，中国共产党坚持将外来理论与中国本土实际相结合，形成了伟大的井冈山精神、延安精神，推动了马克思主义中国化的第一次历史性飞跃；改革开放精神、特区精神等以敢为天下先的勇气，为中国特色社会主义道路的开辟作出了重要探索，开启了马克思主义中国化的第二次历史性飞跃；党的十八大以来，探月精神、新时代北斗精神、丝路精神等在习近平新时代中国特色社会主义思想的指引下，求真务实、勇于创新，见证了马克思主义中国化的第三次历史性飞跃。这些敢为人先的伟大创造精神，成为党百年理论探索历程中不可或缺的重要内容。

（四）以伟大奋斗精神谱写中国共产党百年为民造福史

中国共产党的百年历史，就是一部奋发图强、心系群众的为民造福史。"江山就是人民，人民就是江山。中国共产党根基在人民、血脉在人民、力量在人民。"党的百年历史，就是一部践行初心使命的历史，就是一部党与人民心连心、同呼吸、共命运的历史。为了改变恶劣的自然环境，一大批共产党人不畏艰苦，迎难而上，将原本不适宜人类居住的地方改造成为绿树成荫、鸟语花香的新家园，涌现出了著名的塞罕坝精神、红旗渠精神、焦裕禄精神、北大荒精神。党的十八大以来，面对贫困这个人类共同的敌人，党中央发起全面脱贫攻坚战，一大批党员干部走村入户实施精准扶贫，奔走于脱贫攻坚一线，很多人献出了宝贵的生命。经过全党全国人民的共同努力,中国在短短几十年内就消灭了绝对贫困现象,创造了人类减贫史上的奇迹,形成了脱贫攻坚精神;面对肆虐的新冠疫情,习近平总书记掷地有声:"人民至上、生命至上,保护人民生命安全和身体健康可以不惜一切代价。"一大批共产党员不眠不休地奋战在抗疫第一线,一个个临时支部、一份份请战书、一个个鲜红的手印,汇聚成伟大抗疫精神。这些伟大奋斗精神是中国共产党百年来为民造福的光辉历程的生动写照,成为本课程教学内容设计的重要线索。

(五)以伟大建党精神引领中国共产党百年自身建设史

中国共产党的百年历史,就是一部"不忘初心、牢记使命"的自身建设史。《中共中央关于党的百年奋斗重大成就和历史经验的决议》明确指出,一百年来,中国共产党坚持理想信念,坚守初心使命,勇于自我革命,在各种斗争中经受住考验和付出了巨大牺牲,"锤炼出鲜明政治品格,形成了以伟大建党精神为源头的精神谱系"①。办好中国的事情,关键在党,关键在加强党的领导和党的建设。一百年来,中国共产党秉承伟大建党精神,敢于刀刃向内,敢于刮骨疗毒,敢于壮士断腕,把党的伟大自我革命进行到底。坚持真理、坚守理想,面对大革命失败后的革命低潮和东欧剧变、苏联解体的外部环境挑战,中国共产党人始终不怕牺牲、英勇斗争,坚守马克思主义信仰;无论是局部执政还是全面执政时期,中国共产党人始终坚持自我革命和拒腐防变。无论是"两个务必"的提出还是新时代的"打虎""拍蝇",充分体现了中国共产党人践行初心、担当使命和对党忠诚、不负人民的可贵品质。伟大建党精神贯穿党的百年自身建设史始终,是中国共产党人团结带领人民不断从一个胜利走向另一个胜利的强大

---

① 《中共中央关于党的百年奋斗重大成就和历史经验的决议》,人民出版社2021年版,第64页。

精神动力源泉。

2016年10月，习近平总书记在纪念红军长征胜利80周年大会上的讲话中指出，"人无精神则不立，国无精神则不强。精神是一个民族赖以长久生存的灵魂，唯有精神上达到一定的高度，这个民族才能在历史的洪流中屹立不倒、奋勇向前"①。在党史课程建设中，应将中国共产党人精神谱系为核心的革命文化作为鲜活素材，充分强调"见人、见事、见精神"，这是推进党史课程内涵式发展的重要抓手。

三、社会主义先进文化是党史课程建设的方向指引

社会主义先进文化是在党领导人民推进中国特色社会主义伟大实践中，在马克思主义指导下形成的面向现代化、面向世界、面向未来的，民族的科学的大众的社会主义文化，代表着时代进步潮流和发展要求。那么，究竟什么是社会主义先进文化的核心要义，这是区别中华优秀传统文化、革命文化的重要体现。2023年10月，习近平总书记对宣传思想文化工作作出重要指示，明确要求"着力培育和践行社会主义核心价值观"②。社会主义核心价值观是中国共产党人进行社会主义先进文化建设的重要成果。围绕社会主义核心价值观的基本要义，将其融入党史课程建设，就是推进本课程内涵式发展的重要途径。党的十八大报告指出，我们要倡导"富强、民主、文明、和谐"，倡导"自由、平等、公正、法治"，倡导"爱国、敬业、诚信、友善"，积极培育社会主义核心价值观。③ 这24个

---

① 《习近平在纪念红军长征胜利80周年大会上的讲话》，《人民日报》，2016年10月22日，第2版。

② 《习近平对宣传思想文化工作作出重要指示》，http://www.gsftyg.com/2023-10/09/c_1129906354.htm，新华网。

③ 胡锦涛：《坚定不移沿着中国特色社会主义道路前进为全面建成小康社会而奋斗——在中国共产党第十八次全国代表大会上的报告》，《中国共产党第十八次全国代表大会文件汇编》，人民出版社2012年版，第29页。

字对社会主义核心价值观的内涵进行了全面概括，体现了中国人民价值观的"最大公约数"。从党史课程建设的角度，可以从"国家""社会""公民"三个维度展开教学案例库建设。

（一）教学案例之国家维度："富强、民主、文明、和谐"

国家富强和人民民主，是近代以来饱经磨难的中国人孜孜以求的奋斗目标。在本课程第一教学专题"中国共产党的百年发展历程概述"中，围绕新民主主义革命等四个历史时期，每个历史时期设计一个教学案例，突出中国共产党人为了追求国家富强、人民民主和社会和谐所作出的重大贡献。例如在新民主主义革命时期，可以选择全面抗战时期中国共产党在根据地经济建设方面取得的重大成就作为案例，例如在货币发行方面，边区币成功驱逐法币和伪币，为保障边区人民财产安全，稳定币值，避免恶性通货膨胀方面的巨大成就。在社会主义革命与建设时期、改革开放与社会主义现代化建设新时期和中国特色社会主义新时代分别以三线建设、西部大开发和精准脱贫为案例，分析中国共产党人在实现"富强、民主、文明、和谐"这一奋斗目标过程中的突出贡献。特别是在"精准脱贫"教学案例中，既要突出中国共产党人全心全意为人民服务的根本宗旨，也要观照鸦片战争以来以严复为代表的中国人"寻求富强"的发展脉络。①

（二）教学案例之社会维度："自由、平等、公正、法治"

自由、平等、公正、法治是社会主义核心价值观在价值导向方面的目标。强调立足社会的基本特点，反映了中国特色社会主义社会的根本属性，体现了中国共产党人在社会建设层面的总体目标。在教学案例库建设

---

① ［美］本杰明·史华兹著，叶凤美译：《寻求富强：严复与西方》，江苏人民出版社2010年版。

中，依托"中国共产党的自身建设史"专题，强调从社会维度入手，从司法制度完善的角度，分析不同时期中国共产党对于自由、平等、公正、法治的制度设计。以抗战时期的"黄克功案"、新中国成立后的"刘青山、张子善案"、改革开放时期的"成克杰案"以及中国特色社会主义新时期的"周永康案"作为案例。根据不同时期的司法案例，以点带面，从案件入手，分析不同历史时期的社会背景和制度建设。以"黄克功案"为例，从展示毛泽东亲笔写给陕甘宁边区高等法院院长雷经天的信件入手，以信函这一革命文物为载体，分析该案件的来龙去脉，突出中国共产党人厉行法治的重要特点。可以摘录其中的重要文字——"共产党与红军，对于自己的党员与红军成员不能不执行比较一般平民更加严格的纪律"，同时将1935 年发生的一起张灵甫杀妻案进行对比分析，强调中国共产党在严格监督执纪和摒弃特权思想方面作出的努力。1935 年，国民党军事将领张灵甫在西安将妻子吴海兰枪杀，在全国引起极大愤慨和声讨。国民政府为了平民愤，象征性地判了张灵甫几年刑，但很快予以释放并委以重用。中国共产党"挥泪斩马谡"与国民党包庇纵容张灵甫，形成了鲜明反差和强烈对比。"一杀"和"一放"，充分体现了"延安作风"打败"西安作风"。习近平总书记强调："我们党是靠革命理想和铁的纪律组织起来的马克思主义政党，纪律严明是党的光荣传统和独特优势。"[①] 纪律严明的背后，是中国共产党对于正义与法治始终不渝地遵循。

（三）教学案例之个人维度："爱国、敬业、诚信、友善"

爱国、敬业、诚信、友善反映了社会主义核心价值观在道德准则上的要求，是立足公民个人层面提出的规范，体现了社会主义价值追求和公民道德行为的本质属性。从国家、社会再到个人，背后是社会主义核心价值

---

① 习近平：《论坚持党对一切工作的领导》，中央文献出版社 2019 年版，第 16 页。

观的终极关怀：国家与社会的建设与发展，根本还是落实到个人。个人是人类社会构成的原子。对于个人来说，爱国、敬业、诚信、友善既有实现国家"大我"，也有实现个人"小我"的根本目标。在党史课案例库建设中，应该充分突出社会主义核心价值观在专题式教学中的核心要素，强调"见物又见人"。① 在教学案例选择中，依托"中国共产党的为民造福史""中国共产党的不懈奋斗史""中国共产党的自身建设史"等专题，选择"沂蒙母亲王换于""雷锋""全国三八红旗手李素丽"以及"感动中国"系列人物。这些共产党人坚持"爱国、敬业、诚信、友善"的基本准则，在自己的工作岗位上作出了突出贡献，是社会主义先进文化的代表，也是党史课程教学案例库的生动素材。结合案例与讲解，以习近平总书记所指出的"讲故事"为思路指引，推进党史课程的内涵式建设。

四、结语

新时代思政课建设必须坚持正确的文化方向。习近平总书记在"七一"讲话中指出："在5000多年文明发展中孕育的中华优秀传统文化，在党和人民伟大斗争中孕育的革命文化和社会主义先进文化，积淀着中华民族最深层的精神追求，代表着中华民族独特的精神标识。"② 可见，中华优秀传统文化、革命文化和社会主义先进文化，已经共同构成了中华民族独特的精神标识。在思政课建设已经进入新的历史发展阶段的当下，"中共党史"课程必须加快内涵式发展步伐，以融入中华优秀传统文化、革命文化和社会主义先进文化为主要思路，推进本课程的高质量发展。

---

① 何志明：《从"见物不见人"到"见物又见人"——关于深化中共制度史研究的思考》，《中共党史研究》，2019年第1期。
② 《在庆祝中国共产党成立95周年大会上的讲话》，《人民日报》，2016年7月2日，第2版。

第一篇
中华优秀传统文化

新时代中华优秀传统文化融入党史课程的教学路径分析*

段文健①

摘 要：中华优秀传统文化蕴含党史课程所需的基本元素，党史课程需要中华优秀传统文化激发活力源泉，二者具有显著的内在契合性。新时代推动中华优秀传统文化融入党史课程，有助于拓展传承和弘扬中华优秀传统文化渠道，提升中共党史课程教育教学的授课质量，推动中共党史课程教育教学的改革创新。找出中华优秀传统文化与百年党史契合点、精准把握党史课程教学内容中的重难点、善于运用中华优秀传统文化的创新性成果、优化中华优秀传统文化融入党史课程方法，对于提升青年学生对百年党史的规律把握、完善中共党史的课程建设、激发思政课创新活力具有重要的现实意义。

关键词：中华优秀传统文化；中共党史课程；契合点；教学路径

---

* 【基金项目】四川大学马克思主义学院 2023 年新进教师教学研修项目（项目编号：MYXJ202302）。

① 【作者简介】段文健，四川大学马克思主义学院讲师，法学博士，主要从事中共党史研究。

以文化人　守正创新
——新时代党史课程教学改革探索

中华优秀传统文化是中华民族血脉之精华，厚植着独特的民族精神标识。党的十八大以来，以习近平同志为核心的党中央高度重视中华优秀传统文化在传承民族精神命脉、涵养核心价值源泉中的作用，不断将其融入社会生活各领域，推动实现其创新性发展。中共党史课程作为思政课的重要授课范畴，承担着立德树人的重要使命，在培养青年学生明理、增信、崇德、力行中发挥着关键性作用。新时代推动中华优秀传统文化融入中共党史课程，能够将中华优秀传统文化中的文化精华、价值内涵、历史积淀贯穿百年党史的人物呈现、事件回顾、历史总结、规律探究中去，激发青年学生在对中华文化根脉的传承中，把握百年党史的线索与规律、理论与实践，增强学生的历史使命感，这对于提升青年学生对百年党史的规律把握、完善中共党史的课程建设、激发思政课创新活力具有重要的现实意义。

一、中华优秀传统文化融入党史课程的契合性分析

中华优秀传统文化是中华民族集体智慧的结晶，构成了历代中国人民不断斗争、不断前进的精神动力。百余年来中国共产党探索救亡图存、民族复兴的历史，既得益于对中华优秀传统文化的汲取，又促进了中华优秀传统文化的传承和创新，二者相辅相成，使得中华优秀传统文化与中共党史课程相互契合、互为融通。

（一）中华优秀传统文化蕴含党史课程所需的基本元素

对于中共党史课程的教学而言，教师在讲授过程中不仅仅要讲授基本党史知识，更重要的是引导青年学生明白党史中"人"的主体性发挥、"思想"的理论指引等对历史事件的影响，进而探究中国共产党人"何以能""何以行"的问题。对此，教师应引导学生理解是什么样的品质铸就了在枪林弹雨中勇往直前的斗争精神、在百废待兴的新中国治理中不断探

索的奋斗精神、在迷茫彷徨的时代中找出一条改革开放新路子的创新精神、在世界百年未有之大变局下以中国式现代化实现全面转型的开拓精神，等等。这些精神品质不仅是中国共产党人性质宗旨的集中体现，同时也反映了中华民族勇往直前的民族精神，反映了全体中国人不断开辟新道路的时代要求。而这些基本要素，正需要从中华优秀传统文化中不断挖掘、不断运用、不断发展。中华优秀传统文化是中华民族五千多年物质、精神、制度中最具精华的文化构成，是中华民族的集体智慧和宝贵财富，蕴含着丰富的时代价值。无论是物质层面的文物器具、艺术精品、传统建筑，还是精神层面的伦理道德、古典文学、宗教哲学，抑或是制度层面的道德教化、礼令典章、法治体系等，它们共同构成了古代中国传统社会的文化精华，维系着五千多年中华民族的生存与发展。可以说，没有中华优秀传统文化的绵延赓续，就没有源远流长的中华文明。因此，中华优秀传统文化中这些体现中华民族自强不息、敢于斗争、信念坚定的基本元素，足以成为党史课程教学的基本元素。

（二）党史课程需要中华优秀传统文化激发活力源泉

作为中华民族集体智慧的结晶，中华优秀传统文化蕴含着强大的发展动力，不断激发着中华民族生生不息、源远流长。百余年来，中国共产党带领中国人民的斗争史就是一部不断继承和弘扬中华优秀传统文化的发展史。因此，在党史课程讲授中，教师要引导青年学生明确不同历史时期党对中华优秀传统文化的基本政策，在此基础上深化对中国共产党历史的把握，以增强学生对党史课程学习的参与感。其一，明确新民主主义革命时期，党汲取了中华优秀传统文化中"以天下为己任"的思想，自觉担负起为了人民、领导革命的历史重任，并在战争年代创造出了各种群众喜闻乐见的、集中体现中华民族优秀品质的文艺作品，激发了人民群众参与革命斗争的积极性。其二，明确新中国成立后，党积极制定并宣传蕴含中华优秀传统文化的文化政策，既推动了该时期文艺的大繁荣大发展，同时又凝聚起了以雷锋精神、大庆精神、焦裕禄精神为代表的投身社会主义建设的伟大力量。其三，明确改革开放后，党着力建设社会主义精神文明，提倡以高尚的精神塑造人，积极推动中华优秀传统文化融入精神文明建设，不断规范社会主义道德，弘扬核心价值观，促使改革开放新时期人民精神风貌迈向新的台阶。其四，明确党的十八大以来，党将弘扬中华优秀传统文化置于全局战略高度，明确提出"两个结合"，形成"习近平文化思想"，推动中华优秀传统文化焕发新的生机。总体而言，党史课程教学既要以基本党史知识为基础，更要向学生阐释中华优秀传统文化的时代内涵，以中华优秀传统文化激发学生课堂学习活力。

（三）中华优秀传统文化与党史课程具有内在契合性

推动中华优秀传统文化融入党史课程的前提是二者的契合性，二者在内容和目标方面具有异曲同工之妙。就其内容而言，中华优秀传统文化是对中华民族物质、精神、制度文化的高度凝练，具有显著的价值性和时代性，即无论在任何时代都能够以正确的价值导向指引中华民族不断向前发展。其中蕴含的自强不息精神，与百余年来中国共产党领导革命、建设和改革的斗争精神不谋而合，都是突出"人"的主体性参与，体现了中华民族不畏强权、敢于牺牲、顽强拼搏的意志；蕴含的以民为本思想，与百余年来中国共产党坚持人民立场、人民至上、人民中心的价值理念相契合，即无论在革命战争年代还是新中国成立后的和平时期，党都能够从人民需求出发，制定符合人民需要、不断提升人民幸福感的方针政策，以满足人民对美好生活的不断追求；蕴含的亲仁善邻思想，既是对古代邦国交好的指导思想，同时又成为中国共产党正确处理大国外交、增进睦邻友好关系的基本理念，这种富含温情的人性和伦理基础的外交理念对于新时代构建人类命运共同体具有重要指导意义。就其目标而言，新时代弘扬中华优秀传统文化，就是要发挥文化的正能量作用，用其内涵的思想观念、人文精神及道德规范引人向善，进而形成强大的奋进动力，推动形成和谐的人际关系和国际关系，为社会的发展进步贡献力量；而作为思政课的中共党史课程，也是通过对党史知识的讲授，发挥其资政育人作用，使青年学生坚定信仰信念、增强历史自信、为中国式现代化贡献智慧和动力。因此，从这两方面来看，中华优秀传统文化与党史课程具有显著的内在契合性。

二、中华优秀传统文化融入党史课程的价值意蕴

作为中华民族五千多年历史形态的文化呈现，中华优秀传统文化蕴含着丰富的器物形态、精神形态和制度形态，集中反映了中华民族历代人民的风俗习惯、精神风貌、价值追求，是经过历史沉淀的思想精华。推动中华优秀传统文化融入中共党史课程，将其中蕴含的思想精华有机纳入党史课程教学，对于提升青年学生综合文化素养具有显著的价值意蕴。

（一）拓展传承和弘扬中华优秀传统文化渠道

中华优秀传统文化是中华民族的血脉，代表着中华民族的独特精神标识，彰显了中华民族生生不息的历史传承。其中蕴含的讲仁爱、崇正义、求大同等思想，影响了一代又一代中国人，甚至"对解决人类问题也有重要价值"①，构成了历代中国人继承和弘扬的历史使命。尤其是党的十八大以来，以习近平同志为核心的党中央对中华优秀传统文化的重视程度提升到一个全新高度，明确提出"七个着力"，特别强调"创造性转化和创新性发展"，着力实现"建设中华民族现代文明"，努力做到"在继承中发

---

① 《习近平关于社会主义精神文明建设论述摘编》，中央文献出版社2022年版，第225页。

以文化人　守正创新
——新时代党史课程教学改革探索

展，在发展中继承"①。习近平总书记关于推动中华优秀传统文化传承和创新的重要论述，为新时代中华优秀传统文化的继承和发展指明了新的方向、提供了全新路径。由此，在全社会范围形成了进一步传承和弘扬中华优秀传统文化的浪潮，从中央到地方、从集体到个人，传承和弘扬中华优秀传统文化成为每一个中国人的使命担当、营造了良好氛围。

对于中共党史课程而言，其受众群体是高校青年学生。推动中华优秀传统文化融入中共党史课程，能够在思政课教学过程中引导学生主动学习中华优秀传统文化知识，实现中华优秀传统文化与党史课程的有机融合，促使中华优秀传统文化传承和创新。一方面，青年学生在学习党史课程时，能够将党史人物中蕴含的精神品质，提炼升华为中华民族伟大斗争精神，抑或通过回顾中国共产党百余年实践，概括出中华民族不屈不挠的斗争精神，进而激励自身自觉成为民族精神的继承者与发扬者，"使中华优秀传统文化成为涵养社会主义核心价值观的重要源泉"②。另一方面，青年学生在对中华优秀传统文化的学习、继承中，能够进一步深刻领会中国共产党始终将人民利益放在第一位的精神品质，能够在制定党的路线方针政策时秉承实事求是的态度，能够在任何历史时期都坚持不忘初心、砥砺前行的自我革命意志，能够在不同阶段处理大国关系时遵循求同存异思维，等等。这对于拓展传承和弘扬中华优秀传统文化渠道具有重要价值。

（二）提升中共党史课程教育教学的授课质量

中共党史课程是高校思政课的重要组成部分，具有系统性和政治性等显著特征。一方面，教师讲授党史课程时，需要帮助学生系统梳理百余年

---

① 习近平：《在纪念孔子诞辰 2565 周年国际学术研讨会暨国际儒学联合会第五届会员大会开幕会上的讲话》，人民出版社 2014 年版，第 11 页。

② 《习近平关于社会主义精神文明建设论述摘编》，中央文献出版社 2022 年版，第 213 页。

来中国共产党的成长史、发展史和斗争史，使学生明确党在不同历史阶段面对的不同问题、采取的应对举措、取得的成效与经验，从而在宏观上把握百余年来党的心路历程。尤其是对重大历史事件如马克思主义的传播、中国共产党的成立、抗日战争和解放战争的胜利进行、社会主义制度的确立、改革开放的深入开展、中国特色社会主义新时代的迈进，等等。另一方面，由于中共党史自身的政治属性，教师要在讲授知识的基础上，引导学生明白党的性质和宗旨、党的目标和任务、党的理论和实践、党的成就与挫折，进而使学生在系统把握百年党史的基础上，正确看待党史人物和事件，以树立正确的党史观，如如何正确认识党是抗日战争的中流砥柱、如何客观看待党对社会主义道路的探索、如何客观分析"两个不能否定"等问题。这是保证中共党史课程教学质量的基本。

习近平总书记指出，面对新形势新任务，思政课教学必须有新气象新作为。中华优秀传统文化是新时代党的创新理论的重要基础，也是新形势下解决新问题的重要载体。尤其是对于思政课而言，中华优秀传统文化的提升效果更为明显。推动中华优秀传统文化融入中共党史课程教学，是激发学生党史课学习兴趣、提升党史课教学活力、增强党史课教学实效的有效方法。对于青年学生而言，中华优秀传统文化在新鲜程度、知识拓展、新时代运用方面都具有显著的优势，能够有效满足青年学生对中华优秀传统文化的现实需求，进而最大限度地吸引青年学生积极参与其中。尤其是近年来，社会各领域通过运用新媒体新技术手段对中华优秀传统文化进行创新性改造，摒弃了其固有的、传统的、单一的展现形式，使得中华优秀传统文化以全新的、多样的、群众喜闻乐见的形式呈现出来，极大地满足了青年学生对传统文化的厚爱。因此，将中华优秀传统文化融入党史课教学，能够促使青年学生以中华优秀传统文化为学习载体，在领略中华优秀传统文化的同时系统学习党史课程。

（三）推动中共党史课程教育教学的改革创新

中共党史课程旨在通过讲授中国共产党百余年发展历程，全面呈现党的百余年苦难辉煌，引导学生明确中国共产党历史线索和规律，进而促使学生树立正确的历史观，深刻领会和系统掌握"四个选择"和"三个为什么"等问题。在传统教学过程中，教师更加注重讲授中国共产党产生的时代背景，如鸦片战争后近代中国的现实困境、仁人志士的不懈探索、挣扎中的失败与彷徨，等等；中国共产党产生的历史必然，如马克思主义传入中国、早期马克思主义者的学习和研究，等等；中国共产党的发展历程，如不同历史时期党所面临的历史任务、所开展的历史斗争，其中尤其注重讲述具体历史事件，以及党在具体历史事件中发挥的重要作用，等等；中国共产党的苦难辉煌，如党在不同历史时期所取得的巨大成就以及遭遇到的历史挫折，等等。这些内容共同构成了百余年来中国共产党的发展史、成长史、斗争史。这些内容的讲授对于青年学生系统把握百年党史、重点掌握党的伟大实践具有显著的引导作用。

随着中宣部、教育部关于高校思政课教学改革的推进，尤其是党的十八大以来，习近平总书记对高校思政课提出的"必须有新气象新作为"①的全新要求和对中华优秀传统文化的高度关注，推动中华优秀传统文化融入中共党史课程就显得尤为必要。众所周知，中华优秀传统文化属于中华民族智慧的精华，是中华民族优秀品质的概括性呈现，"是我们中国人思想和精神的内核"②，蕴含着丰富的经典案例，具有显著的思想教育功能，对于提升青年学生综合素养意义重大。而作为思政课的中共党史课程，是重点呈现中国共产党领导中国人民披荆斩棘、实现跨越式发展的斗争实

---

① 《不断开创新时代思政教育新局面 努力培养更多让党放心爱国奉献担当民族复兴重任的时代新人》，《人民日报》，2024年5月12日，第1版。

② 习近平：《论党的宣传思想工作》，中央文献出版社2020年版，第342页。

践，更是教育广大青年学生领略其中苦难、艰辛、乐观、创新精神的重要课程载体。因此，将中华优秀传统文化融入党史课教学，能够充分利用中华优秀传统文化中的优秀品质、经典案例作为知识引导、教学辅助，促使学生在对中华优秀传统文化的学习中把握中国共产党百余年伟大实践。如此以"中华优秀传统文化"作为教学指引，聚焦"中华优秀传统文化"中的"价值内核"创新中共党史教学方式，推动中共党史课程教学改革，对于新时代呈现思政课的新气象具有重要的现实价值。

三、中华优秀传统文化融入党史课程的基本路径

中华优秀传统文化与中共党史课程相互契合、互相融通。新时代推进中华优秀传统文化融入中共党史课程，要在分析中华优秀传统文化、中共党史课程、青年学生和高校教师总体特征的基础上，制订出有针对性的、高效的融入方案，从而在汲取文化力量中讲好新时代思政课。

（一）找出中华优秀传统文化与百年党史契合点

在课堂教学中，明确中华优秀传统文化与百年党史的契合点，是保障教师顺利开展教学的基础。从精神文化层面来看，中华优秀传统文化与百年党史同属一个范畴，要推动中华优秀传统文化融入党史课程，必须找出二者的契合点和相通之处，并以此为切口，实现教学标准、教学内容、教学目标的融入。中华优秀传统文化蕴含着丰富的思想内涵和人文精神，如处理人与自然关系的"道法自然"、处理人与人关系的"仁者爱人"、处理国与国关系的"和而不同"等思想，都是五千多年来经过历史沉淀、实践验证的指导理念。回顾百年党史可以看出，中国共产党在不同历史时期形成的理论与实践，均蕴含着革命斗争方法、治国理政原理：在处理人与自然关系时倡导的生态文明建设、在处理人与人关系时倡导的社会主义核心价值观、在处理大国外交关系时倡导的人类命运共同体、在处理政党与人

民关系时遵循的"人民中心"基本思想等，无不体现出中华优秀传统文化中深厚的历史哲学。对此，教师在讲授党史课程时，必须遵循一致性原则，找出二者的契合点，在此基础上，将中华优秀传统文化融入党史课的教学。如在分专题讲述中国共产党为民造福史时，教师首先要明确在中华优秀传统文化中哪些理念体现了以民为本思想。如结合《论语》《孟子》《周易》《尚书》等文献，列举孔孟等人关于民本思想的论述，引导学生明白古人的哲学智慧。教师还要明确，在百年党史中中国共产党的哪些理论与实践体现了以人民为中心的思想。如结合党史故事，向学生阐述革命战争年代军民的鱼水之情、社会主义建设时期的为民造福实践、改革开放新时期的"三个代表"思想、新时代的脱贫攻坚、抗击疫情等。如此，明确中华优秀传统文化与百年党史的基本契合点和相通之处，能够对教师顺利讲授党史课程提供明确思路和有效素材。

（二）精准把握党史课程教学内容中的重难点

推动中华优秀传统文化融入党史课程教学中，前者是要素，后者是旨归，最终目的是回归百年党史，引导学生树立正确的党史观。因此，教师教学中必须明确教学重点和教学目标，坚持以中华优秀传统文化为工具和要素，以提升党史课程教学质量为目标和旨归，切忌形成以中华优秀传统文化为中心而以"党史课程"为辅助的失衡局面。鉴于此，教师在进行教学中，要以党史教育为靶向，对标中华优秀传统文化，精准把握党史课程教学内容中的重难点，有效提升党史课程的整体教学质量。在具体开展教学中，就中国共产党百余年发展历程环节，教师在组织学生梳理百余年党史发展脉络时，须引导学生掌握不同时期党对传承弘扬中华优秀传统文化的基本政策、实施方略、历史成效、现实价值；引导学生掌握历代领导人对待中华优秀传统文化的基本态度和有关讲话精神；引导学生比较不同时期党对中华优秀传统文化的方针政策，进而凸显出中国共产党"何以行"

"何以能"的问题。就中国共产党不怕牺牲史环节而言，教师要从不同时期党内外涌现出的可歌可泣的榜样人物出发，运用中华优秀传统文化相关理念进行分析，深刻阐明榜样人物中蕴含的优秀品质，进而凸显中华民族不怕牺牲、敢于斗争的英雄气概。在此基础上，回归党史教育本身，引导学生明确榜样人物在汲取中华优秀传统文化精神品质基础上树立远大理想，瞄准奋斗目标，积极投身中国革命、建设和改革的伟大事业。就中国共产党自身建设史环节而言，教师要引导学生整理中华优秀传统文化中关于"忧劳兴国，逸豫亡身"等相关内容，激发学生深入探讨百余年来中国共产党是如何汲取传统文化能量，进而实现刮骨疗伤、自我革命的，最终回归到中国共产党自身属性中去。总体上来看，精准把握党史课程教学内容中的重难点，需要教师厘清主次，以中华优秀传统文化为要素，以党史课程教学为目标，最终达到要素服务于目标的目的。

（三）善于运用弘扬中华优秀传统文化的创新性成果

对于中华优秀传统文化而言，无论从其物质形态、精神形态还是制度形态来看，往往具有"复古性"，这种特性是由其五千多年的文化演变决定的。但无论中华优秀文化以何种形态呈现，均能够被国人所认可并接受。然现实生活中不可回避的问题是，时代在进步，人们接受新鲜事物的能力在不断提高，如何提高广大群众对中华优秀传统文化的接受度、兴趣感、主动性就成为新时代传承和发展中华优秀传统文化的重要话题。尤其是对于高校青年学生来说，如何激发青年学生弘扬中华优秀传统文化的主动性就显得更为重要。因此，在推动中华优秀传统文化融入党史课程教学中，要善于运用中华优秀传统文化的创新性成果，将其以青年学生喜闻乐见的形式呈现，激发学生主动参与到中华优秀传统文化的继承和弘扬中去，以此引导学生深化对党史课程的学习。对此，必须遵循以学生为中心、以中华优秀传统文化为素材的教学原则，实现教师、学生、中华优秀传统文化三者的融合统一。如在进行中共党史课程授课中，结合学生日常接触到的诸如"四大发明"、茶叶、针灸、戏剧等，向学生阐释中国共产党在不同历史时期对待中华优秀传统文化的态度，以此引发学生深刻思考中国共产党的文化观，明确在党的领导下中华文明"何以传承""如何传承"等；又如通过提出"新时代中国共产党的文化政策"等问题，引导青年学生分组讨论，归纳总结出新时代中国共产党是如何推动中华优秀传统文化创新性发展的；同时教师结合新时代中国共产党制定的各种方针政策，向学生展示社会各界、各大平台的弘扬中华优秀传统文化的创新性成果，如元宵奇妙游、"会说话的三星堆""云游故宫""再见苏东坡"等素材，该类素材都能够激发青年学生的学习兴趣，使他们主动参与到党史课堂中去，领略百余年来中国共产党的文化政策。

（四）优化中华优秀传统文化融入党史课程方法

推动中华优秀传统文化融入党史课程，不是机械融入，更不是勉强融入，需要讲求融入技巧、优化融入方法，即在教学中潜移默化地、自然而然地、多角度多样化地融入。课堂教学中，须充分发挥青年学生的积极性和主动性，自觉挖掘与党史课程相关的传统文化形态，引导学生用传统文化中的核心精神分析党史人物、党史事件，阐明中国共产党人是如何继承和发扬中华优秀传统文化的人文精神的。如围绕中国共产党不懈奋斗史进行课堂分组，组织学生讨论百余年不懈奋斗中中国共产党人所体现的优秀品质及彰显的时代精神，并由此论证"中国共产党为什么能"。借助新媒体平台，运用全新的3D、VR、AI智能影像技术，将中华优秀传统文化元素融入党史故事的阐述中，有效实现中华优秀传统文化与党史故事的技术融合，有助于提升学生参与学习、深化认知的积极性和兴趣感。实践教学中，须充分运用中华优秀传统文化的外在表现形态，引导学生在实地参观、实地感悟、实地解惑中强化党史知识教育。如在组织学生参观三星堆遗址时，引导学生明确百余年来中国共产党对待中华优秀传统文化的不同方针，尤其是掌握习近平文化思想的重要内容以及习近平总书记关于文物古迹、文化遗产的重要讲话精神，进而促使学生深入领会中国共产党的文化政策。社会实践中，须依托青年学生的宣讲活动，以中华优秀传统文化为素材、以百年党史为主线，找到中华优秀传统文化与中国共产党人精神谱系的内在链接点，深刻阐明百余年来中国共产党人敢于斗争的精神品质、坚守信仰的思想源泉，推动学生在宣讲中长知识、明道理。由此可以看出，优化中华优秀传统文化融入党史课程方法，能够实现课堂内外教育教学的高效衔接，在拓宽党史教育渠道、提升党史教育质量、实现传统文化入脑入心方面发挥重要作用。

习近平总书记指出："要认真汲取中华优秀传统文化的思想精华和道德精髓。"[①] 中华优秀传统文化蕴含着丰厚的思想内涵和人文精神，是推动中国式现代化的力量源泉。新时代推动中华优秀传统文化融入党史课程，要遵循贴近性原则、创新性原则和一致性原则，坚持课堂教学与实践教学的内在统一，深入挖掘中华优秀传统文化的核心元素，将其融入百年党史的教育教学，不断提升青年学生的科学的人文观、正确的党史观，帮助他们从中华优秀传统文化中汲取力量，为推动中国式现代化贡献自身力量。

---

① 《把培育和弘扬社会主义核心价值观作为凝魂聚气强基固本的基础工程》，《人民日报》，2014年2月26日，第1版。

中华优秀传统文化融入党史学习教育刍议*

苗翠翠①

摘 要：中华优秀传统文化融入党史学习教育中"融入"的一个最为基本的理论前提就是必须厘清中华优秀传统文化和"党史""党史学习教育"之间的关系问题。在此基础上，我们才有可能守正创新，既不落入虚无主义的极端，又不陷入复古主义的窠臼。从守正的维度看，我们既要立足自身始终秉持独立自主的品格，又要胸怀天下始终弘扬和合文化的理念。从创新的维度看，我们既要聚焦人民的主体性，又要尊重和运用客观规律实事求是。这两个维度意味着我们既要坚持植根本国和本民族历史文化沃土研究党史和发展马克思主义，敬畏历史和文化，坚定"四个自信"，同时又要坚持古为今用、推陈出新，用党史和党史教育激活中华优秀传统文化的优秀因子，深度挖掘其精神品质并赋予新的时代内涵。"守正创新"无疑构成了中华优秀传统文化融入党史学习教育的一个重要主题。

---

* 【基金项目】四川大学贯彻党的二十大精神专项"中国式现代化与人类文明新形态的内在关联研究"（项目编号：MYJSJS202211）的阶段性成果。

① 【作者简介】苗翠翠，四川大学马克思主义学院副研究员，哲学博士，主要从事马克思主义理论研究。

关键词：中华优秀传统文化；党史；守正创新

党的二十届三中全会明确指出："中国式现代化是物质文明和精神文明相协调的现代化。必须增强文化自信，发展社会主义先进文化，弘扬革命文化，传承中华优秀传统文化，加快适应信息技术迅猛发展新形势，培育形成规模宏大的优秀文化人才队伍，激发全民族文化创新创造活力。"① 这意味着，新时代以来，我国在各领域取得巨大成就，走出中国式现代化之路，都离不开中华民族自身内在的文化自信。中华民族内在的文化自信从源起和基因看，必然离不开中华优秀传统文化的传承与发展、守正与创新。

只有优秀的文化基因才能铸就文化自信，只有文化自信才能创新文化根脉。因此，把中华优秀传统文化及其蕴含的哲学智慧融入党史学习教育有着十分重大的意义。一方面，有利于增强学生理想信念，坚定学生文化自信，使学生自觉担负起传承文化基因、推进文化创新的历史使命；另一方面，有助于青年学生进一步坚定党的领导，在党史学习中明确中国共产党作为百年大党依然具有鲜活生命力的文化基因所起到的重要作用，进而增强"四个意识"、坚定"四个自信"、做到"两个维护"。

这一重要课题，需要我们从根本上厘清两对关系：其一，从语境来看，需要厘清中华优秀传统文化的"古代思想史"语境和中国共产党成立以来的"现代党史"语境之间的关系问题；其二，从路径来看，需要厘清中华优秀传统文化和党史学习教育之间如何实现"两个结合"的问题，集中表现为中华优秀传统文化如何滋养党史学习教育和党史学习教育如何激活中华优秀传统文化的问题。本文将尝试对上述两对基本关系进行探讨并加以阐释。

---

① 习近平：《中共二十届三中全会在京举行》，《人民日报》，2024年7月19日，第1版。

以文化人　守正创新
——新时代党史课程教学改革探索

一、中华优秀传统文化与党史学习教育之间的辩证关系

从中华优秀传统文化的哲学智慧中滋养理论自信、推进党史学习教育、培育创新文化、彰显文化当代新形态，已然成为中华民族伟大复兴的发展路向。与革命文化、社会主义先进文化同党史和党史教育紧密结合不同，中华优秀传统文化与党史和党史学习教育之间不仅存在时空跨度，而且存在话语体系、研究范式不同等问题。可以说，中华优秀传统文化融入党史学习教育面临的研究路径、理论难度、现实困境更加明显。

时空跨度不言而喻。习近平总书记曾指出："中华文明探源工程等重大工程的研究成果，实证了我国百万年的人类史、一万年的文化史、五千多年的文明史。"[①] 这一万年文化史，不仅仅是时间上的持续性，更为重要的是文化脉络传承、文明源远流长的延续性。如此"大时空"的跨度，意味着古今"结合""融合"的挑战性前所未有。显然，中华优秀传统文化和党史及党史学习教育之间并非处于同时段，究竟该如何在时空跨度上深刻展现二者之间的内在关联性，成为摆在我们面前的一道难题。

从形式和内容上看，中华优秀传统文化有自身的一套话语体系，党史和党史学习教育也有自身的一套话语体系，这两套话语体系内在的关键概念和核心范畴、总问题等如何有效衔接，成为摆在我们面前的又一道难题。

如果不进一步厘清这些最基本的问题，就难以把握中华优秀传统文化与党史学习教育之间的辩证关系。这样可能会出现两种负面效应：一是我们对中华优秀传统文化和党史学习教育之间关系的理解和把握往往浮在表

[①] 习近平：《把中国文明历史研究引向深入　增强历史自觉坚定文化自信》，《求是》，2022年7月15日。

面，并以字面意思相近来进行外在联结，只看到用词和表述等形式上相似，领悟不到更为本质的精神传承，在某种程度上造成文化复古主义；二是在中华优秀传统文化和党史学习教育之间更多地侧重某一方，不同程度地造成历史观或文明观上的脱节和断裂，在某种程度上造成历史虚无主义或文化虚无主义。

因此，在中华优秀传统文化融入党史学习教育中，"融入"的一个最为基本的理论前提就是必须厘清中华优秀传统文化和"党史""党史学习教育"之间的关系问题。

（一）二者为什么能结合？

虽然二者时空跨度、话语体系、研究范式不同，但二者的核心内涵和精神品质具有一致性。首先，文明的内在精神支撑。中华文明源远流长，是四大文明古国文明体系中唯一没有中断的文明。这意味着中华文明有着自身绵延不断的生命奥秘和精神品质，开放包容、兼容并蓄。比如"和合文化"蕴含的"和合"精神。"'和合'精神有别于西方某些学者所主张的不同文明之间的隔阂和冲突，它也应该是新时代世界文化的精神。"[1] 这种"和合"精神既是对纵向文明脉络中的中华文化取其精华、去其糟粕，也是对横向其他国家和民族的文化加以借鉴、吸收和扬弃。汤因比曾经的一段论述或许能够给予我们深刻启示，他曾断言："就中国人来说，几千年来，比世界任何民族都成功地把几亿民众，从政治文化上团结起来。他们显示出这种在政治、文化上统一的本领，具有无与伦比的成功经验。这样的统一正是今天世界的绝对要求。"[2] 可见，从横向来看，世界历史开

---

[1] 张建新、肖佳灵：《人类命运共同体：理论与实践》（《复旦国际关系评论》第二十五辑），上海人民出版社2019年版，第15—16页。
[2] ［英］A. J. 汤因比、［日］池田大作著，荀春生、朱继征、陈国梁译：《展望二十一世纪——汤因比与池田大作对话录》，国际文化出版公司1985年版，第294页。

以文化人　守正创新
——新时代党史课程教学改革探索

启以来，各国人民紧密相连、命运与共，需要的正是"团结"精神，搁置争议、避免冲突。"和合"无疑是使各国人民得以团结的基本前提和内在品质。在一定意义上，正如汤因比所言，中华文明的确能赋予这种"团结"以力量和启示。从纵向来看，中华文明历经五千多年的发展，虽然时空跨度巨大，但是延续至今，它内在的文化精髓和优秀基因正在以不断创新的形式得到传承与发展。英国汉学家马丁·雅克在《了解中国的崛起》的讲演中曾说："中国不像世界上的西方国家和多数国家，它由自身文明形成，是作为一个文明国家而存在的。2000年前，欧洲灭亡，罗马帝国分裂。从那时到现在，欧洲不断地分裂。在同一阶段，中国却朝着完全相反的方向，非常艰难地维系着这种强大的统一文明，把文明国家统一在一起。"[①] 中国文明之所以能够延续至今仍饱有鲜活的生命力，正在于中国文明或中国文化具有内在的辩证否定精神——既可以坚守和发扬优秀传统文化中的精髓，也可以批判性地吸收和创造性地转化现代文明的成果。这意味着中华文明能够对传统进行整合、对现代文明成果加以借鉴，并呈现出新的文明样态。中华文明的当代发展当然包含着中国共产党成立至今的百年奋斗历程，百年大党生命力的彰显离不开优秀文化基因的传承与发展。

其次，道路选择的自主性和能动性。中国的道路只能靠我们自己走出来。近代以来文明蒙尘、民族蒙耻，历史和事实证明，文明的传承和发展需要我们独立自主，走出自己的道路。习近平总书记指出："在中国这样一个有着5000多年文明史、13亿多人口的大国推进改革发展，没有可以奉为金科玉律的教科书，也没有可以对中国人民颐指气使的教师爷。鲁迅先生说过：'什么是路？就是从没路的地方践踏出来的，从只有荆棘的地

---

① Martin Jacques, *"Understanding the rise of China"*, Speaking at a TED Salon in London, Jan 2011. https://www.ted.com/speakers/martin jacques.

方开辟出来的。'中国特色社会主义道路是当代中国大踏步赶上时代、引领时代发展的康庄大道，必须毫不动摇走下去。"① 我们必须坚持自信自立，我们有勇气有底气坚持自信自立。"中华文明历经数千年而绵延不绝、迭遭忧患而经久不衰，这是人类文明的奇迹，也是我们自信的底气。坚定文化自信，就是坚持走自己的路。坚定文化自信的首要任务，就是立足中华民族伟大历史实践和当代实践，用中国道理总结好中国经验，把中国经验提升为中国理论，既不盲从各种教条，也不照搬外国理论，实现精神上的独立自主。要把文化自信融入全民族的精神气质与文化品格中，养成昂扬向上的风貌和理性平和的心态。"② 坚定文化自信，坚持走自己的路。

中华优秀传统文化和"党史""党史学习教育"能够有机结合。弘扬中华优秀传统文化构成党史学习的重要精神动力，党史学习形成中华优秀传统文化当代发展的现实基础。没有中华优秀传统文化，尤其是蕴含其中的"自强不息"精神，就没有新民主主义革命道路（"农村包围城市""星星之火可以燎原""论持久战"等）、社会主义建设道路、中国特色社会主义道路等的自我探索。反过来，没有中国道路的自主选择，就无法激活中华优秀传统文化的当代发展和文化创新。一个是精神动力，一个是现实基础，共同构成中华民族伟大复兴的基本前提和有力支撑。"实现中国梦必须走中国道路。这就是中国特色社会主义道路。这条道路来之不易，它是在改革开放 30 多年的伟大实践中走出来的，是在中华人民共和国成立 60 多年的持续探索中走出来的，是在对近代以来 170 多年中华民族发展历程的深刻总结中走出来的，是在对中华民族 5000 多年悠久文明的传承中走出来的，具有深厚的历史渊源和广泛的现实基础。中华民族是具有非凡创造力的民族，我们创造了伟大的中华文明，我们也能够继续拓展和走好适

---

① 习近平：《必须坚持自信自立》，《求是》，2024 年 7 月 15 日。
② 习近平：《在文化传承发展座谈会上的讲话》，《求是》，2023 年 8 月 31 日。

合中国国情的发展道路。"①

（二）怎么结合？

二者的核心内涵和精神品质的一致性，决定了二者能够结合。实际上，二者的结合就是"两个结合"的问题，即马克思主义基本原理和中国具体实际、中华优秀传统文化相结合的问题。关于这一点，习近平总书记曾经指明："我们必须坚持马克思主义这个立党立国、兴党兴国之本不动摇，坚持植根本国、本民族历史文化沃土发展马克思主义不停步，坚定历史自信、文化自信，坚持古为今用、推陈出新，以马克思主义为指导对中华5000多年文明宝库进行全面挖掘，用马克思主义激活中华优秀传统文化中富有生命力的优秀因子并赋予新的时代内涵，将中华民族的伟大精神和丰富智慧更深层次地注入马克思主义，有效把马克思主义思想精髓同中华优秀传统文化精华贯通起来，聚变为新的理论优势，不断攀登新的思想高峰。"②

这一论断强调了马克思主义及其科学性与中华优秀传统文化之间的关系，二者是内在契合的。这种契合包含两个"绝非偶然"。一方面，中华优秀传统文化传承至今，仍饱有鲜活的生命力，绝非偶然。正是马克思主义以科学和真理之光激活了中华文明的优秀基因，推动了中华文明的生命更新和现代转型。另一方面，马克思主义作为舶来品，能够在中华大地上生根发芽，亦绝非偶然。正是中华优秀传统文化充实了马克思主义的文化生命，推动马克思主义不断实现中国化时代化的新飞跃。

二、守正之维：以中华优秀传统文化滋养党史教育

5000多年的中华民族文明史，特别是我们党的百年恢宏征程，一定

---

① 习近平：《必须坚持自信自立》，《求是》，2024年7月15日。
② 习近平：《必须坚持自信自立》，《求是》，2024年7月15日。

意义上说就是一部自强不息、自力更生的奋斗史。绵延几千年的中华文化，是我们得以成长发展的深厚基础。

（一）独立自主

从内在精神品格看，中国共产党百年奋斗史推崇并奉行独立自主、自力更生，不是偶然产生的。天行健，君子以自强不息，一直蕴含在中华民族的文化基因之中。习近平总书记多次强调独立自主的重要性，指出："中华民族奋斗的基点是自力更生"①"我们要保持战略定力和坚定信念，坚定不移走自己的路，朝着自己的目标前进"②。踏上新征程，要实现全面建成社会主义现代化强国和中华民族伟大复兴的历史使命，我们党必须继续坚持独立自主，坚定不移走自己的路。"我们走自己的路，具有无比广阔的舞台，具有无比深厚的历史底蕴，具有无比强大的前进定力。"③

坚持独立自主是中共百年奋斗的十条宝贵历史经验中的重要一条。在革命时期我们走农村包围城市的道路，在建设时期我们建立社会主义市场经济体制、走中国特色社会主义道路，新时代以来以中国式现代化全面推进中华民族伟大复兴……都是中国共产党带领和团结全国各族人民独立自主、自力更生探索出来的。"中国共产党和中国人民扎根中国大地、吸纳人类文明优秀成果、独立自主实现国家发展的战略是正确的，必须长期坚持、永不动摇。"④《中共中央关于党的百年奋斗重大成就和历史经验的决议》从十个方面概括了党百年奋斗的历史经验，即坚持党的领导、坚持人

---

① 《习近平在广东考察时强调：高举新时代改革开放旗帜 把改革开放不断推向深入》，《人民日报》，2018年10月26日，第1版。
② 习近平：《必须坚持自信自立》，《求是》，2024年7月15日。
③ 习近平在哲学社会科学工作座谈会上的讲话（2016年5月17日）。
④ 《庆祝中国共产党成立95周年大会在京隆重举行》，《人民日报》，2016年7月2日，第1版。

民至上、坚持理论创新、坚持独立自主、坚持中国道路、坚持胸怀天下、坚持开拓创新、坚持敢于斗争、坚持统一战线、坚持自我革命。"十个坚持"相互联系、相互贯通，统一于中国共产党领导全国各族人民进行革命、建设、改革的伟大实践。坚持独立自主的历史经验是经过长期实践积累的宝贵经验，是党和人民共同创造的精神财富，必须倍加珍惜、长期坚持，并在新时代实践中不断丰富和发展。由此可见，"独立自主""自力更生"作为内因构成中国道路、中国共产党百年奋斗的主线和决定性因素，同时，独立自主、自力更生的内因又根植于中华优秀传统文化"自强不息"的文化基因和民族风骨。

（二）和而不同

从对外精神气质看，中华优秀传统文化蕴含着和合文化的哲学理念。和合文化的核心是"和"，旨在追求世界大同、各美其美、美美与共。"和"字极具包容性，是内在的气质，包容的正是各种"不同"与"差异"。作为个人来说，"君子和而不同，小人同而不和"①；作为国家来说，中国自古以来崇尚"和"。在古代丝绸之路上，我们和平"走出去"，主要通过商队而非军队，将丝绸、瓷器等中华文明成果带到海外；同样和平"引进来"，主要通过商队而非军队，把葡萄、玻璃器皿等海外的东西带到国内。从古代丝绸之路到现在的"一带一路"，各国的语言、价值观念等虽然不同，但我们都通过合作实现了共赢。打破同而不和的"修昔底德陷阱"零和博弈思维，推崇"合作共赢"与和而不合的命运与共。

1."使者相望于道，商旅不绝于途"

各国之间开展合作，需要相互协调，寻求最大公约数。正如习近平总书记指出的那样，"要双赢、多赢、共赢而不要单赢，不断寻求最大公约

---

① 《论语·子路篇》第二十三章。

数、扩大合作面"①。寻求最大公约数、扩大合作面,我们中国自古就有较为成功的经验。试想在古丝绸之路上,各国各民族的语言、肤色、价值观念、信仰虽然不同,但为什么能够成功地实现像司马迁在《史记》中所描述的那样"使者相望于道,商旅不绝于途"②呢?其实,就在于各国通过寻求最大公约数、扩大合作面,实现了共赢。最大公约数就是和平与繁荣。为了和平,各国"使者相望于道",没有兵戎相见;为了繁荣,各国"商旅不绝于途",没有强盗式的掠夺。古代的丝绸之路是这样,今天的"一带一路"同样如此。

2. "万物并育而不相害,道并行而不相悖"③

"一带一路"蕴含着"和合"的哲学理念,但是有些西方学者、西方政客却对"一带一路"肆意抹黑和打压。实际上,他们以西方固有的"同而不和"的思维和固有经验来曲解"一带一路"。比如,美国曾经通过了《非洲增长与机遇法案》,该法案表面上规定撒哈拉以南非洲国家的许多商品出口到美国不用交税,但背后却附加诸多政治条件,就其实质就是很多事情要听美国的,如美国的二手衣服可以低价卖到非洲。这些旧衣服不但不健康,还摧毁了很多非洲国家本土的服装制造业。有的国家想发展自己的服装制造业,提高进口二手衣服的关税,美国就威胁要剥夺该国享受《非洲增长与机遇法案》的资格。西方普遍奉行"丛林法则""弱肉强食""赢者通吃"。所以,在整个全球化发展过程中,世界霸主不断易位,但内在逻辑都是通过压迫其他国家,实现单赢。

中国推动的"一带一路"合作倡议不附加任何政治条件。尽管中国和很多国家的社会制度不一样,但这并不妨碍我们寻求最大公约数,如摆脱

---

① 习近平:《加强合作推动全球治理体系变革 共同促进人类和平与发展崇高事业》,《人民日报》,2016年9月29日,第1版。
② 《史记·大宛列传》。
③ 《礼记·中庸》。

发展瓶颈。在非洲，很多国家需要优质的基础设施，但缺乏资金、技术和人才；一些中国企业有相关的资金、技术和人才，可以"走出去"。于是，中国在不干涉非洲国家内政、本土化产业的前提下，与他们开展基础设施建设领域的合作。

"一带一路"连接亚欧大陆尤其是内陆国家获得新的发展机会，实现彼此联通、共同发展。欧洲国家如捷克千年梦想，亚洲国家如老挝联通梦想，都在"一带一路"的合作倡议和合作共赢的实践中实现了。从古丝绸之路到"一带一路"，时间虽跨越千年，但通过寻求最大公约数实现共赢的故事一直在延续。放眼世界，这一点太珍贵了，因为这不是每个国家都能够做到的。

中国自古讲"万物并育而不相害，道并行而不相悖"，也就是万物可以相互生长并不会妨害到谁。如何才能达到这种状态呢？那就要相互协调，寻求最大公约数。其实，这也是马克思主义所倡导的。马克思和恩格斯在《共产党宣言》中指出，当今世界，已经是"各民族的各方面的互相往来和各方面的互相依赖"①，取代了各自的闭关自守。但是，这种依赖绝非臣服于西方。恩格斯在《暴力在历史中的作用》中指出，要"建立各民族协调的国际合作"②。"各民族协调的国际合作"，就是寻求最大公约数。

三、创新之维：以党史学习教育活化中华优秀传统文化

在党史教育中首先要讲清楚中国共产党最独特的理论品格和显著标识，因为这构成了中国共产党的独特性，也是和其他党派根本不同之处。这就需要我们讲清楚中国共产党的性质是人民的党，是中国人民的先锋队

---

① 《马克思恩格斯文集》（第2卷），人民出版社2009年版，第35页。
② 《马克思恩格斯全集》（第21卷），人民出版社2003年版，第463页。

组织。我们打江山、守江山，守的是人民的心。

（一）人民性

从主体角度看，人民是历史的创造者，是真正的英雄。人民主体决定了人民在政治生活中"应然"的中心地位，构成了政权得以成立和延续的实际根基。

从历史脉络看，人民应有的政治地位，从古至今各政党、组织都在强调。第一，几千年来中华优秀传统文化就蕴含着丰富的民本思想。如《尚书》中强调"民惟邦本，本固邦宁"①；《孟子·尽心下》中指出："民为贵，社稷次之，君为轻。"②；《荀子·王制》也突出强调了民本思想："君者，舟也；庶人者，水也。水则载舟，水则覆舟。"③ 可见，中华文化中都强调了民本和政权之间的关系问题。第二，西方近代启蒙运动也产生了丰富的民权思想。比如孟德斯鸠认为，人民既是主人，又是臣民。"只有人民可以制定法律。"④ 卢梭也提出"人民主权"说、"社会契约论"，探求把人民作为一个抽象的整体，赋予其最高的合法性和正当性。但是西方民权思想的"合法性"实际上是一种"服从"。马克斯·韦伯就曾经指明："合法性就是人们对享有权威的人的地位的承认和对其命令的服从。"⑤

可见，从应然层面看，古今中外任何一个政党、组织、阶级，无论以什么方式取得政权，都必须巩固自己的群众基础。但从实然层面看，封建地主阶级和资产阶级统治者都没有能够真正将人民的利益和权利诉求落到实处，究其根源正是由历史的、阶级的、指导思想的局限性导致的。中国共产党带领和团结全国各族人民取得新民主主义革命的伟大胜利，建立新

---

① 王世舜、王翠叶译注：《尚书·五子之歌》，中华书局，2012年版，第369页。
② 万丽华、蓝旭译注：《孟子·尽心下》，中华书局，2006年版，第324页。
③ 安小兰译注：《荀子》，中华书局，2007年版，第77页。
④ ［法］孟德斯鸠：《论法的精神》，商务印书馆，1961年版，第11页。
⑤ 于海：《西方社会思想史》，复旦大学出版社，1993年版，第333页。

中国，建立人民政权，才真正把人民的利益落到实处。中国共产党作为长期执政的马克思主义政党，始终坚持以人民为中心。中国共产党使"民本"思想从"应然"转变为"实然"。

马克思主义第一次创立了人民实现自身解放的思想体系。"在马克思主义影响下，马克思主义政党在世界范围内如雨后春笋般建立和发展起来，人民第一次成为自己命运的主人，成为实现自身解放和全人类解放的根本政治力量。""马克思主义之所以具有跨越国度、跨越时代的影响力，就是因为它植根人民之中，指明了依靠人民推动历史前进的人间正道。"① 中国共产党正是以此为指导思想，不断为人民解放、人民主体地位、人民的利益和诉求创设各种条件。

1. 人民的政治地位是由国家政权性质决定的

人民在一个国家的地位是由这个国家的政权性质决定的。在一切存在阶级压迫和剥削的社会中，国家政权始终是维护少数统治阶级利益的，人民处于无权和被压迫被剥削的地位。社会主义国家是由无产阶级建立和领导的，第一次真正实现了人民当家作主。国家的根本大法《中华人民共和国宪法》中，第一条明确规定了中华人民共和国是工人阶级领导的、以工农联盟为基础的人民民主专政的社会主义国家。社会主义制度是中华人民共和国的根本制度。中国共产党领导是中国特色社会主义最本质的特征。禁止任何组织或者个人破坏社会主义制度。第二条明确规定了中华人民共和国的一切权力属于人民。人民行使国家权力的机关是全国人民代表大会和地方各级人民代表大会。

2. 人民的政治地位离不开人民政党和人民先锋队

中国共产党能够带领中国人民实现当家作主，是由党的性质和宗旨决

---

① 习近平：《习近平在纪念马克思诞辰 200 周年大会上的讲话》，《人民日报》，2018 年 5 月 5 日，第 2 版。

定的。《中国共产党章程》的总纲中明确指出，中国共产党是中国工人阶级的先锋队，同时是中国人民和中华民族的先锋队，是中国特色社会主义事业的领导核心，代表中国先进生产力的发展要求，代表中国先进文化的前进方向，代表中国最广大人民的根本利益。党的最高理想和最终目标是实现共产主义。中国共产党是人民的党，党的根本宗旨就是全心全意为人民服务。中国共产党始终代表最广大人民的根本利益，与人民休戚与共、生死相依，没有任何自己特殊的利益，从来不代表任何利益集团、任何权势团体、任何特权阶层的利益。中国共产党的初心使命是为中国人民谋幸福，为中华民族谋复兴。

3. 中国共产党为人民夺取政权"打江山"，为人民巩固政权"守江山"。

中国共产党夺取政权为人民"打江山"。历史上我国多次改朝换代，显然也曾出现过一些所谓"盛世"，但广大劳动人民受剥削被压迫的地位始终没有改变。辛亥革命后，具有政党性质的政团多达300余个，各种政治主张"你方唱罢我登场"，各种政治力量反复较量，但中国依然是山河破碎、积贫积弱，列强横行，中国人民依然生活在苦难和屈辱之中。只有在中国共产党领导下，我们的国家才彻底改变积贫积弱的面貌、取得革命胜利、建立新中国，实现了民族独立和人民解放，人民才彻底摆脱备受剥削被压迫的地位、真正掌握自己的命运。历史雄辩地说明，没有中国共产党就没有新中国，没有新中国就没有人民的幸福生活，没有中国人民的幸福生活就没有中华民族的伟大复兴。历史和人民选择了中国共产党，中国共产党也没有辜负历史和人民的选择。中国共产党巩固政权为人民"守江山"。一个政权建立起来后，要保持兴旺发达、长治久安是很不容易的。我们要把中国特色社会主义建设好、建设成，需要一个很长的历史时期。我们党是长期执政的马克思主义执政党，但同时是马克思主义革命党，要保持过去革命战争精神，以党的自我革命引领社会革命，把革命工作做到底。

人民立场是马克思主义政党区别于资产阶级政党的显著标志。中国共产党始终把人民立场作为根本政治立场。对中国共产党这样一个长期执政的政党而言，没有比忘记初心使命、脱离群众更大的危险了。只要我们始终同人民生死相依、休戚与共，人民就会铁心跟党走，党就能长盛不衰。我们党的百年奋斗历程就是为人民幸福生活奋斗的历程。新时代以来，中国共产党依然团结带领全国各族人民，完成了第一个百年奋斗目标，实现了整体性脱贫，消除了绝对贫困，为我们实现中华民族伟大复兴创造了崭新的历史条件。

（二）实事求是

自古以来我们就尊重客观规律行事，"天人合一""修学好古，实事求是""纸上得来终觉浅，绝知此事要躬行"……都强调了尊重客观规律的重要性，同时指明，我们要知行合一、理论和实践相统一、具体情况具体分析，从现实着手、从表象深入到本质。在新民主主义革命时期，从《中国社会各阶级的分析》《星星之火，可以燎原》到《矛盾论》《实践论》，从农村包围城市到论持久战……都是中国共产党在斗争实践中尊重客观规律和中国革命的具体实际情况最终取得革命胜利的光辉典范。新时代以来，从人民日益增长的物质文化需要同落后的社会生产之间的矛盾到人民日益增长的美好生活需要和不平衡不充分的发展之间的矛盾，从消除绝对贫困到建设社会主义现代化强国，从集中力量办大事抗击全球疫情到团结奋斗、踔厉奋发实现民族伟大复兴……也是中国共产党在建设实践中尊重客观规律和新时代以来的世情国情党情民情的基础上取得的历史性成就。

党史教育离不开中华优秀传统文化的基因传承和当代发展，中华优秀传统文化的时代内涵和内在精髓的激活也离不开党史理论的科学支撑和党史教育的现实基础。我们既要"守正",以中华优秀传统文化丰富党史教育,也要"创新",以党史活化中华优秀传统文化。习近平总书记强调:"中国共产党人不是历史虚无主义者、文化虚无主义者,不能数典忘祖、妄自菲薄。"① 我们不仅要敬畏历史、敬畏优秀传统文化,而且要坚定理想信念、坚定马克思主义的指导思想。把中华优秀传统文化融入党史学习教育,通过党史学习深刻体会传统文化的魅力,坚定"四个自信",做到"两个维护",共同为实现中华民族伟大复兴的历史使命踔厉奋发。

---

① 习近平:《加强文化遗产保护传承 弘扬中华优秀传统文化》,《求是》,2024年4月15日。

中华优秀传统文化融入高校党史课程的逻辑理路

薛一飞　游梦悦①

摘　要： 中华优秀传统文化是中华民族经过几千年的实践沉淀而来的宝贵精神财富，其中蕴含着丰富的思想内涵和价值理念，是高校大学生党史课的重要思想资源。将中华优秀传统文化融入高校大学生党史课是提升党史课教学质量、传承中华民族文化基因与培育新时代人才的现实需要，同时中华优秀传统文化和党史课在教育目标、思想内容与价值取向这三个方面存在着高度的耦合性，这让二者的融合有着较强的可能性。当前，高校应从整体的课程系统出发增强教师队伍的本领、充分整合资源以配套硬件设施以及创新多样的教学方法，从而提升中华优秀传统文化融入高校大学生党史课的有效性、支撑力与丰富度。

关键词： 中华优秀传统文化；党史课；大学生

---

① 【作者简介】薛一飞，四川大学马克思主义学院教授，博士生导师，法学博士，主要从事马克思主义中国化研究；游梦悦，四川大学马克思主义学院硕士研究生，主要从事思想政治教育研究。

一、引言

进入新时代以来,"两个大局"下的新境遇新形势新变化为国家发展与民族复兴带来了新的机遇与挑战。青年作为社会上最富活力与创造力的群体,是党和人民未来事业发展的源泉和希望,因此发挥青年的创新创造能力、挖掘青年巨大的发展潜力必然是我国当下抓住变局中所蕴含机遇、解决变局所带来挑战的关键之一。以"立德树人"为根本任务的高校思政课承担着引导正处于"拔节孕穗期"的青年学子树立正确的世界观、人生观、价值观,培育良好品德以及提高政治素养的使命职责。针对高校思政课的建设,习近平总书记作出了重要指示,即"要始终坚持马克思主义指导地位……以中华优秀传统文化、革命文化和社会主义先进文化为力量根基……不断提高思政课的针对性和吸引力。"① 其中,中华优秀传统文化根植于中华民族千百年来的具体实践、凝聚着无数人民群众的智慧经验、沉淀着中华民族最深层的精神追求、具有独特的民族精神象征意义,其本质上是具有深厚底蕴的强大精神力量,是思政课教学中不可或缺的一部分。

根据《新时代学校思想政治理论课改革创新实施方案》,各大高校普遍把中共党史作为一门思想政治理论课来开设。高校大学生党史课旨在帮助学生了解中国共产党成立与发展的基本历程,总结中国共产党带领中国人民艰苦斗争与不懈奋斗的历史经验,掌握中国共产党在具体实践中坚持与发展马克思主义的历史过程,并引导学生更好地理解国家的历史发展轨迹,明确国家当前所处的历史方位,从党的历史中汲取智慧和力量,对其优良传统和作风予以弘扬和继承。将中华优秀传统文化融入高校大学生党

---

① 《不断开创新时代思政教育新局面 努力培养更多让党放心爱国奉献担当民族复兴重任的时代新人》,《人民日报》,2024年5月12日,第1版。

以文化人　守正创新
——新时代党史课程教学改革探索

史课有助于提升课程教学的质量与效果,从而引导学生在了解党的历史与精神的基础上提升文化自信与民族自豪感、提高思想道德与文化素养。因此,新时代的高校大学生党史课作为思政课课程体系的重要构成部分,必须充分发挥中华优秀传统文化在课程教学中的育人作用。本文则旨在进一步探究与阐明中华优秀传统文化为何融入、何以融入与如何融入高校大学生党史课程的三重逻辑理路。

二、中华优秀传统文化融入高校党史课程的现实逻辑

文化是民族的血脉,也是铸魂育人的重要精神养分。将中华优秀传统文化融入高校大学生党史课符合当前培育新时代人才的实际需要,这一融入不仅能够继续加深人们对中华优秀传统文化的认识,更好地传承中华民族的文化基因,同时也能让中华优秀传统文化作为丰富的思想资源去助推高校大学生党史课教学质量的提升并落实立德树人的根本任务。

(一)提升高校党史课教学质量的重要抓手

进入充满全新挑战与艰巨任务的发展阶段,我国高校思政课也必须与时俱进,在与国家发展总目标相协调下不断地改革创新,从而为党和国家培养与输送新时代人才,因此提升思政课的教学质量成为加强高校建设的重要主题之一。其中,将中华优秀传统文化融入党史课是提升高校党史课教学质量的重要抓手,这体现在中华优秀传统文化既能为党史课教学提供丰富资源,又能提升党史课教学的感染力与有效性。习近平总书记指出:"中华民族几千年来形成了博大精深的优秀传统文化……为思政课建设提供了深厚力量。"[①] 想要让党史课发挥铸魂育人的关键作用就必须在把道

---

① 《习近平主持召开学校思想政治理论课教师座谈会强调:用新时代中国特色社会主义思想铸魂育人贯彻党的教育方针落实立德树人根本任务》,《人民日报》,2019 年 3 月 19 日,第 1 版。

理讲深讲透讲活的同时做到以情动人,而这离不开契合理论知识的生动事例和感人故事作为党史教学资源,以丰富和发展党史教学内容。中华优秀传统文化沉淀着几千年来中华民族的思想智慧,其中的历史故事、经典典故与传统精神等都能为党史课教学提供丰富的教学案例和素材,助推高校党史课在教学内容上实现发展与创新:比如中华优秀传统文化中所蕴含的哲学思想和人文精神是党史课重要的思想资源,道德精髓和道德理念是党史课厚重的道德资源,价值观念和政治智慧是党史课不可或缺的价值资源。① 同时,中华优秀传统文化的融入能够在教学中充分发挥出中华民族独特精神标识的作用以提升党史课的感染力与有效性,从而提高党史课的教学质量。中华优秀传统文化是深深熔刻在中华民族血液里的文化基因,其涵养着中华民族共同的价值观与中华民族共同体意识,始终潜在地塑造着学生的世界观、人生观与价值观。因此,在实际课程教学中从中华优秀传统文化的角度解析中国共产党的历史,融入中华优秀传统文化的经典故事与传统精神等,既能够进一步激发学生的兴趣,提升课堂的感染力与吸引力,又能引导学生进一步深刻地理解党史中伟大先辈的精神内核、奋斗方向与行为动机,从而培养学生的文化自信、民族自豪感和爱国主义情感,有效提升思政课的教学效果。因此,将中华优秀传统文化融入高校大学生党史课是一种以内容创新为根本去提升教学效果与教学质量的高校大学生党史课建设新路径。

(二)传承与发展中华优秀传统文化的内在要求

中华优秀传统文化是在中华民族几千年的伟大实践中发展与沉淀而形成的宝贵精神财富与独特精神标识,其深刻地影响着中华民族的思想并为

---

① 赵义良:《以三种文化夯实思政课的力量根基》,《思想理论教育导刊》,2024 年第 6 期。

以文化人 守正创新
——新时代党史课程教学改革探索

中华民族抵御外来侵略、维系民族独立与破解人类难题等提供着源源不断的智力支持。然而，世界不同民族、不同国家文化交流交融交锋下的多元社会思潮渗透却给中华优秀传统文化影响力带来严峻挑战。党的十八大以来，习近平总书记就始终强调对中华优秀传统文化的传承与弘扬，并指出："优秀传统文化是一个国家、一个民族传承和发展的根本，如果丢掉了，就割断了精神命脉。"① 因此，深入认识和理解承载着民族记忆和民族精神的中华优秀传统文化，自觉传承中华民族的文化基因是每一个中华儿女的重要职责。作为高校思政课程，党史课不仅要通过教授基本的党史知识以培养合格的建设者和可靠的接班人，而且引导广大教师和青年学生传承与弘扬中华优秀传统文化同样是其重要的责任和使命。因此，将中华优秀传统文化融入高校大学生党史课程是实现传承与发展中华优秀传统文化的内在要求。一方面，中华优秀传统文化融入高校党史课程是传承中华优秀传统文化的必然选择。深入挖掘中华优秀传统文化中蕴含的思政元素并将其融入党史的课程教学，有助于引导大学生在党史与中华优秀传统文化相互论证、相互呼应的过程中更深刻地领悟中华优秀传统文化的思想内涵、价值理念及其对中华民族产生的深远影响，并自觉传承与弘扬中华优秀传统文化。另一方面，中华优秀传统文化融入高校大学生党史课程有助于进一步推动"两个结合"的完成，实现中华优秀传统文化的创造性转化与创新性发展。将鲜活的中华优秀传统文化元素精准融入党史课程教学，本质上就要求对中华优秀传统文化进行符合具体实际的时代化解读，这既能够实现中华民族最根本的文化基因同中国共产党的历史相呼应，实现马克思主义基本原理与中华优秀传统文化相结合，又能让中华优秀传统文化同新时代的具体实际相协调，从而实现中华优秀传统文化的创新发展，让其焕发出更强大的生命力。

---

① 习近平：《习近平谈治国理政》（第2卷），外文出版社2017年版，第313、378页。

（三）培育新时代人才的实际需要

当前中华民族伟大复兴已经进入了不可逆转的历史进程，在奋进新征程的过程中我们必将面临许多重大挑战与风险，必将直面艰巨的任务与复杂的矛盾，也必将克服层层的阻力与困难，这就要求广大青年学子成为有理想、敢担当、能吃苦、肯奋斗的新时代好青年。① 然而伴随着对外开放的深入展开与互联网的充分普及，各种社会思潮也不断交杂，历史虚无主义、新自由主义、泛娱乐主义、犬儒主义、极端民族主义通过各种途径和方式向青年群体席卷而来。在多元社会思潮的影响下，个别青年对本民族的传统文化产生困惑、误解甚至质疑，个别青年的文化自信被动摇，文化使命感和担当责任意识被消解。对于这一迫切需要解决的现实问题，将中华优秀传统文化融入高校党史课具有极其重要的价值意蕴。将中华优秀传统文化融入讲解党的发展历程、总结党百年奋斗的经验教训、认识百年党史中的重大事件与重要人物中，不仅有助于青年学子树立对历史事实的正确认知，也有助于学生领悟党史中所体现的中华优秀传统文化，比如以人为本、自强不息、亲仁善邻、和而不同等优秀价值理念，以及传承弘扬团结互助、勤劳勇敢、无私奉献、勤俭节约等精神标识，从而进一步坚定理想信念、提升文化认同、增强民族自豪感，实现精神上的独立自主。因此，为了回应培养青年的责任意识和奋斗精神，引导青年从历史成就中汲取历史经验、增强信心，以更加积极的心态承担时代重任的现实需求，必然要将中华优秀传统文化融入高校党史课。

---

① 习近平：《高举中国特色社会主义伟大旗帜 为全面建设社会主义现代化国家而团结奋斗——在中国共产党第二十次全国代表大会上的报告》，《人民日报》，2022年10月26日，第1版。

三、中华优秀传统文化融入高校党史课程的理论逻辑

中华优秀传统文化与高校党史课在内容上的高度的耦合性使得中华优秀传统文化能够有机融入高校党史课，进而为其课程建设提供丰富的教学素材，提升其教学效果、深化其教学意义。这一耦合性具体体现在中华优秀传统文化与高校大学生党史课的目标统一、内容契合与价值取向一致的三个方面。

（一）中华优秀传统文化与高校党史课的目标统一

教育目标的统一能够使得中华优秀传统文化融入高校党史课在培育学生的具体素养上发挥出更大合力。中华优秀传统文化与高校党史课都强调对学生进行道德教育，达成立德树人、铸魂育人的根本目标。"育人的根本在于立德。"[①] 大学生道德教育的根本任务就是使大学生拥有正确的世界观和方法论，增强大学生对中国共产党和中国特色社会主义道路的认同，动员其参与到社会主义现代化强国的建设征程中去。高校党史课作为大学生道德教育的载体，其课程目标就是就要充分挖掘党史中的道德教育元素，带领学生深刻认知中国共产党带领中国人民为实现国家富强、民族独立和人民幸福的过程中艰苦奋斗、百折不挠的历程，进而发挥中国共产党带领中国人民在革命、建设、改革奋斗历程中责任情怀和使命担当方面所具有的信念塑造和价值导向功能，培养青年学生成为有理想、敢担当、能吃苦、肯奋斗的新时代人才。同时，中华优秀传统文化始终重视个人道德的培养和塑造，强调要将"德育"放在教育的首位。比如中华优秀传统文化中就有强调个人修养以达到善的最高境界的自省之德，主张与人为

[①] 习近平：《高举中国特色社会主义伟大旗帜为全面建设社会主义现代化国家而团结奋斗——在中国共产党第二十次全国代表大会上的报告》，《人民日报》，2022年10月26日，第1版。

善、和谐友爱的社会之德以及"先义后利",个人要坚持从国家利益和整体利益出发的国家之德等。① 因此可以说,"立德树人"早已深入中华文化骨髓,其本身所具备的人才培育逻辑与中华优秀传统文化所遵循的理念有着高度的契合。那么,将中华优秀传统文化融入高校党史课的目标也就是通过挖掘二者所蕴含的民族大义、忧患意识、勇气胆识、舍家为国等宝贵精神,从而激发大学生对先辈的尊崇与敬意,进而引发思想对标,引导青年学生形成良好的品德和价值观,使其成为有思想、有道德的人,为社会发展作出贡献。

(二)中华优秀传统文化与高校党史课的内容契合

根据《中共中央关于加强和改进新形势下党史工作的意见》,中国共产党党史就是党的"不懈奋斗史""理论创新史""自身建设史"。② 因此,高校党史课也就是要讲授在马克思主义指引下中国共产党坚定共产主义理想信念、勇于探索社会主义道路的不懈奋斗史,马克思主义基本原理同中国具体实际相结合并不断得到丰富和发展的理论创新史,以及中国共产党不断加强和完善自己并根据自己的经验进行自我革命,使自己始终保持着先进性、纯洁性的自身建设史。其中,中华优秀传统文化是深入学习党史的重要"钥匙"之一,无论是党的事业发展、党的理论创新创造以及基于党史产生的革命文化都与中华优秀传统文化有着深刻而密切的联系,这一内容的深度契合让中华优秀传统文化融入高校党史课有了可行性。

首先,中华文明的连续性与党的事业发展相贯通。"中华文明的连续性,从根本上决定了中华民族必然走自己的路。"③ 源远流长的中华文明

---

① 朱倩:《历史的呼声:从中华优秀传统文化视角谈"立德树人"》,《红河学院学报》,2023年第6期。
② 中共中央办公厅:《中共中央关于加强和改进新形势下党史工作的意见(中发〔2010〕10号)》,2010年6月19日。
③ 习近平:《在文化传承发展座谈会上的讲话》,《求是》,2023年第17期。

以文化人　守正创新
——新时代党史课程教学改革探索

有着坚强的文化主体性，在历史的长河中始终保持着自我发展的连续性和自身的基因和逻辑。中国共产党领导人民开辟和发展中国特色社会主义就是在五千多年中华文明的深厚基础上实现的，因此中华优秀传统文化融入党史课实际上就将历史中国与当代中国、未来中国贯通起来，从党的历史中汲取智慧和力量。

其次，百年来党的理论创造都坚持与中华优秀传统文化相结合，因此结合中华优秀传统文化是考察党的理论创新史中不可或缺的部分。新民主主义革命时期，中国共产党坚持中华优秀传统文化中探求真理的宝贵精神品质，即"实事求是"，将马克思主义基本原理与中国的具体革命实践相结合并形成了毛泽东思想。社会主义革命和建设时期，在百废待兴之际中国共产党没有盲目效仿苏联模式，而是秉持了中华优秀传统文化中所蕴含的中华民族精神之魂，即"独立自主"[1]，开辟了一条独具中国特色的社会主义道路。改革开放和社会主义现代化建设新时期，中国共产党顺应时代发展的潮流作出了改革开放的重大决策，坚持了中华优秀传统文化中"与时偕行"的精神[2]，带领人民不断奋斗以推动现代化建设。新时代以来，以习近平同志为核心的党中央重视中华优秀传统文化中知行合一的传统哲学思想，即强调理论与实践、知识与行动的统一，以马克思主义关于现代化的理论指导，坚定不移走中国特色社会主义现代化道路。百年党史中，中国共产党始终重视马克思主义基本原理同中华优秀传统文化相结合，因此当前的高校党史课必然要将中华优秀传统文化纳入教学，才能将党的理论创新史更好地讲清、讲透、讲深。

最后，中华优秀传统文化客观上孕育并滋养了革命文化。中华优秀传

---

[1]《中共中央关于党的百年奋斗重大成就和历史经验的决议》，《人民日报》2021年11月17日，第1版。

[2] 燕连福、林中伟：《马克思主义基本原理同中华优秀传统文化相结合的历程、经验和未来展望》，《教学与研究》，2022年第2期。

统文化与革命文化之间就是根与果的关系。中华优秀传统文化为革命文化的产生提供了丰富思想沃土，比如，"天下兴亡，匹夫有责""舍生取义""精忠报国""敢为人先"等中华优秀传统文化要义与革命文化本质相通，一脉相承，这是革命文化生发的历史基础、文脉源泉。革命文化伴随着中国共产党的发展在实践中完成对中华优秀传统文化的创新与发展，比如万里长征中蕴含的革命精神和不屈不挠的意志、抗日战争中展现的抗战精神和团结一致的力量等都有中华民族的文化基因。

因此，使中华优秀传统文化融入高校党史课是帮助学生立足中国历史和中国文化去深刻领悟党史中革命文化的必然要求。

（三）中华优秀传统文化与高校大学生党史课的价值取向相一致

价值取向主要是指主体基于一定价值观在矛盾冲突关系处理中的价值立场与价值态度。中华优秀传统文化是社会主义核心价值观层次构建的坚实理论支撑与深厚文化底蕴，① 因此中华优秀传统文化融入高校党史课拥有价值取向基本契合这一重要的先决条件。一是中华优秀传统文化与高校党史课都强调以人为本的价值取向。"以人为本"的价值观念最先出自《管子》，此后不断被发展运用到各个领域，包括教育上的有教无类，因材施教，人与自然上的"天人合一"，治国理政上的"民为邦本"等。相对应的，高校党史课强调要尊重学生的个体差异，充分发挥其主体性，坚持从学生的实际出发来引导和培养学生，使他们能够认识自我和发展自我，通过自身的努力实现自我。二是中华优秀传统文化与高校党史课都有重视"以德为重"的价值取向。道德是社会生活中必要的调控手段，我国自古

---

① 石邵宇：《论中华优秀传统文化与社会主义核心价值观的关系》，《河南经济报》，2024年第11期。

以来就十分重视有关道德修养的教育,其中包括"仁义礼智信"的个人道德品质、"兄友弟恭""百善孝为先"的家庭道德伦理规范以及"修身齐家治国平天下"的终极道德追求。作为一门立德树人的思政课程,高校党史课就要引导和培养青年学生成为有思想道德的人,进而培养学生正确的价值观和明辨是非的能力,使学生自觉地投身于社会建设中,为党和国家的事业贡献力量。

四、中华优秀传统文化融入高校党史课程的实践逻辑

要将中华优秀传统文化有效融入高校党史课,发挥出文化育人的主要功能,完成好立德树人的重要使命,就必须将党史课看作教师与学生坚持以理论与实际相联系为导向,围绕着课堂教学采取各种形式与方法学习党史的整体系统,将中华优秀传统文化贯穿于各个要素之中,重视增强教师队伍的本领、配套硬件设施与创新多样的教学方法。

(一)增强教师队伍的本领,提高中华优秀传统文化融入党史课的有效性

办好思政课的关键在教师,拥有一支集坚实党史理论基础、深厚中华优秀传统文化积淀、高水平结合转化能力于一体的高素质教师队伍是将中华优秀传统文化有效融入党史课的关键。过硬的专业素养是教师开展教学工作的基本前提与根本保障,因此将中华优秀传统文化有效融入党史课要求教师队伍提升自身的专业素养。具体而言,教师队伍不仅要有扎实的党史基础、具备较高的马克思主义理论功底,还要有深厚的中华优秀文化知识积累。只有对党史与中华优秀传统文化学深学透、加强对党史课中中华优秀传统文化的研究,才能充分挖掘与党史相关的中华优秀传统文化素材,并结合当代实际以诠释中国共产党的发展历程,提升高校大学生党史课与中华优秀传统文化的融合度。高水平的教学能力是保障教师切实发挥专业素养、落实教学工作的重要本领,因而也就是教师推动中华优秀传统文化有效融入党史课不可忽视的要素。

一方面,这要求广大教师队伍既要精准地选择中华传统文化用于党史课程教学,寻找恰当的切合点,让二者相互呼应、相互支撑,又要根据学生在学习方式、思维方式等方面的变化,转换中华优秀传统文化的话语体系,从而将理论讲清楚、讲透彻、讲到位。

另一方面,又要求教师善于运用新的教学设备和教学方法从而创新中华优秀传统文化与党史课程有效衔接、融合的方式,提高学生在党史课中的学习兴趣。针对专业素养的提升,高校可以组织教师参加国学主题培训、读中华优秀传统文化典籍、党史知识竞赛等活动,从而深化党史课教师对中华优秀传统文化内涵的理解,提升其传统文化素养、加强党史课教师对党史教材的把握,夯实其专业知识基础。针对教学能力的强化,高校可以建立完善教师考核机制,鞭策党史课教师积极探究更有助于青年学子理解与学习党史的融入方式,并通过定期组织与开展中华优秀传统文化融入党史课的研讨会等方式积累教学经验、改革教学方法,不断提高教师党史教学能力。

(二)整合资源以配套硬件设施,有力支撑中华优秀传统文化融入党史课

中华优秀传统文化融入党史课需要依托课堂这一重要载体,因此整合各类教学资源以配套相关开展教学工作所需的硬件设施是推动采取多样的教学形式、保障教学质量与教学效果,有力支撑中华优秀传统文化融入党史课的应有之义。所谓硬件设施就是指支持教学和学习活动的设备设施,其包括开展教学的场所、提供学生获取知识和信息资源的设施、用于支持教学和学习的技术设备等,这些硬件设施可以为师生提供更好的学习和教学环境,促进知识和技能的传授和习得。除了保障正常教学进行的基础硬

件设施外，为了配合中华优秀传统文化融入党史课下实践教学的形式，高校也要注重拓展公共文化机构的合作从而为学生创设研究实践平台，比如整合博物馆、图书馆、文化遗址等学术资源和文化遗产，使青年学生在实际参观学习中切身地感受中华优秀传统文化与党史的魅力，从而深刻领悟在课堂中所学的理论知识，增强自身的文化自信和爱国情感。

此外，随着信息网络技术的发展，充分运用新媒体新技术是增强思想政治工作时代感和吸引力的关键一环。中华优秀传统文化要有效融入党史课也离不开互联网技术的支撑，因此高校应完善多媒体等新型教学媒介的硬件设施，搭建各大网络平台和专业学习类应用，为中华优秀传统文化融入党史课提供更坚实的网络阵地。

（三）创新多样的教学方法，丰富中华优秀传统文化融入党史课的形式

教学方法是指教师在教学过程中采用的一系列具体的教学手段和方法，根据实际教学情况选择合适的教学方法有助于激发学生的学习兴趣、提高教学效果、实现教学目标。由于中华优秀传统文化与党史课都有着深厚的历史基因与鲜明的现实价值取向，因此在推动中华优秀传统文化融入党史课的实际教学中必须坚持历史与现实相结合的方式。具体而言，在教学中不仅要聚焦解读已有的知识与文化，即以具体的、生动的中华优秀传统文化作为引导学生学懂弄通党的百年奋斗成就和历史经验的鲜活教材，还要充分重视课程内容的现实观照，即正确运用将中华优秀传统文化的价值理念、哲学思想及经典格言与党史结合阐明历史选择的必然性以及当下中国的历史方位等，加深青年学生对中华优秀传统文化以及党史的理解认同，增强学生历史使命感和自信心。

此外，采用理论联系实际的教学方式有助于引导大学生将中华优秀传统文化与党史课的精髓要义实际运用在分析和解决现实问题中，从而深化

大学生对理论知识的把握与认同、加强对实践能力的培养，真正让其成为敢作敢为、善作善为的新时代青年。因此，高校可以组织开展以"中华优秀传统与党史"为主题的专题讲座、征文活动以及依托社团等开展校内实践活动等，把党史课实践教学与丰富多彩的中华优秀传统文化体验活动紧密联系在一起，以理论性、实践性、趣味性兼具的形式推动中华优秀传统文化融入党史课。

最后，教师还可以采用现代教育技术中的网络教育、移动学习等教学方法，让学生通过灵活的方式在多种渠道获取所需的知识，并鼓励其根据自身的理解与领悟创作相关视频，促进学生在实践中对中华优秀传统文化与党史加深理解。

中华优秀传统文化为党史课程注入"中国特色"之魂

粟薪樾[①]

摘 要:中华优秀传统文化作为中华民族的精神支柱与文化底蕴,对新时代中国特色社会主义的构建具有举足轻重的意义,其完善的价值体系、独特的精神追求以及连绵不断的历史传承,共同构筑了中华民族的文化自信。而党史课程作为传承红色记忆、弘扬革命精神的核心载体,不仅承载着党的光辉历程与宝贵经验,更是新时代爱国主义教育的重要阵地。本文深入剖析了中华优秀传统文化与党史课程在价值体系、精神追求及历史传承等方面的深刻内在联系,揭示了两者相辅相成、互为补充的特质。本文指出,中华优秀传统文化为党史课程提供了丰富的思想资源和文化底蕴,通过哲学思想的深度融入、道德观念的传承与发展以及治国理念的现代诠释,为党史课程注入了鲜明的"中国特色"之魂。同时,党史课程也在传承与创新中反哺中华优秀传统文化,推动其实现创造性转化与创新性发展,共同促进了中华文化的繁荣与发展。

---

① 【作者简介】粟薪樾,中国民用航空飞行学院讲师,历史学博士,主要从事中共党史研究。

通过这一探讨，本文旨在强调在新时代背景下，将中华优秀传统文化融入党史课程教育的重要性，以及两者相互融合对于培养具有坚定文化自信和革命精神的新时代青年的重要意义。

关键词：中华优秀传统文化；党史课程；"中国特色"；文化融合；文化自信

在悠悠流淌的历史长河中，中华优秀传统文化宛若一颗璀璨星辰，不仅照亮了中华民族前行的征途，更深深植根于每位中华儿女的灵魂深处，铸就了我们独特的文化根基与精神标识。这一文化体系囊括了儒家之仁爱礼义、道家之自然无为、墨家之兼爱非攻等多元思想精髓，不仅塑造了中华民族坚韧不拔、自强不息的民族特性，还孕育了追求和谐共生、厚德载物的价值理念。在新时代的征程上，中华优秀传统文化被赋予新的使命，它不仅是推动社会和谐、增强民族凝聚力的精神纽带，也是推动中国特色社会主义事业蓬勃发展的文化基石。

与此同时，党史课程作为传承红色基因、弘扬革命精神的关键阵地，其重要性日益彰显。它肩负着叙述党的光辉历程、展现党的辉煌业绩的历史使命，同时也是激发爱国情怀、培育时代新人的关键平台。在新时代背景下，强调党史课程的"中国特色"，不仅是对党的宝贵历史遗产的尊重与继承，更是为了在新时代的背景下，从党的光辉历程中汲取智慧与力量，坚定中国特色社会主义的道路自信、理论自信、制度自信、文化自信。这种"中国特色"的强化，不仅是历史与现实的交汇，更是民族未来发展的精神灯塔，对于凝聚人心、增强民族自信、推动民族复兴具有不可估量的作用。

因此，将中华优秀传统文化深度融入党史课程，不仅是对两者深刻内涵的深入挖掘与相互呼应，更是为党史课程注入新动力、新元素的关键举措。这一过程将使学生在领略中华优秀传统文化魅力的同时，更加深刻地

以文化人　守正创新
——新时代党史课程教学改革探索

理解中国共产党的初心使命，以及党在奋斗历程中展现出的英雄气概与崇高精神，从而激发其内心深处的爱国情怀与民族自豪感。这种融合不仅能够丰富党史课程的教学维度与形式，提升其吸引力与感染力，还能使党史教育更加贴近实际、贴近生活，让党的历史与文化成为全社会共同的精神财富。

具体而言，本文旨在深入剖析中华优秀传统文化的核心要义，并细致探索其与党史课程之间错综复杂而深刻的内在联系，力求开创两者有机融合的新模式。通过系统梳理中华优秀传统文化的精髓要素与党史课程的核心内容，本文将全面揭示两者在价值观念上的共鸣、精神追求上的契合以及历史传承上的连续性，进一步阐明两者相辅相成、互为增色的互补优势。我们期望通过这一研究，不仅能够促进中华优秀传统文化在党史教育中的有效传承与创新发展，还能够为培养具有坚定文化自信、深厚爱国情怀和革命精神的新时代青年提供有力支持，为实现中华民族伟大复兴的中国梦贡献深厚的文化力量与不竭的精神动力。

中华优秀传统文化与党史课程之间存在紧密而微妙的联系，这种联系不仅植根于共同的文化根基，还体现在历史传承的连续性上，两者共同书写了中华民族的精神史诗，激发了民族精神的共鸣。

一、文化根脉的深度契合

在探寻中华优秀传统文化与党史课程的内在联系时，我们不难发现两者之间存在着一条紧密相连、深入骨髓的文化纽带。这条纽带不仅彰显了两者在文化根基上的高度共通性，更如同一条跨越时空的河流，流淌着中华民族世代相传的精神血脉。

（一）价值追求的共鸣

这是两者共通性的核心精髓。中华优秀传统文化与党史课程在价值追求上高度契合，共同弘扬"仁爱""诚信""和谐"等核心价值观。这些价值观不仅是中华民族独特的精神符号，也是党史中革命精神、爱国情怀与集体主义精神的坚实基石。这种一致性促使两者在精神层面上产生了强烈的共鸣与融合。

例如，党史课程生动再现了革命战争年代无数先烈以无畏的牺牲精神践行了"天下为公"的崇高理念。他们为了国家和民族的利益，不惜一切代价，这种精神正是对中华优秀传统文化中"大公无私"美德的现代演绎。又如，党史课程深刻揭示了中国共产党从成立之初就致力于实现民族独立、人民解放和国家富强、人民幸福的伟大历程，展现了党始终代表最广大人民根本利益的初心和使命。这与中华优秀传统文化中的"民本思想"紧密相连，一脉相承。正如《中国共产党章程》所强调的："（中国共产党）坚持全心全意为人民服务。党除了工人阶级和最广大人民群众的利益，没有自己特殊的利益。"① 正是对"以民为本"传统价值观的当代诠释，彰显了党与人民同呼吸、共命运的紧密联系。通过讲述党的奋斗历程，党史课程展现了党始终代表最广大人民根本利益的坚定立场和使命担当。

因此，中华优秀传统文化与党史课程在价值追求上的高度共通性，不仅构筑了中华民族的精神大厦，更为我们在新时代砥砺前行提供了不竭的精神源泉和道德指引。正如习近平总书记指出："中华优秀传统文化是中华文明的智慧结晶和精华所在，是中华民族的根和魂，是我们在世界文化激荡中站稳脚跟的根基。"② 而党史课程则是我们铭记历史、传承精神、坚定信仰的重要载体。两者相互辉映、相得益彰，共同引领中华民族迈向更加灿烂的未来。

---

① 《中国共产党章程》，人民出版社 2015 年版，第 26 页。
② 《习近平：中华优秀传统文化是中华民族的根和魂》，http://politics.people.com.cn/n1/2022/0603/c1001-32437873.html，人民网。

（二）历史传承的交织

中华优秀传统文化作为中华民族五千年文明史的精髓，不仅为我们提供了丰富的思想资源和文化遗产，更为党史课程提供了深厚的历史背景和文化土壤。这种联系不仅仅体现为时间上的延续，更在于精神与价值观上的高度契合与传承。

以"仁爱"为例，这一中华优秀传统文化中的核心价值观在党史课程中得到了深刻的体现与传承。革命战争年代，无数革命先烈舍生忘死，为了民族的解放和人民的幸福英勇奋斗，他们以实际行动诠释了"仁爱"的深刻内涵——爱人民、爱国家、爱民族。这种大爱无疆的精神，正是对"仁爱"这一传统美德的当代诠释和发扬光大。

"诚信"是中华民族的传统美德之一，也是党史课程中反复强调的重要价值观。在党的历史上，无论是与人民群众的鱼水情深，还是在国际舞台上的守信重诺，都体现了党对"诚信"这一价值观的坚守与践行。特别是改革开放以来，党领导人民在社会主义市场经济建设中，始终强调诚信经营、诚信社会建设，这不仅是对传统文化的继承，更是对新时代社会发展的有力推动。

"和谐"作为中华优秀传统文化的核心理念之一，在党史课程中也有着丰富的体现。从抗日战争时期的统一战线策略到新时代的和谐社会建设，从处理党内矛盾到协调国际关系，党始终秉持和谐共生的理念，推动社会各界的团结与合作。这种对"和谐"的不懈追求，不仅体现了党的智慧与勇气，也彰显了中华优秀传统文化在新时代下的生命力与活力。

"自强不息"这一精神在中华优秀传统文化中源远流长，如《周易》中的"天行健，君子以自强不息"。这种精神也体现在中国共产党领导人民进行革命、建设和改革的整个过程中。党史课程生动体现了从长征途中的艰难险阻，到改革开放初期的艰难探索，再到新时代面对复杂国际形势和国内改革发展稳定任务的挑战，党始终保持着自强不息的奋斗精神，不断推动中国特色社会主义事业向前发展。

从"仁爱"到"诚信"，从"和谐"到"自强不息"，中华优秀传统文化的核心价值观在党史课程中得到了生动诠释与创新发展。作为记录中国共产党奋斗历程的重要载体，党史课程不仅系统展现了党从创立初期的艰难探索到领导革命、建设、改革的辉煌成就，更深刻揭示了传统文化基因在党的理论创新和实践发展中的传承与升华。

同时，党史课程也通过讲述党的历史，强调了历史传承的连续性。它不仅回顾了中华民族历史上的伟大成就和光辉篇章，更将中华优秀传统文化中的优秀元素与党的历史相结合，形成了具有鲜明时代特色的新的文化形态。这种新的文化形态不仅丰富了中华民族的精神世界，更为我们提供了认识历史、理解现实、展望未来的重要视角和思维方式。

因此，我们可以说，中华优秀传统文化与中共党史之间存在着紧密而深刻的联系。它们共同构建了中华民族从古至今、一脉相承的历史文化脉络，为我们提供了强大的精神动力和道德支撑。在新时代背景下，我们应该继续弘扬中华优秀传统文化中的优秀元素，同时深入学习中共党史中的宝贵经验和深刻启示，以更加坚定的信念和更加昂扬的斗志，为实现中华民族伟大复兴的中国梦而努力奋斗。

（三）民族精神的凝聚

中华优秀传统文化中蕴含的自强不息、坚韧不拔、勇于探索等民族精神，如同璀璨星辰，穿越时空，在中共党史的广阔舞台上熠熠生辉。这些精神特质，不仅在新民主主义革命时期的烽火岁月中得以彰显，更在社会主义革命和建设时期、改革开放和社会主义现代化建设新时期以及中国特色社会主义新时代的伟大实践中找到了生动的例证，实现了民族精神与时

以文化人 守正创新
——新时代党史课程教学改革探索

代精神的共鸣。

民族精神与时代精神的结合，形成了具有中国特色的中国共产党人精神谱系。这一精神谱系不仅深深根植于中华民族优秀传统文化之中，汲取了传统民族精神的精髓，还紧密贴合时代发展的脉搏，融入了新鲜元素，展现出中国共产党人独特的政治品格和精神风貌。习近平总书记在不同场合多次阐释了"中国共产党人精神谱系"的丰富内涵和重要意义。他指出："在一百年的非凡奋斗历程中，一代又一代中国共产党人顽强拼搏、不懈奋斗，涌现了一大批视死如归的革命烈士、一大批顽强奋斗的英雄人物、一大批忘我奉献的先进模范，形成了井冈山精神、长征精神、遵义会议精神、延安精神、西柏坡精神、红岩精神、抗美援朝精神、'两弹一星'精神、特区精神、抗洪精神、抗震救灾精神、抗疫精神等伟大精神，构筑起了中国共产党人的精神谱系。"[①]

在社会主义革命和建设时期，以"两弹一星"精神为代表，中华民族展现了自强不息、勇攀科技高峰的壮志豪情。面对国际封锁和重重困难，老一辈科学家们在极其艰苦的条件下，自力更生，艰苦奋斗，成功研制出原子弹、氢弹和人造卫星，打破了超级大国的核垄断，极大地提升了我国的国际地位和民族自信心。这种精神，正是中华优秀传统文化中自强不息、坚韧不拔品格的生动体现。

改革开放和社会主义现代化建设新时期，以"深圳速度"为代表的改革开放精神，展现了中华民族勇于探索、敢于突破的勇气和决心。深圳从一个边陲小镇迅速崛起为国际化大都市，成为中国经济特区的成功典范。这一过程中，无数创业者、企业家和建设者以敢为天下先的勇气和智慧，不断探索适合中国国情的发展道路，推动了中国经济的快速增长和社会的

[①]《习近平总书记谈"中国共产党人的精神谱系"》，http://www.qstheory.cn/laigao/ycjx/2021-04/01/c_1127282525.htm，求是网。

全面进步。这种勇于探索的精神,与中华优秀传统文化中的开拓进取精神不谋而合。

进入新时代,脱贫攻坚精神闪耀光芒,全国上下同心协力,扶贫干部扎根基层,社会各界广泛参与,形成合力,共克贫困,这一精神不仅传承了团结互助、坚韧不拔的中华优秀传统,更彰显了中国共产党人初心使命,为中华民族伟大复兴注入强大动力。

这些例子无不证明了中华优秀传统文化中的民族精神和中国共产党人精神谱系在党史课程中的生动体现和高度统一。它们不仅增强了民族自信心和凝聚力,更为我们在新时代继续前行提供了强大的精神动力和道德支撑。

二、思想智慧的双向互鉴

在党史课程的广阔天地里,中华优秀传统文化犹如一股不竭的源泉,为课程内容的丰富与深化提供了深厚的思想资源。这种互鉴性不仅体现在历史与现代的对话中,更在于传统智慧与现代实践的紧密结合,共同构筑起党史课程独特的理论高度与文化深度。

(一)中华优秀传统文化滋养党史课程

在探讨党史课程与中华优秀传统文化的相互滋养时,我们不难发现,前者不仅从后者中汲取了丰富的营养,更在传承与创新中实现了文化的深度交融。其中,中华优秀传统文化中的哲学思想作为中华文化精髓的重要组成部分,自然而然地成为党史课程不可或缺的思想资源。

1. 哲学智慧的启迪

中华优秀传统文化中的哲学思想在党史课程中得到了生动的体现与深刻的转化。以儒家的"中庸之道"为例,其强调的和谐平衡、适度原则,

以文化人　守正创新
——新时代党史课程教学改革探索

在党史课程中转化为党领导人民在复杂多变的国内外环境中保持战略定力、科学决策的智慧之光。毛泽东在《中国革命战争的战略问题》中曾写道："我们的战略是'以一当十'，我们的战术是'以十当一'，这是我们制胜敌人的根本法则之一。"① "以一当十"是说在一个局部上，我们可能以少数兵力去对付敌人的多数兵力，但必须在全局上处于绝对优势，或在几个重要点上处于绝对优势的地位，好造成战役战斗上的局部的多数对少数，即"以十当一"。这里，"以一当十"与"以十当一"的灵活运用，正是对"中庸之道"中和谐平衡、适度原则的创造性转化，体现了党在战略上保持定力、在战术上灵活应变的智慧。

此外，毛泽东所倡导的战略蔑视与战术重视之理念，实则是对古代军事智慧的一种现代化诠释与深化，特别是其战略层面的"以一敌众"与战术层面的"众力合一"策略，根源可追溯至《孙子兵法》中的精髓——"形人而我无形"之论。孙子在《虚实篇》中精妙地阐述了"我专为一，敌分为十"的战术原则，意指通过隐匿己方形迹，使敌方力量分散，从而达成我方兵力集中、敌方分散的态势，实现以多胜少的战略目的。他强调兵力集中的重要性，反对力量的无谓分散，认为通过"以众敌寡"的战术布局，能够显著削弱对手的实际战斗力。毛泽东的战略思想，在战略层面倡导"以一当十"的豪迈气概，鼓励在全局上树立必胜信心，不畏强敌；而在战术执行上，则强调"以十当一"的精细筹划，确保在具体战斗中能够集中优势兵力，实现局部战场上的绝对优势。这一战略与战术的巧妙结合，不仅是对孙子"以众击寡"思想的深刻理解和灵活运用，更是在新的历史条件下对其进行的创造性发展，展现了毛泽东军事思想的独特魅力和

---

① 毛泽东：《中国革命战争的战略问题》（1936年12月），中共中央文献研究室、中央档案馆编：《建党以来重要文献选编（1921—1949）》（第十三册），中央文献出版社2011年版，第506页。

深远影响。①

道家的"无为而治"则启示我们，在治理国家和社会时，应顺应自然规律，注重激发内在活力，这一思想在党史课程中体现为党在不同历史阶段灵活调整政策策略，实现社会和谐稳定与发展的高超艺术。邓小平在改革开放初期提出的"摸着石头过河"理念，便是这一思想在现代治理中的生动实践。他强调："我们也讲现在我们搞的实质上是一场革命。从另一个意义来说，我们现在做的事都是一个试验。对我们来说，都是新事物，所以要摸索前进。既然是新事物，难免要犯错误。我们的办法是不断总结经验，有错误就赶快改，小错误不要变成大错误。"② 这种顺应时势、勇于探索、及时调整的治理方式，正是道家"无为而治"中顺应自然规律、激发内在活力的思想精髓在现代社会的具体运用。

这些哲学思想的深度融入与创造性转化，不仅为党史课程增添了深厚的文化底蕴，更使其具备了鲜明的时代价值。它们不仅是我们理解党领导人民取得伟大成就的重要思想工具，也是我们在新时代继续推进国家治理体系和治理能力现代化的宝贵精神财富。

2. 道德理念的传承

中华优秀传统文化中的道德观念，犹如璀璨星辰，穿越时空的长河，为党史课程提供了丰富的精神滋养与深刻的启示。在这些道德观念中，"忠孝节义"不仅是古代社会崇尚的品德典范，更在党史的壮丽篇章中焕发出耀眼的光芒。

"忠"，在党史课程中，被赋予了新的时代内涵，它不仅是对国家的忠诚，更是对党的忠诚，对人民事业的忠诚。无数革命先烈，如方志敏、江

---

① 曹应旺：《走进毛泽东诗词世界》，上海人民出版社2021年版，第170页。
② 邓小平：《答美国记者迈克·华莱士问》（1986年9月2日），《邓小平文选》（第三卷），人民出版社1993年，第174页。

以文化人 守正创新
——新时代党史课程教学改革探索

竹筠等,他们以生命践行了对党的无限忠诚,展现了"忠"这一美德的崇高与伟大。正如周恩来所言:"中国是古老的民族,也是勇敢的民族。中华民族有两大优点:勇敢,勤劳。这样的民族多么可爱,我们爱我们的民族,这是我们自信心的泉源。"① 这种对民族、对国家的深情厚爱,正是"忠"的集中体现。这种忠诚精神,激励着每一代党员干部和人民群众不忘初心,牢记使命,为实现中华民族伟大复兴的中国梦而努力奋斗。

"孝",在党史的语境下,不直接表现为对父母的孝顺,但转化为对人民、对国家的深厚情感与责任担当。毛泽东曾深情地说:"人民,只有人民,才是创造世界历史的动力。"② 党始终将人民放在心中最高位置,全心全意为人民服务,这种"大孝"情怀,是共产党人最真挚的情感表达。

"节义"二字,在党史英雄人物身上熠熠生辉。如刘胡兰面对敌人的铡刀,毫不畏惧,慷慨就义,她的英勇事迹成为"节义"精神的生动写照。又如革命烈士杨靖宇,在极端困难的条件下,孤身一人与敌人周旋数昼夜,最后壮烈牺牲。他宁死不屈、坚守信仰的崇高气节,正是"节义"精神的真实写照。这种精神激励着党员干部和人民群众,在任何时候都要坚守自己的信仰与原则,不为任何困难与诱惑所动摇。

而"诚信为本"的传统美德,在党史课程中则成为构建社会诚信体系、培育社会主义核心价值观的重要基石。邓小平曾强调:"一切企业事业单位,一切经济活动和行政司法工作,都必须实行信誉高于一切,严格禁止坑害勒索群众。"③ 党始终强调诚信的重要性,在领导人民进行革命、建设和改革的过程中,始终秉持诚信原则,坚持言行一致、信守承诺,赢得了人民群众的广泛信任与支持。这种诚信精神不仅推动了社会的和谐稳

---

① 《周恩来选集》(上卷),人民出版社1980年版,第323页。
② 毛泽东:《论联合政府》(1945年4月24日),《毛泽东选集》(第三卷),人民出版社1991年版,第1031页。
③ 邓小平:《在中国共产党全国代表会议上的讲话》(1985年9月23日),《建设有中国特色的社会主义》(增订本),人民出版社1987年版,第125页。

定与发展，也为构建社会诚信体系、培育社会主义核心价值观提供了重要支撑。

这些道德观念穿越时空的界限，成为连接过去与现在，引导党员干部和人民群众树立正确道德观、价值观的精神纽带。它们不仅是我们理解党史、感悟革命精神的重要窗口，更是我们在新时代继续弘扬中华优秀传统文化、推动社会文明进步的重要力量。

3. 治国方略的演绎

中华优秀传统文化中的治国理念，如同一股不息的清泉，滋养着党史课程的每一寸土地，使其在现代社会焕发出新的生机与活力。如前文所说，"民本思想"这一古老而深邃的政治哲学观念，在党史课程中得到了全面而深入的展示与阐发。它不仅是中国传统政治哲学的核心，更在中国共产党人的执政实践中得到了生动的体现与升华。一个显著的例子是精准扶贫政策的实施。这一政策深刻体现了中国共产党"以人民为中心"的发展思想，即"民本思想"在新时代的具体实践。自2013年提出以来，精准扶贫政策通过精准识别、精准帮扶、精准管理和精准考核，确保了扶贫资源真正惠及贫困群众。数百万驻村第一书记和扶贫干部深入基层，与贫困群众同吃同住同劳动，共同寻找脱贫致富的道路。这一过程中，不仅改善了贫困群众的生活条件，更激发了他们自主脱贫的内生动力，展现了中国共产党人为民谋利、为民解忧的坚定决心和实际行动。

同时，"法治精神"作为古代治理智慧的重要组成部分，也在党史课程中得到了新的诠释与发展。中国共产党在领导人民进行革命、建设和改革的过程中，深刻认识到法治对于国家治理的重要性。邓小平提道："为了保障人民民主，必须加强法制。必须使民主制度化、法律化，使这种制度和法律不因领导人的改变而改变，不因领导人的看法和注意力的改变而

以文化人　守正创新
——新时代党史课程教学改革探索

改变。"① 这一思想为中国特色社会主义法治体系的建设与完善指明了方向。

在具体的实践中，中国共产党不断推进依法治国方略的实施，加强法律法规的制定和完善，提高司法公正性和效率，加强法治宣传和教育，努力营造尊法学法守法用法的良好氛围。这些努力不仅推动了中国特色社会主义法治体系的建设和完善，也为实现国家治理体系和治理能力现代化提供了有力支撑。

例如，在改革开放初期，面对经济社会的快速发展和利益格局的深刻调整，中国共产党及时提出并实施了依法治国方略，加强了对经济、社会等各个领域的法律规制和保障。同时，还积极推进司法体制改革和行政体制改革等关键领域的改革措施，努力构建公正、高效、权威的社会主义司法制度和行政管理体系。这些努力不仅促进了经济社会的持续健康发展和社会和谐稳定，也为人民群众提供了更加公正、公平、高效的法律服务和保障。

中华优秀传统文化中的治国理念在党史课程中得到了全面而深入的展示与阐发。这些理念不仅为中国共产党人提供了宝贵的思想资源和智慧启迪，也为推动中国特色社会主义事业的发展提供了有力的支撑和保障。

总之，中华优秀传统文化与党史课程的互鉴性，不仅体现在具体思想资源的引用与转化上，更在于两者在精神内核与价值追求上的高度契合与相互促进。这种互鉴性不仅丰富了党史课程的内容与形式，也赋予了中华优秀传统文化新的时代意义与生命力。

（二）党史课程反哺中华优秀传统文化

在探索历史与文化的深度融合中，党史课程不仅承载着传承红色基因

---

① 邓小平：《解放思想，实事求是，团结一致向前看》（1978年12月13日），谭培文、陈新夏、吕世荣：《马克思主义经典著作选编与导读》，人民出版社2005年版，第689页。

的重任,更以其独特的视角和丰富的实践,成为推动中华优秀传统文化创造性转化与创新性发展的重要力量。

1. 激发传统文化的创造性再生

党史课程如同一座跨越时空的桥梁,将历史的深邃与现实的鲜活紧密相连,同时巧妙地将传统文化的精髓融入现代社会的脉动。它不仅仅是对历史事件的简单回顾,更是一场生动展现党在不同历史时期如何创造性运用马克思主义理论并汲取中华优秀传统文化智慧、开辟中国特色发展道路的历史叙事。

在党史的宏大叙事中,我们见证了党如何以非凡的智慧和勇气,将马克思主义的普遍真理与中国革命的具体实践相结合,开辟出一条具有中国特色的革命道路。这一过程中,党不仅创造性地运用了马克思主义理论,还深入挖掘并汲取了中华优秀传统文化的丰富养分,如"实事求是"的哲学思想。在新民主主义革命的烽火岁月中,党坚持从实际出发,深入调查研究,制定出一系列符合中国国情的策略,这既是对马克思主义"实事求是"原则的坚持,也是对传统文化中"经世致用""求真务实"精神的创造性转化与弘扬。

党史课程不仅讲述了这些辉煌的历史,更通过生动的案例和深入的分析,让我们深刻理解到"实事求是"精神的深刻内涵和时代价值。它教会我们,在面对复杂多变的现实问题时,要勇于摆脱教条主义的束缚,敢于创新,敢于实践,以科学的态度和方法去寻求真理,解决问题。这种精神不仅在过去的革命斗争中发挥了重要作用,在今天的社会主义现代化建设中,同样具有不可替代的指导意义。

同时,党史课程还强调了"知行合一"的实践哲学。它告诉我们,理论知识只有与实际行动相结合,才能发挥出真正的力量。党在长期的革命斗争中,始终坚持将马克思主义理论与中国革命的具体实践相结合,不断推动理论与实践的相互促进。这种"知行合一"的精神,不仅是我们党的优良传统和宝贵财富,也是我们在新时代推进中国特色社会主义事业的重要法宝。

因此,党史课程在促进传统文化的创造性再生方面发挥着重要作用。它通过讲述党的奋斗历程和伟大成就,激发人们对传统文化的兴趣和热爱;通过深入挖掘和弘扬传统文化中的优秀思想和精神品质,为现代社会提供有益的借鉴和启示;通过强调"实事求是"和"知行合一"的实践哲学,引导人们将传统文化的智慧转化为推动社会进步和发展的强大动力。

2. 引领传统文化的创新性发展

在推动传统文化的创新性发展中,党史课程扮演了至关重要的角色,它不仅在弘扬革命文化与社会主义先进文化方面功勋卓著,更为中华优秀传统文化赋予了新的时代风貌与生命力。这一过程中,党史课程如同一股清泉,滋润了传统文化的土壤,使其在新时代的阳光下绽放出更加绚烂的光彩。

首先,党史课程深入挖掘并展示了革命文化中蕴含的爱国主义、集体主义等崇高精神品质,这些精神与传统文化中的担当精神、奋斗精神等共同构筑了中华民族坚不可摧的精神长城。通过党史课程的学习,学生不仅能够深刻理解革命先辈们为了民族独立和人民解放所付出的巨大牺牲和不懈努力,更能深刻体会到这些精神品质在当下社会中的重要意义,从而激发内心深处的爱国情怀和集体意识,为传统文化的创新性发展提供了强大的精神动力。

其次,党史课程促进了革命文化与中华优秀传统文化的有机融合。在课程内容的编排与讲授过程中,教师巧妙地将两者相结合,通过对比分析、案例讲解等方式,让学生感受到两者之间的内在联系和相互补充。这种融合不仅丰富了党史课程的内涵,也赋予了传统文化新的时代价值,使得传统文化在传承中得以创新，在创新中得以发展。

最后，党史课程还积极推动了中华文化的国际传播。在全球化的今天，文化交流与合作已成为不可阻挡的趋势。党史课程通过讲述中国共产党领导人民进行革命、建设和改革的伟大历程，向世界展示了中国文化的独特魅力和深厚底蕴。同时，课程还鼓励学生积极参与国际文化交流活动，通过讲述中国故事、传播中国声音，打破了文化隔阂，增进了各国人民之间的理解和友谊，提升了中华文化的国际影响力和软实力。

3. 创新驱动文化产业繁荣发展

党史课程与传统文化的结合能够激发文化产业的创新灵感。通过将党史中的英雄事迹、革命精神与传统文化中的艺术元素、哲学思想相融合，文化产业工作者们能够创造出既有深厚文化底蕴又富有时代气息的文化产品。这些产品以多样化的形式呈现，如影视作品、文学作品、音乐创作、舞台剧、数字艺术品等，不仅满足了人民群众日益增长的精神文化需求，还以更加生动、直观的方式传播了党史中的精神内涵和传统文化元素。

在传统文化产业的基础上，融合党史与传统文化元素的新项目能够以独特的视角和表现形式吸引大量观众和读者。这种多元化的供给不仅能够满足不同年龄、不同兴趣爱好的人群对文化的需求，也促进了文化产业内部的良性竞争和持续发展。

反之，文化产业项目的艺术化表现形式有助于将党史中的精神内涵和传统文化元素传递给更广泛的受众群体。影视作品通过镜头语言和故事情节的铺陈，将革命先辈们的英勇事迹和崇高精神展现得淋漓尽致；文学作品则通过文字的力量，深入挖掘人物内心世界，让读者在阅读的过程中感受到传统文化的魅力和党史的厚重。这些艺术化的表现形式使得原本可能较为抽象或遥远的历史事件和精神内涵变得生动可感，从而更容易被大众接受和理解。

此外，创新驱动文化产业的发展还进一步推动了传统文化的现代化转型。在融合创新的过程中，传统文化不再仅仅停留在历史的记忆中，而是被赋予了新的时代意义和价值。文化产业项目通过现代科技手段的运用和市场化运作模式的探索，使得传统文化元素得以在更广阔的舞台上展现其独特魅力。这种现代化转型不仅让传统文化焕发出新的生机与活力，也为其在国际文化交流中赢得了更多的关注和认可。

因此，党史课程与传统文化的结合为文化产业的发展提供了丰富的创新资源和灵感源泉。这一结合能够催生众多富有创新性的文化产业项目，丰富文化市场的供给、满足人民群众多样化的文化需求，从而推动传统文化的创新性发展和现代化转型。

4. 强化文化自信增进民族认同

党史课程作为连接历史与现实的桥梁，其独特之处在于能够引领学生穿越时空的长廊，亲眼见证中国共产党领导人民进行革命、建设和改革的伟大历程。在这个过程中，无数革命先烈的英勇事迹、革命精神的光辉闪耀，以及中华优秀传统文化中蕴含的深厚哲理和崇高道德观念，都如同璀璨星辰般照亮了学生的心灵。通过学习党史和传统文化，学生逐渐认识到，中华优秀传统文化是中华民族独特的精神标识和灵魂所在，它不仅是中华民族历史长河中不断积淀的智慧结晶，更是激励我们不断前行、实现民族复兴的强大精神动力。

文化自信是一个国家、一个民族发展中最基本、最深沉、最持久的力量。当学生对自己的文化有了深刻的了解和认同，就会自然而然地产生出一种强烈的文化自信。这种自信不仅体现在对文化价值的肯定上，更体现在对文化生命力的坚定信念上。通过学习党史和传统文化，学生更加坚信中华优秀传统文化具有强大的生命力和创造力，能够在新的时代背景下继续焕发出新的光彩。这种文化自信将激励我们更加自觉地传承和弘扬中华优秀传统文化，推动其在新时代的创造性转化和创新性发展。

民族认同则是维系一个民族团结和谐的重要纽带。在全球化日益深入的今天，民族认同感的提升显得尤为重要。通过学习党史和传统文化，学生能够深刻感受到中华民族共同的历史记忆和文化传统，从而增强对中华民族的归属感和认同感。这种民族认同感将促使我们更加珍惜和维护民族团结的局面，共同抵御外部势力的干扰和破坏，为实现中华民族的伟大复兴而努力奋斗。

可以看出，党史课程在反哺传统文化的过程中能够不断强化学生的文化自信和民族认同感，这是党史课程在反哺传统文化过程中最为核心且深远的意义所在。这一过程加深了学生对中华优秀传统文化的理解与认同，在心灵深处构筑起了一座坚固的文化自信之塔和民族认同之桥，将激励学生更加自觉地传承和弘扬中华优秀传统文化。

三、共铸"中国特色"之魂：中华优秀传统文化与党史课程的深度交响

在历史的长河中，中华优秀传统文化犹如璀璨的星辰，照亮了中华民族前行的道路；而党史课程，则是那盏引领我们走向未来、铭记初心的明灯。当这两者交相辉映，不仅激发了文化的生命力，更铸就了"中国特色"教育之魂，为新时代青年铺就了一条文化自信与历史使命并重的成长之路。

（一）融合创新，彰显特色

中华优秀传统文化与党史课程的深度融合，是一次跨时代的文化创新之旅。这种融合不仅仅限于表面上的内容叠加，而是深入到两者精神内核的相互渗透与融合。在课程内容上，党史课程巧妙地将中华优秀传统文化的经典故事、哲学思想、道德观念等融入其中，使党史教育更加生动有

趣，更具文化底蕴。在教学方法上，党史课程则运用现代教育技术，如虚拟现实、数字化展示等手段，将传统文化元素以新颖、直观的方式呈现给学生，增强了学习的互动性和体验感。此外，实践活动也是融合创新的重要载体，通过组织学生参观革命遗址、体验传统文化活动等方式，让学生在实践中感受党史与传统文化的交融之美，从而彰显出"中国特色"的独特魅力。

（二）文化自信，强化认同

文化自信是一个民族、一个国家最根本、最深沉、最持久的力量。中华优秀传统文化与党史课程的深度融合，为培养学生的文化自信提供了肥沃的土壤。通过学习党史和传统文化，学生能够深刻认识到中华民族悠久的历史、灿烂的文化和伟大的民族精神，从而增强对中华文化的认同感和自豪感。这种文化自信不仅体现在对文化价值的肯定上，更体现在对文化传承和创新的自觉行动上。学生将更加珍视和传承中华优秀传统文化，同时也将更加积极地投身于新时代的文化创新实践，为中华民族的文化繁荣和发展贡献自己的力量。这种文化自信和民族认同感的强化，将为实现中华民族伟大复兴的中国梦提供强大的精神支撑。

（三）时代价值，引领未来

中华优秀传统文化与党史课程的融合，不仅是对历史的回顾与总结，更是对未来的展望与引领。它们共同揭示了中华民族的历史命运和时代使命，为新时代青年提供了宝贵的精神财富和行动指南。中华优秀传统文化中蕴含的自强不息、厚德载物、和谐共生等思想精髓，与党史中展现的革命精神、奋斗精神、担当精神等相辅相成，共同构成了新时代青年应具备的精神品质。这些精神品质将激励新时代青年勇于担当历史使命，积极投身国家建设和社会发展的伟大事业。同时，中华优秀传统文化与党史课程的融合还为我们提供了丰富的智慧资源和实践经验，为我们在新时代推动文化创新、促进文化交流与合作、提升国家文化软实力等方面提供了有力支持。因此，我们应该珍惜这份宝贵的文化遗产，将其传承好、发展好、利用好，为中华民族的伟大复兴贡献智慧和力量。

综上所述，中华优秀传统文化不仅是中华民族的精神命脉和根基所在，更为党史课程赋予了鲜明的"中国特色"之魂。这种融合不仅丰富了党史课程的文化内涵，使其在传承红色基因的同时弘扬了中华文化的博大精深；更在教学方法、实践活动等多个方面实现了创新，使党史教育更加贴近中国实际，更加符合人民群众的需求和期待。通过这一融合过程，学生的文化自信和民族认同感得到了显著增强，为实现中华民族伟大复兴的中国梦奠定了坚实的思想基础。同时，这种融合还彰显了中华文化的时代价值，为新时代青年提供了宝贵的精神财富和行动指南，引领着他们勇担历史使命，为实现中华民族的伟大复兴而努力奋斗。因此，我们有理由相信，中华优秀传统文化将继续为党史课程注入源源不断的"中国特色"之魂，推动其在新的历史时期绽放出更加璀璨的光芒。

中华优秀传统文化中蕴含的党史课程教学资源探析

黄雪垠　杞　航①

摘　要： 中华优秀传统文化是中华民族整体的思想智慧，在中国共产党领导人民进行革命、建设、改革的伟大历程发挥着重要作用，挖掘中华优秀传统文化中蕴含的丰厚资源，对推进党史课程教学具有深刻的意义。中华优秀传统文化与党史课程教学存在着高度契合，在理想追求的共鸣、思想智慧的互补、精神谱系的互通和方法理论的互鉴等方面，中华优秀传统文化为党史提供了丰富的教学素材。具体而言，中华优秀传统文化中蕴含了先贤的高尚道德、爱国情怀及人生理想，为学生理解共产党人奋斗精神提供历史镜像，提升了理想信念；揭示了古代治国理政智慧，能帮助学生理解党的治理实践并思考现代国家治理；其人文精神与中国共产党人精神相呼应，共同塑造了中华民族独特的精神风貌，增强了学生对核心价值观的认同；此外，古代哲学思想中的精髓也为

---

* 【基金项目】四川省高等教育人才培养质量和教学改革项目"'五力三化'：思想政治教育专业复合创新型人才培养模式探索"（项目编号：G2024－0668）。

① 【作者简介】黄雪垠，四川师范大学马克思主义学院思想政治教育系主任，教授，硕士生导师，历史学博士，主要从事马克思主义理论和中国近现代史研究；杞航，四川师范大学马克思主义学院硕士研究生，主要从事马克思主义理论和中学政治教学研究。

学生提供了学党史、用党史的思辨方法。

关键词：中华优秀传统文化；党史课程；教学资源

党的二十大报告指出："坚持和发展马克思主义，必须同中华优秀传统文化相结合。只有植根本国、本民族历史文化沃土，马克思主义真理之树才能根深叶茂。"① 中华优秀传统文化是中华民族精神的命脉，承载着先贤们的智慧与道德追求，有着独特的思想特质与价值规范。近代以来，对西方的学习历经从"器物"到"制度"的屡次失败后，中国共产党人终于找到了马克思主义的真理。然而，任何真理都必须立足各民族自身的历史文化和国情基础，才能真正地发挥作用。毛泽东说："马克思主义必须和我国的具体特点相结合并通过一定的民族形式才能实现。"② 中国共产党在百余年的奋斗历程中，充分挖掘和发扬中华优秀传统文化，不断探索如何将马克思主义基本原理与中华优秀传统文化相结合。在党史的教学过程中，需要积极调动中华优秀传统文化的丰富资源，整合中华优秀传统文化在理想信念、治国理政、道德观念、人文精神、哲学思维等方面的价值，丰富党史课程教学资源，让学生进一步把握中国共产党的大历史观，增强历史自信。

一、理想信念的共鸣

（一）国家理想

"强国富民"一直是我国古代政治家、思想家的理想追求。在近代中国面临列强环伺的局面下，中华民族对富强的追求更为强烈，魏源探寻

---

① 习近平：《高举中国特色社会主义伟大旗帜 为全面建设社会主义现代化国家而团结奋斗——在中国共产党第二十次全国代表大会上的报告》，人民出版社 2022 年版，第 18 页。
② 《毛泽东选集》（第二卷），人民出版社 1991 年版，第 534 页。

以文化人　守正创新
——新时代党史课程教学改革探索

"以夷制夷"、严复推崇《国富论》、梁启超呼唤"少年中国"、孙中山求索"共和"等，都是这一追求的反映和体现。"纵观近现代中国社会历史进程，'富强'无疑是最为核心的关键词之一，'富强观念'也具有最广泛的号召力和影响力。"① 追求国富民强成为推动中国不断前进的重要力量，这也是中国共产党立党之初心使命所在。在党的领导下，中国实现了从站起来、富起来到强起来的伟大飞跃，这就是"强国富民"思想在现实政治生活中的实践成果。

"多元一体"的统一思想也是传统文化的重要组成部分。在中国古代社会中，各民族之间虽然存在文化差异，但都认同一个统一的国家和民族共同体。这种"多元一体"的统一思想体现了中华民族包容并蓄、和谐共处的精神传统。在现代社会，"多元一体"的统一思想仍然具有重要意义，它鼓励各民族在保持自身文化特色的同时，积极融入中华民族大家庭，共同为国家的繁荣和发展贡献力量。

"天下为公"最早出自《礼记·礼运》，是大同社会中的政治理想和国家状态。"天下为公"强调的是公共利益高于个人利益，国家和社会的发展应造福于全体人民。共产党追求的民族复兴，其最终目标也是为了人民的幸福和社会的长治久安，二者在价值取向上高度一致。《礼记》中"天下为公"蕴含着原始的民主精神，本意是天子之位要传给贤人，以示国家政权不为一人所有，天下应由人民（当时的贵族）共同执掌，决策应体现人民的意志和利益。这种理念经过近代革命家孙中山的发扬光大，与共产党所倡导的社会主义民主政治不谋而合。共产党在追求民族复兴的过程中，始终坚持以人民为中心的发展思想，把人民对美好生活的向往作为奋斗目标。这与"天下为公"所倡导的公共利益至上原则高度契合，都是将

---

① 王明生：《社会主义核心价值观研究丛书》（富强篇），江苏人民出版社 2015 年版，第 28 页。

人民的利益放在首位。"天下为公"还包含着社会全面发展的理念，即在经济、政治、文化、社会等各个领域实现均衡发展。共产党在推进民族复兴的过程中，也强调经济、政治、文化、社会和生态文明五位一体的总体布局，致力于实现全面、协调、可持续的发展。

为实现"天下为公"的民主理念，共产党不断推进社会主义民主政治建设，完善人民代表大会制度、中国共产党领导的多党合作和政治协商制度、民族区域自治制度以及基层群众自治制度等，确保人民能够广泛参与国家和社会事务的管理。共产党还坚持依法治国，将国家各项事务纳入法治化轨道，保障人民的合法权益不受侵犯。这既是对"天下为公"民主理念的制度保障，也是实现民族复兴的坚实基石。"天下为公"的民主理念与共产党追求民族复兴的契合点在于共同的价值追求、实践路径和制度设计。这种契合不仅为共产党的事业提供了深厚的文化底蕴和广泛的社会基础，也为中华民族伟大复兴的实现注入了强大的精神动力。

（二）社会理想

"大同小康"的理想社会模式源自《礼记·礼运》："大道之行也，天下为公。选贤与能，讲信修睦。故人不独亲其亲，不独子其子，使老有所终，壮有所用，幼有所长，矜、寡、孤、独、废疾者皆有所养，男有分，女有归。货恶其弃于地也，不必藏于己；力恶其不出于身也，不必为己。是故谋闭而不兴，盗窃乱贼而不作，故外户而不闭。是谓大同。"大同社会是中华优秀传统文化中最为理想的社会形态，它主张社会财富、资源、权力等均为公众所有，没有私有制，没有阶级差别，人人平等，和谐共处。在大同社会中，人们各尽其能，各取所需，社会安定有序，实现了真正的公平与正义。小康社会是中华优秀传统文化中较为现实的社会理想，最早出自《诗经·大雅·民劳》："民亦劳止，汔可小康。惠此中国，以绥四方。"随着时间的推移,小康逐渐成为描述一种介于温饱和富裕之间的生活状态,强调生活比较安定、宽裕。它介于大同社会与现实社会之间,是一个相对富足、安定、和谐的社会状态。在小康社会中,人们的基本生活需求得到满足,有一定的物质财富和精神文化享受,社会秩序良好,人民安居乐业。将"大同"与"小康"的理想社会模式相结合,既追求高远的社会理想,又注重现实的可操作性,对于当代社会具有重要的现实意义。在享受物质财富的同时,也要注重精神文化的提升和道德品质的修养,只有这样,才能实现社会的全面进步和可持续发展,为中华民族的伟大复兴奠定坚实的基础。在2021年我国实现了第一个百年奋斗目标全面建成小康社会,进入了一个新的历史性的阶段。

"天人合一"作为中华优秀传统文化的一部分,在儒、释、道三家思想中均有深刻的阐释,强调人与自然的和谐统一。这种和谐共生的理念为中国共产党的生态文明观提供了重要的思想基础。"绿水青山就是金山银山"的发展理念不仅要求经济上的繁荣,更要求生态上的平衡。只有在人与自然和谐共生的基础上,才能实现真正的可持续发展。中国共产党在推进中国式现代化的道路上,充分借鉴了"天人合一"的生态观,深入地理解人与自然之间的关系,更加自觉地遵守自然规律,更加积极地推动可持续发展战略的实施。

正义自古以来就是中国人追求的社会理想,"中""和""公""正""直""仁""礼"等划定了人类理性的边界、德行的藩篱。儒家认为"己所不欲,勿施于人"(《论语·颜渊》),向往"大同世界",均贫富等贵贱,力推公平正义。法家重法治,视法律为公平正义之基,有着"天子犯法与庶民同罪"的理想。墨家"兼爱非攻",提倡普遍平等,反对不公待遇,亦显公平正义精神。这说明中国有着深厚和广远的正义信念与正义基础,中国共产党人充分挖掘了这一资源宝库,通过革命斗争,推翻了旧有的剥削制度,建立了社会主义制度。人民成为国家的主人,实现了政治上的平等和权利上的保障。在治国理政的过程中，不断完善法律体系，确保法律的公正性和权威性。通过加强司法建设、推进司法体制改革等措施，努力营造一个公正、透明的司法环境，让人民群众在司法案件中感受到公平正义。在制定和实施社会政策时，始终坚持以人为本的原则，关注弱势群体的利益和需求。通过扶贫济困、教育公平、医疗保障等一系列政策措施，努力缩小社会差距、促进共同富裕，让公平正义的阳光普照每一个角落。在当代社会，共产党人还将公平正义的理念延伸到生态环境领域。通过推进生态文明建设、实施可持续发展战略等措施，努力保护自然环境、维护生态平衡，为子孙后代留下一个宜居的家园。这一实践不仅体现了对自然环境的尊重和保护，也体现了对人类自身未来负责任的态度。

（三）个人理想

"修齐治平"体现了个人理想与社会责任之间的紧密结合。"修齐治平"源于《礼记·大学》中的"古之欲明明德于天下者，先治其国；欲治其国者，先齐其家；欲齐其家者，先修其身；欲修其身者，先正其心；欲正其心者，先诚其意；欲诚其意者，先致其知；致知在格物。"这里，"修"指的是修养个人品德，"齐"是指管理好家庭宗族，"治"是治理好国家，"平"则是平定天下，实现太平盛世。这四者之间层层递进，构成了个人成长与社会责任相结合的完整体系。

在儒家知识分子看来，一个人只有先修养好自己的品德，具备高尚的道德情操和正确的价值观念，才能进一步承担起宗族、国家乃至天下的责任。这种对个人品德的重视，体现了传统文化中"内圣外王"的理想追求，即先成就内在的圣贤人格，再以此为基础去影响和治理外在的世界。"修齐治平"不仅仅是个人的修身养性，更是一种社会责任的担当。刘少奇在《论共产党的修养》中明确指出："我们共产党员的修养，是无产

以文化人　守正创新
——新时代党史课程教学改革探索

阶级革命家所必需有的修养。"① 土地革命时期，中共兴国县委提出了"十带头"和"四模范"，当地顺口溜"苏区干部好作风，自带干粮去办公，日着（穿）草鞋干革命，夜打灯笼访贫农"。毛泽东在瑞金带领军民挖水井，朱德帮老百姓收割庄稼，周恩来帮红军家属挑水等等，这些身先士卒、率先垂范的鲜活事迹比比皆是，充分体现了共产党员以身作则的榜样作用。总之"修齐治平"不仅是传统社会中君子的自律要求，更是共产党人一直追求的人生境界和社会责任。

"仁义礼智信"是中国传统价值体系的核心要素，在近现代各种东风西潮的社会思想的冲击下，中国共产党对其进行了创造性转化。孔子提出"仁、义、礼"，孟子延伸为"仁、义、礼、智"，董仲舒扩充为"仁、义、礼、智、信"，由此形成了儒家的"五常"伦理。"仁"者爱人，"义"者尊贤，"礼"则是强调社会规范和道德秩序，"智"者明是非，"信"者讲诚信。在党的历史上，建党之初心就是救广大人民于水火之中，使命就是要实现中华民族的伟大复兴。共产党始终坚持全心全意为人民服务的宗旨，用实际行动践行了"仁"的精神，此为"大仁"。面对日寇侵凌，中国共产党毅然扛起中华民族团结抗日之大旗，此为"大义"。无论是局部执政还是全国执政，中国共产党始终以法立国，要求党员干部严格遵守党纪国法，自觉维护社会公序良德，反对特权思想和特权现象，此为"明礼"。中国共产党人通过对马克思主义理论的深入学习和对客观规律的准确把握，准确使用科学真理的立场、观点、方法观察世界、分析问题，注重在实践中学习、在学习中实践，不断总结经验教训，此为"大智"。对于共产党人而言，"信"是立党之本、执政之基，始终坚守共产主义信仰，对党忠诚、对人民忠诚、对事业忠诚。在工作中言出必行、行出必果，以实际行动赢得人民群众的信任和拥护，此为"诚信"。总之，在党史教学

---

① 《刘少奇选集》（上卷），人民出版社 1981 年版，第 101 页。

中，体现传统"仁义礼智信"价值观念的人物事迹比比皆是，充分说明了中国共产党人对优秀传统文化的创造性转化和创新性发展。

二、治国理政智慧的互鉴

（一）为政以德的善治追求

中国传统治国理政的文化发轫于夏商周，形成于两汉，因袭发展于唐宋明清，以儒家思想为核心，兼容道、法、墨诸家的思想、意识、心理、观念和道德规范。中国古代在传统政治文化生成、发展、成熟和僵化的漫长时间中，以自然经济为基础，以庞大的官僚组织为支撑，形成了"礼治""法治""德治"等国家治理模式。这些优秀的中国传统文化，"可以为人们认识和改造世界提供有益启迪，可以为治国理政提供有益启示，也可以为道德建设提供有益启发"[①]。中国传统政治文化是以"德治"为核心，以"仁政""礼治"为两翼，以"忠勤廉诚"为外围的多维规范，形成一种"由内而外、由抽象到具体、由理念到模式再到具体行为规范"的范畴体系。这一行政伦理规范体系"最起码在形式上实现着对于官吏行为的约束，因此，我们可以批判地继承与吸收"[②]。居官有德，才能治国有道，才能牧民有方，这是中国古代行政文化特有的价值指向之一。"为政以德，譬如北辰，居其所而众星共之"（《论语·为政》）。"故德者，政之始也"（《孔子家语·入官》）。在中国共产党百余年治国理政的历史中，突出"德治"的公共指向，强调"为政以德"的价值指向是人民，对"德治"的实现路径进行创造性转化。在抗战时期，在陕甘宁边区和其他抗日

[①] 习近平：《在纪念孔子诞辰 2565 周年国际学术研讨会暨国际儒学联合会第五届会员大会开幕会上的讲话》，《人民日报》，2014 年 9 月 25 日，第 2 版。

[②] 高振杨、刘祖云：《中国传统行政伦理：范畴展开、学理基础与形下落实》，《上海行政学院学报》，2010 年第 2 期。

民主根据地都广泛实行了民主选举,极大地调动了人民群众参政议政建设根据地和抗击日寇的积极性,即使是深处日军包围之中的晋察冀边区,也实现了工农大众的自由解放和民主幸福,被党中央誉为敌后模范的抗日根据地。新中国成立后,中国共产党更是致力于推动法治国家的建设,以法治保障善政,最后达成善治。

(二)民为邦本的价值理念

"惟王建国,辨方正位,体国经野,设官分职,以为民极。"这是《周礼》集中体现国家治理观的"总纲"。"以民为本"是中国传统行政文化的核心内容。"民乐其业"是中国古代太平治世的重要衡量标准。"民惟邦本,本固邦宁"(《尚书·五子之歌》)强调了"民"和"邦"之间的关系。治理国家首先要关注百姓的生计,确保百姓的基本生活需求得到满足。君主在决策时应充分考虑百姓的意愿和诉求,避免独断专行。通过设立谏议制度、听取地方官员的汇报等方式,广泛收集民意,使政策更加符合人民的利益。虽然古代中国的封建制度在很大程度上限制了人民的权利,但"民本思想"仍然强调保护百姓的基本权利,如生命权、财产权等。

在新时代,中国共产党将"以人民为中心"的发展思想作为治国理政的核心思想,这一思想与传统文化中的"民本思想"有着深刻的内在联系。中国共产党在实践中坚持"以人民为中心"的发展思想,始终把人民放在心中最高位置,坚持全心全意为人民服务的宗旨。无论是制定政策还是实施项目,都以人民的利益为出发点和落脚点。在社会主义建设中,共产党强调人民的主体地位和首创精神,鼓励人民积极参与国家事务和社会管理。通过人民代表大会制度、政治协商制度等渠道,保障人民的知情权、参与权、表达权和监督权。

中国共产党高度重视民生问题,不断加大投入力度,提高民生保障水平。在教育、医疗、住房、就业等领域实施了一系列惠民政策,确保人民的基本生活需求得到满足。共产党致力于实现全体人民的共同富裕,通过实施精准扶贫、乡村振兴战略等措施,促进城乡区域协调发展,缩小贫富差距。同时,加强社会保障体系建设,提高社会整体福利水平。共产党注重基层治理体系和治理能力现代化建设,推动社会治理重心向基层下移。通过完善社区治理、网格化管理等机制,提高基层治理效能和水平,更好地服务人民群众。

"以人民为中心"的发展思想是共产党在新时代对传统文化中"民本思想"的继承和发展。通过一系列实践举措,共产党成功地实现了个人理想与国家命运的有机结合,为中国的长治久安和繁荣发展奠定了坚实基础。

(三)清慎勤的行政文化

作为一种前现代的产物,中国传统行政文化无法在整体意义上全面转化为现代行政文化。中国共产党顺应时代需求,重新审视中国传统行政文化中的积极要素,挖掘其联通古今的共通性和一般规律,从而实现对中国传统行政文化的创新性发展和创造性转化。延安时期,谢觉哉就曾说:"我们的作风:不止有旧的——'清慎勤','尔俸尔禄,民膏民脂,下民易虐,上天难欺'。且有新的:'当人民的勤务员'、'群众观点'、'吃苦耐劳'……"[①] 无论是司马迁笔下那种无为式的"治民之官",还是班固所推崇的那种"'先富后教'型的循吏",都是爱民富民、清慎勤俭的伦理规范在个体官员身上的体现。在"二十五史"中,一共有二十部正史撰写了循吏(包括良吏和能吏)的传记,占总数的80%。榜样的示范作用自古至今都对行政文化建设发挥着重要作用。从古代对为政者"操守"的高要求,到中国共产党廉政文化的建设,都体现了中国传统行政文化的历史穿

---

① 《谢觉哉日记》,人民出版社1984年版,第814—815页。

透性和持续影响力。

中国共产党在选人用人方面,继承和发扬了古代"治吏有道"的优良传统,同时结合时代特点进行了创新和发展。共产党始终坚持立党为公、执政为民的执政理念,在选人用人上也不例外。坚持公开、公平、公正的原则,通过严格的选拔程序、透明的选拔过程和广泛的群众参与,注重考察其实践经验和解决实际问题的能力。既要具备扎实的专业知识和工作能力,又要具备高尚的道德品质和坚定的理想信念。德才兼备是衡量干部是否合格的重要标准。最重要的是党选拔的干部必须始终把人民放在心中最高位置,全心全意为人民服务。注重对干部的培养和教育,不断提升干部的综合素质和领导能力,更好地为人民服务。同时还注重加强对干部的监督和管理,确保他们始终保持清正廉洁、勤政为民的作风。

三、人文精神的传承

(一)人定胜天的奋斗精神

人定胜天的奋斗精神是中华民族在长期历史发展中形成的宝贵精神财富,它体现在多个方面,包括古代神话故事、大型工程建设,以及党史中的重大攻坚克难事件。夸父追日虽败犹荣,展现不懈探索精神;女娲补天拯救苍生,彰显舍己为人与担当精神;愚公移山则寓意着信念与努力终能战胜困难,共同体现了中华民族不畏艰难、勇于奋斗的精神面貌。长城与大运河均为中国古代杰出工程,前者横跨崇山峻岭,是勤劳与智慧对抗自然挑战的象征,彰显了中华民族不屈奋斗的精神;后者则连通南北,促进经济文化交流,其建设历程同样见证了人民克服重重困难的决心与能力,共同诠释了人定胜天的奋斗精神。

长征精神、抗战精神、红旗渠精神及抗洪精神均是中国共产党历史上展现人定胜天精神的典范。长征精神强调革命理想与信念,不畏艰难、依靠群众；抗战精神彰显爱国情怀、民族气节与必胜信念；红旗渠精神则是人民自力更生、艰苦创业的象征；抗洪精神则体现了团结一心、不畏艰险的集体力量。这些精神共同构筑了中华民族不畏挑战、勇于奋斗的坚韧品格。

人定胜天的奋斗精神是中华民族在长期历史发展中形成的宝贵精神财富。它体现在古代神话故事、大型工程建设以及党史中的重大攻坚克难事件中，激励着人们不断前进、勇攀高峰。

（二）不怕牺牲的勇敢精神

不怕牺牲的勇敢精神，是中华民族在漫长历史进程中形成并传承下来的一种崇高精神品质。这种精神在爱国英雄们的身上得到了最生动的体现，他们为了国家、民族和人民的利益，不惜付出生命的代价，展现了无畏的勇气和坚定的信念。在历史上有无数的英雄为中华民族的未来英勇奋斗。黄继光在抗美援朝中以身堵枪眼，董存瑞在解放隆化战斗中舍身炸碉堡，展现了军人为胜利不惜一切的决心；杨靖宇在东北抗日战场上坚持到最后，体现了对国家和民族的忠诚；女性英雄赵一曼和刘胡兰的坚贞不屈展现了革命女性的伟大与牺牲精神，强调了革命者在追求信仰和理想时不畏强敌、勇于献身的崇高品质。

这种不怕牺牲的勇敢精神不仅仅体现在战争和革命斗争中，还贯穿中华民族的历史长河和现实生活的方方面面。它代表着一种无私奉献、勇敢面对困难和危险的精神和行为表现。这种精神在国家独立、民族解放、社会变革等历史事件中经常出现，也激励着人们在个人生活中克服困难、挑战与艰辛时保持勇气和决心。在新时代背景下，我们更应该传承和弘扬不怕牺牲的勇敢精神。这种精神不仅是革命军人应该具备的品质，也是每一个中华儿女应该铭记和践行的信念。我们要学习爱国英雄们为了国家和民族的利益不惜一切代价的崇高精神，将其转化为推动社会进步和发展的强大动力。同时，我们也要在日常生活中保持积极向上的态度，勇于面对挑战和困难，用实际行动践行不怕牺牲的勇敢精神。

（三）经世致用的担当精神

经世致用的担当精神，是中华民族优秀传统文化的重要组成部分，也是中国共产党在历史长河中展现出的核心品质。这种精神体现在以天下为己任的责任意识、共产党员的担当精神，以及党的历史主动性和自觉性等多个方面。中华民族自古就有"天下兴亡，匹夫有责"的担当情怀，这种情怀激励着无数仁人志士为国家和民族的繁荣富强而努力奋斗。中国共产党员作为工人阶级的先锋队和中华民族的先锋队，更是将这种责任意识内化于心、外化于行，始终将人民的利益放在首位，为实现中华民族伟大复兴的中国梦而不懈奋斗。

共产党员的担当精神是共产党员在面对困难和挑战时展现出的勇敢、坚定和无私。中国共产党始终把实现中华民族伟大复兴作为自己的历史使命和奋斗目标。无论是革命战争年代还是和平建设时期，党都始终站在时代前列、引领时代潮流，为实现这一使命而努力奋斗。敢于担当，是共产党员在面对大是大非时敢于亮剑，面对矛盾敢于迎难而上，面对危机敢于挺身而出，面对失误敢于承担责任。他们不畏艰难、不惧挑战，勇于承担历史赋予的使命和责任[①]。善于担当，是共产党员不仅要有担当的勇气，还要有担当的能力。他们不断学习新知识、新技能，提高自身素质和能力水平，以更好地履行职责和使命。同时，他们还注重团结协作、集思广益，共同应对各种复杂局面和挑战。勤于担当，即始终保持积极向上的精神状态和工作态度，勤勉敬业、扎实工作。他们不满足于现状、不畏惧困难，始终保持奋发有为的精神状态和工作作风。经世致用的担当精神是中

---

① 《做勇于担当敢于斗争的共产党员》，《解放军报》，2022年4月26日。

华民族优秀传统文化的重要体现之一,也是中国共产党在历史长河中展现出的核心品质。这种精神将激励着我们不断前进、不断奋斗,为实现中华民族伟大复兴的中国梦而努力奋斗!

(四)严于律己的自我修养精神

慎独是中华优秀传统文化中的重要修养方法,强调在独处时也要保持谨慎,不做违背道德和原则的事情。这种精神要求人们在无人监督的情况下,依然能够坚守内心的道德准则,做到言行一致、表里如一。自省提倡自我反思和批评精神,通过不断地自我反省,人们可以发现自己的不足和错误,进而进行改正和提升。这种精神有助于培养个人的自我约束力和自我完善能力。中华优秀传统文化强调知错能改、善莫大焉。在认识到自己的错误后,要勇于承认并努力改正,以不断完善自己的品德和修养。这种精神体现了对自我成长的追求和对更高道德境界的向往。

《论共产党员的修养》是刘少奇同志的重要著作,其中详细阐述了共产党员应该具备的各种修养。这些修养包括马克思列宁主义理论的修养、无产阶级的革命战略和战术的修养、无产阶级的思想意识和道德品质的修养等。[①] 共产党员要不断加强这些方面的修养,以提升自己的综合素质和领导能力。在党的七届二中全会上,毛泽东同志向全党发出了"两个务必"的号召,"务必使同志们继续地保持谦虚、谨慎、不骄、不躁的作风,务必使同志们继续地保持艰苦奋斗的作风。"[②] 这种精神要求共产党员在取得胜利后依然要保持清醒的头脑和谦虚的态度,不断自我约束和自我完善,以应对更加艰巨的任务和挑战。共产党员的纪律是严于律己的重要保障,通过严格遵守党的纪律和规矩,做到令行禁止、言行一致,共产党员不断提

---

① 《〈论共产党员的修养〉:历史生成、版本演变和现实意义》,《光明日报》,2017年1月4日。

② 《牢记"两个务必" 传承西柏坡精神》,《人民日报》,2021年10月22日。

升自己的自我约束力和自我管理能力,从而更好地履行自己的职责和使命。

在历史和现实中,涌现出了许多优秀的共产党员,他们用自己的实际行动诠释了严于律己的自我修养精神。这些优秀党员不仅在工作上兢兢业业、勤勤恳恳,而且在生活中也始终保持谦虚谨慎、不骄不躁的态度。他们的事迹和精神激励着广大学生和党员不断向他们学习看齐,努力提升自己的品德和修养。

四、思辨方法的互通

(一)整体发展的辩证思维

"星星之火,可以燎原"是毛泽东对量变与质变辩证关系的生动阐述。它告诉我们,任何事物的发展都经历着从量变到质变的过程。在革命斗争中,即使是最初的微小力量(星星之火),只要坚持不懈地努力(燎原),最终也能引发巨大的变革。这一思想鼓励人们要看到事物发展的潜力和希望,勇于投身到伟大的事业中去。

毛泽东在《论持久战》和《矛盾论》中深刻阐述了整体与局部的辩证关系。他指出,在战争中要正确处理战略与战术、全局与局部的关系。战略是全局性的、长远性的规划。战术则是局部性的、具体性的行动。战略指导战术,战术服从战略。在《矛盾论》中他引用了孙子的"知己知彼,百战不殆",唐初著名的政治家和历史学家魏徵的"兼听则明,偏信则暗",还结合《水浒传》中的"宋江三打祝家庄"的故事这三个中国传统文化要素以及外国故事"木马计"[①]来论证全面、整体看待问题的重要意义。同时,局部对整体也有反作用,有时局部的胜利或失败会直接影响到全局的形势。这一思想对于我们在实际工作中正确处理整体与局部的关系

---

① 《毛泽东选集》(第一卷),人民出版社1991年版,第313页。

具有重要的指导意义。毛泽东在《矛盾论》中深入分析了矛盾的两面性及其相互关系。他指出，矛盾是普遍存在的，任何事物都包含着既对立又统一的矛盾双方。矛盾双方在一定条件下可以相互转化，推动事物的发展。在文中他列举了许多神话故事，如《山海经》中的"夸父追日"、《淮南子》中的"后羿射日"、《西游记》中所说的孙悟空七十二变和《聊斋志异》中的鬼狐变人等，这些神话故事也能够反映和论证矛盾的相互变化。① 这一思想对于我们在实际工作中正确认识和处理各种矛盾具有重要的指导意义。因此，我们要善于分析矛盾、解决矛盾，推动事物向有利于我们的方向发展。

辩证思维，作为一种深刻而全面的思考方式，强调内修外治、德治与法治相结合、刚柔相济以及矛盾的两面性等多个方面，这些理念在共产党人的辩证唯物主义中得到了充分体现。在共产党人看来，内修即加强自我修养，包括提升道德品质、增强党性观念、锤炼过硬作风等。外治则是指建立健全外部制度规则，如法律法规、党纪党规等，以规范行为、保障秩序。内修外治相辅相成，共同促进个人和组织的健康发展。德治与法治即道德教化与法律约束，共产党人在治理过程中，既注重发挥道德的教化作用，又强调法律的刚性约束，实现了德治与法治的有机结合。刚柔相济、中庸之道是辩证思维在处理问题时的重要原则。刚与柔是两种相对的力量，但在辩证思维中，它们并不是对立的，而是可以相互转化、相互补充的。中庸之道则强调在处理问题时要把握适度原则，避免过犹不及。共产党人在实践中，既要有坚定的立场和原则性，又要有灵活的策略和方法论，做到刚柔并济、中庸有度。

辩证思维强调系统地解决问题。它认为只有从整体上、系统地把握问题的各个方面和各个环节，才能找到问题的症结所在并提出有效的解决方

---

① 《毛泽东选集》（第一卷），人民出版社1991年版，第330页、第331页。

案。因此，我们在实际工作中要注重培养系统思维能力，善于从全局出发、从整体上把握问题并寻求最佳解决方案。

（二）彰往察来的历史思维

彰往察来的历史思维在中国历史长河中具有深远的意义，它不仅体现在古代先贤的哲学思想和历代帝王的治国理念中，也贯穿在中国共产党领导革命、建设和改革的实践进程中。"夫《易》，彰往而察来，而微显阐幽"（《周易·系辞下》），强调了通过记载过去来洞察未来的重要性。这一思想反映了中国先民对历史的重视和对未来的深刻洞察。唐太宗李世民与大臣共观经史，论述古代帝王的为政得失，提出了"以古为镜，可以知兴替"的著名论断。他通过借鉴历史经验来指导现实政治，使唐朝达到了鼎盛的"贞观之治"。此外，他还强调"彰善瘅恶，足为将来之戒"，即通过表彰善行、惩罚恶行来为后世树立榜样和警戒。

中国共产党在领导革命、建设和改革的进程中，始终高度重视历史经验的借鉴和运用。这体现在党的历史上三个重要的历史决议中，即《关于若干历史问题的决议》《关于建国以来党的若干历史问题的决议》以及中共十九届六中全会通过的《中共中央关于党的百年奋斗重大成就和历史经验的决议》。这些决议实事求是地总结了党的历史经验，为党的发展提供了重要的指导和借鉴。

习近平总书记多次强调，历史是最好的教科书。他要求领导干部把学习党史、国史作为必修课，通过总结历史经验来增强开拓前进的勇气和力量。这一思想体现了中国共产党对彰往察来历史思维的深刻理解和运用。人们通过史学而认识历史，从而丰富了知识、积累了经验、增益了智慧。这是彰往察来历史思维在教育领域的重要体现。彰往察来的历史思维不仅帮助人们更好地理解现实，还为人们观察未来提供了重要的参考。通过借鉴历史经验，人们可以更加清醒地认识到当前面临的挑战和机遇，从而作出更加明智的决策。同时,这种思维还体现在对中华优秀传统文化的传承和弘扬上。通过学习和研究历史,人们可以更加深入地了解中华民族的精神追求和价值观念,从而增强文化自信和民族自豪感。

(三)兼容并包的合作思维

兼容并包的合作思维是一种深植于民族文化根脉中的宝贵精神资源,它体现了中华民族在历史长河中对于不同思想、文化、观念的开放包容与和谐共生的追求,它强调在差异中寻找共同点,以实现共同的目标。

在古代历史上,兼容并包的合作思维有着丰富的实践案例。唐朝时,佛教、道教、儒教三教并立,各种文化交融碰撞,呈现出兼容并包的特点。这种文化上的多元共存,不仅促进了各宗教自身的发展,也推动了中华文化的整体繁荣。清朝时,中西方文化交流频繁,虽然双方在很多方面存在巨大的差异,但中国始终秉持求同存异、兼容并包的原则,吸收西方先进的科技和文化,使之与中华文化相互融合。这种开放包容的态度,为中华文化的现代化转型奠定了基础。

在近现代历史上,两次国共合作是兼容并包合作思维的典型体现。在抗日战争时期,中国共产党和国民党为了民族大义,摒弃党派之争,携手共进,共同抵御日本侵略。这种合作打破了政治派别的隔阂,以国家利益和民族解放为重,展现了兼容并包的精神。统一战线也是兼容并包思想的实践。通过统一战线,各党派、各民族、各阶层可以团结起来,共同应对外部挑战。这种团结不仅增强了国家的整体实力,也促进了社会的和谐稳定。百花齐放的延安文艺体现了兼容并包的审美观念和文化政策。在这一时期,延安的文艺工作者们被鼓励自由创作,各种艺术形式和风格都得到了发展。这不仅丰富了人们的精神文化生活,也推动了文化的繁荣与进步。

在新时代,党的十八大明确提出"要倡导人类命运共同体意识,在追求本国利益时兼顾他国合理关切"①，人类命运共同体理念也可以看作兼容并包思想在全球范围内的拓展。这一理念强调各国之间应该相互尊重、平等相待、合作共赢，共同构建一个和平、发展、公平、正义的世界秩序。这体现了对全人类共同利益的关注和追求，彰显了兼容并包的精神。兼容并包的合作思维在历史和现实中有广泛的应用和实践，它倡导多元共存、和谐发展，是推动社会进步和世界和平发展的重要力量。

（四）与时俱进的发展思维

与时俱进的发展思维，是中国传统文化中一种积极、动态且富有生命力的思维方式。与"天不变，道亦不变"（《举贤良对策》）的形而上学思维方式相对立，中华优秀传统文化更强调"穷则变，变则通，通则久"（《周易·系辞下》）的辩证思维方式。这种变动不居的辩证思维，使中华优秀传统文化能够在历史长河中不断自我反思、自我超越，始终保持着与时偕行、与时俱进的活力。

与时俱进的发展思维强调自我反思和自我超越。中华优秀传统文化在漫长的历史进程中，不断对自身的价值体系、思想观念、行为方式等进行审视和批判。总结党的历史经验，需要在党史理论和教育实践路径上不断地创新，把握时代的要求、与时俱进②，从而不断剔除陈规陋习，吸收新的思想元素和时代精神。这种自我反思和自我超越的精神，使中华优秀传统文化能够在保持其独特性和连续性的同时，不断焕发新的生机和活力。

与时俱进的发展思维还体现在对时代潮流的敏锐把握和积极回应上。中华优秀传统文化不是孤立存在的，它始终与时代发展紧密相连。在不同

---

① 《胡锦涛在中国共产党第十八次全国代表大会上的报告》，《人民日报》，2012 年 11 月 18 日。

② 李永春、刘潇敏：《建党百年视域下党史学习教育的逻辑、要求及路径》，《学习与实践》，2021 年第 6 期。

的历史时期，中华优秀传统文化都能够根据时代的需要和人民的需求进行自我调整和完善，以适应时代的变化和发展。这种与时偕行、与时俱进的精神，使中华优秀传统文化能够在不同的历史时期都发挥出积极的作用和价值。

在当今世界，面对快速变化的社会环境和科技进步带来的挑战，与时俱进的发展思维更显得尤为重要。在继承和弘扬中华优秀传统文化的基础上，要积极吸收和借鉴人类文明的优秀成果，不断创新和发展。同时，还要关注时代的变化和人民的需求，不断调整和完善发展战略和政策措施，以推动社会的全面进步和可持续发展。总之，与时俱进的发展思维是中华优秀传统文化中一种宝贵的思想资源。

五、结语

中国共产党人在争取中华民族伟大复兴的艰难斗争中，得出了必须把马克思主义基本原理同中国具体实际相结合的重要结论，"中华优秀传统文化"作为"中国具体实际"的一个重要方面，也是中国共产党人将之与马克思主义基本原理结合的重要内容。尤其是随着中国特色社会主义进入新时代，突出强调"第二个结合"具有了符合时代要求的独特意义。党史课程作为传承红色基因、弘扬党的优良传统与作风的重要载体，其深度与广度直接关系到党的理论创新与实践经验的传播效果。讲好党史课，要让学生切身感受在中国共产党的领导下，国家和民族在百年巨变中的艰辛历程、巨大变化和辉煌成就。"天下为公"的政治理想、"民为邦本"的民本思想、"以德化人"的德治主张，以及古今共通的人文精神和思辨方法，这些跨越时代的国家治理理念和文化基因，根植在中国人内心，经过中国共产党的转化与创新，为当代中国国家治理与全球治理提供了经验与启示，使中国式现代化更合中国民心、更接中国地气，在中国大地上实现了科学与传统、历史与未来的和谐统一。

以文化人　守正创新
——新时代党史课程教学改革探索

充分挖掘中华优秀传统文化中的党史课程资源，不仅能够增强教学内容的丰富性和吸引力，使抽象的历史事件和理论知识变得生动具体、易于理解，更能够引导学生领悟"两个结合"的重要意义，深刻理解中国共产党为什么能、马克思主义为什么行、中国特色社会主义为什么好的道理。同时也有助于培养学生的文化自觉和文化自信，让他们在传承与创新中成长为有理想、有本领、有担当的时代新人，为实现中华民族伟大复兴的中国梦凝聚起更加磅礴的精神力量。随着全球化和信息化的发展，中华优秀传统文化在国际舞台上的影响力日益增强。因此，进一步挖掘和利用中华优秀传统文化中的党史教学资源，不仅是加强和改进党史学习教育的需要，也是提升国家文化软实力，推动中国特色社会主义文化繁荣兴盛的必然要求。

第二篇
革命文化

党史课程教学过程中应该强调讲好"红色故事"

刘雨丝①

摘　要：习近平总书记指出："红色血脉是中国共产党政治本色的集中体现，是新时代中国共产党人的精神力量源泉。"党史课程承担着引导青年大学生通过学史明理、增信、崇德、力行的育人使命。"红色故事"具有文化传承、价值引导与教育教化功能，是思想政治教育的有效载体。在党史课程教学过程中讲好"红色故事"，是帮助学生学习传承中国共产党在长期奋斗中铸就的伟大精神的必然要求。为此，应通过清晰合理的课程设计，将红色文化资源融入党史课堂，让学生在学习中国共产党成立以来的历史叙事的同时受到"红色故事"的感染和激励，进而引导大学生树立正确的人生观、价值观。

关键词：党史课程；"红色故事"；教学思考

＊【基金项目】四川大学马克思主义学院2023年新进教师教学研修项目（项目编号：MYXJ202304）。

① 【作者简介】刘雨丝，四川大学马克思主义学院讲师，法学博士，主要从事中共党史研究。

以文化人　守正创新
——新时代党史课程教学改革探索

一、在党史课程教学过程中讲好"红色故事"的必要性

讲好"红色故事"是党史学习教育的重要组成部分。鉴于当前思政课堂存在教学方法单一、学生参与度不高、理论与实践结合不够、受其他社会思潮冲击等问题,在党史课程教学过程中讲好"红色故事",对于加深学生对党史的理解、回应历史虚无主义、培养社会主义建设者和接班人具有重要作用。

(一)讲好"红色故事"有利于加深学生对党史的理解

"红色故事"蕴含党的初心使命、彰显党的优良作风、展现党的奋斗精神,是对党史课程教材学习的极大补充。党史课程旨在增强学生对中国共产党历史的深入了解、夯实学科基础的同时,培养学生的实践思维。讲好"红色故事"有利于加深学生对党史的理解,使他们能够真正地体会到,党史不是停留在书本上的枯燥文字,而是落实在祖国大地上的鲜活案例。

首先,"红色故事"能够增强课程吸引力,提升学生在党史课堂的学习兴趣。与传统的讲授方式相比,"讲故事"的教学方式更能吸引学生的注意力,使党史课变得更加生动、形象,教学效果得到大幅提升。在数字化教育快速发展的当下,教师"讲故事"的方式和途径也变得更加多样化,除去最基础的语言讲述,道具、图片、音乐、视频等都能辅助教师进行"红色故事"讲述。例如,在进行"中国共产党的不懈奋斗史"的教学过程时,教师可以通过视频辅助等方式讲述陈延年、陈乔年"去时少年身,归来英雄魂"的"红色故事",将学生们带入历史现场,感受100年前发生在他们的历史同龄人身上的故事,从而帮助学生进一步明晰中国共产党的革命精神,并引导学生把这种精神转化成为一种敢于斗争的勇气和决心。

其次,对于一些较难把握的知识点,"红色故事"也能起到画龙点睛的作用。例如,红军长征过程中的战略转移是一个比较复杂的问题,通过

讲述"毛泽东四渡赤水"的红色故事，可以帮助同学们更加清楚地去理解红军在长征期间是如何以弱胜强、出奇制胜的。通过讲述"红色故事"，可以辅助学生将书本上的知识与自己熟悉的地理知识等相匹配，从而更好地理解和运用知识点，并将其牢记于心。

（二）讲好"红色故事"有利于回应历史虚无主义

历史虚无主义是指一种对待历史的非历史态度，持这种态度的人往往用后来人们已经做到的事情和已经达到的认识水平去否定过去，认为过去的历史一无是处。[①] 发展到今天，历史虚无主义具有三种表现形式，分别是政治化形态、时尚化形态和学理化形态。[②] 而无论是哪一种形态，其目标都是为了反对中国共产党的领导与中国特色社会主义道路，体现为否定历史主体、歪曲历史事件、反对阶级分析法等。比较典型的案例有"2015年的加多宝公司侮辱先烈邱少云案，2017年的方志敏烈士名誉侵权案，2021年年初的'辣笔小球'侵害英雄烈士名誉、荣誉案"。[③]

面对各种历史虚无主义的冲击，"红色故事"是生动的教育材料，因为使用历史资源对历史虚无主义反击是克服历史虚无主义的途径之一。教师讲述"红色故事"时，是通过一个个历史细节带领同学们一起得到正确的历史结论，使学生了解历史的真实情况，从而对历史人物作出客观评价，进而厘清历史虚无主义的错误观点。讲好"红色故事"，也可以坚定同学们的历史自信，增强他们的历史自觉，帮助他们从真实的历史中汲取满满的精神力量，进而从容应对历史虚无主义的冲击。

因此可以说，在党史课堂中讲述和讨论"红色故事"，可以帮助学生

[①] 蒋大椿、陈启能：《史学理论大辞典》，安徽教育出版社2000年版，第179—180页。
[②] 北京大学马克思主义学院：《马克思主义理论学科学术发展报告2015》，中国人民大学出版社2016年版，第281—282页。
[③] 刘志伟：《英烈名誉不容诋毁 警惕历史虚无主义》，《人民法院报》，2022年5月6日，第2版。

从历史的角度思考问题,理解历史发展规律,明确历史的主题主线、主流本质,提高运用科学的历史观、方法论分析问题和解决问题的能力,从而警惕和反对历史虚无主义。

(三)讲好"红色故事"有利于培养社会主义建设者和接班人

2024年9月,习近平总书记在全国教育大会上强调:注重运用新时代伟大变革成功案例,充分发挥红色资源育人功能,不断拓展实践育人和网络育人的空间和阵地。① 红色资源具有强大的育人功能,刚好能够赋能党史课程育人目标的实现。

首先,"红色故事"有利于向青年一代传承红色基因。作为中国共产党和中国人民在革命、建设和改革过程中形成的宝贵精神财富,"红色故事"蕴含丰富的精神力量,例如爱国主义、革命英雄主义、集体主义,以及艰苦奋斗、甘于奉献、不怕牺牲、求真务实、勇于创新的精神等等。而大学生正处于世界观、人生观、价值观形成的关键时期,"红色故事"中的人物和事件具有很强的教育引导价值,既为学生们提供了学习榜样,也使得他们对人生的意义和价值有了更广泛和更深入的思考,对党的理论和路线有了更多的了解和认同,也对中国特色社会主义道路有了更多的认识和理解,最终坚定了理想信念,自觉传承和弘扬革命先辈的精神,把个人奋斗书写在祖国的大地上。

其次,"红色故事"有利于激发青年一代浓浓的爱国情怀和民族责任感。老师讲的"红色故事"都是真实的,他们都真真切切地发生在祖国的大地上。这种真实性赋予了故事强烈的感染力,并且带给了同学们深刻的情感体验。故事主角们对理想的笃定、对同志的友爱、对人民的深情、对国家的忠诚等

---

① 《习近平在全国教育大会上强调 紧紧围绕立德树人根本任务 朝着建成教育强国战略目标扎实迈进》,《人民日报》,2024年9月11日,第1版。

真挚的情感以真实、深刻、生动的方式出现在同学们面前，并展现了人类最美好的品质和最崇高的精神追求，因此也能打动学生们心中最柔软的部分。这些情感也就自然而然地激发了他们的爱国情怀以及对社会主义的认同感，也坚定了他们自觉成为社会主义建设者和接班人的信念。

二、党史课程教学过程中讲好"红色故事"面临的困境

2019年3月18日，习近平总书记在学校思想政治理论课教师座谈会上指出，"……会讲故事、讲好故事十分重要，思政课就要讲好中华民族的故事、中国共产党的故事、中华人民共和国的故事、中国特色社会主义的故事、改革开放的故事，特别是要讲好新时代的故事。讲故事，不仅老师讲，而且要组织学生自己讲。"[1] 总书记的发言对高校教师"讲故事"的能力提出了很高的要求，然而结合目前的教学实际，可以发现，要在党史课堂中讲好"红色故事"，还是面临着一系列困境。

（一）"老故事"没有扣住"新时代"

党史课程中的"红色故事"资源十分丰富，这也是党史课程教学过程中讲好"红色故事"的最大优势。然而，老师们在讲述"红色故事"时，往往容易犯一个错误，那就是就故事讲故事，没能扣住"新时代"的题眼。党史课程的教学对象是大学生，他们对于"新鲜感"的要求是很高的。因此，教师在创作故事时，不能仅仅重复"老故事"，而是需要与时俱进，适应新时代青年人的需要，了解他们最感兴趣的内容，作出具有创造性的"新故事"。

在这方面，中宣部从2018年开始牵头举办的"全国红色故事讲解员大赛"是个很好的案例，值得我们认真学习。比赛中的获胜作品具有很大

---

[1] 习近平：《思政课是落实立德树人根本任务的关键课程》，《求是》，2020年第17期。

以文化人　守正创新
——新时代党史课程教学改革探索

的原创性,并且紧扣时代主题,讲述了"中国共产党新时代取得的新成就、新面貌、新典型",挖掘了"一批感染人、教育人、激励人的新时代红色故事"①,得到了观众的一致好评。这些故事涵盖了大国重器、大国工程、"一带一路"、海疆卫士等主题,贴近今天人们所关心的话题。正如北京交通大学教授张辉所言,这些作品能够使观众"在整个时代发展中,理解了我们红色基因的传承,因此它更具有生命力、传播力和震撼力"。②

(二)忽视了"身边的故事"

如果按照党史的历史分期,我们可以把"红色故事"分为新民主主义革命时期的红色故事、社会主义革命和建设时期的红色故事、改革开放和社会主义现代化建设新时期的"红色故事",以及中国特色社会主义新时代的"红色故事"。

其中,新民主主义革命时期的红色故事聚焦革命年代"革命传统"和"爱国主义"教育等,围绕革命、根据地、英雄和烈士展开。例如,大家熟悉的陈望道"真理的味道非常甜"的故事和狼牙山五壮士的故事是目前课堂上教师最喜欢讲的一类型"红色故事"。社会主义革命和建设时期的"红色故事"聚焦中国共产党领导人民进行社会主义革命以及社会主义建设的历程,典型故事有"人工天河"红旗渠的故事,展现出当地百姓自力更生、艰苦创业的民族精神;留学归来报效祖国的钱学森的故事,展现出了这一代留学生的家国大义;或者是共和国司法部原部长史良的故事,她

---

① 河南卫视公众号:《从"红色"中汲取新时代的奋进力量——第四届全国红色故事讲解员大赛圆满落幕》,2023年11月21日,https://mp.weixin.qq.com/s/AElZLWF5mFAboh43Ne1Awg。
② 河南卫视公众号:《从"红色"中汲取新时代的奋进力量——第四届全国红色故事讲解员大赛圆满落幕》,2023年11月21日,https://mp.weixin.qq.com/s/AElZLWF5mFAboh43Ne1Awg。

曾有一句名言"女子得不到解放，整个民族就讲不上解放"①。改革开放和社会主义现代化建设新时期的红色故事聚焦中国共产党实施改革开放，以及社会主义现代化建设的历程，典型故事有小岗村的故事，经济特区的故事等等。中国特色社会主义新时代的红色故事"聚焦党的十八大以来，中国共产党带领全国各族人民在新时代取得的重大成就"②。例如"高原最美格桑花"卓嘎爱国守边的故事，她在新时代里仍然坚守岗位、无私奉献，也有陈祥榕"清澈的爱，只为中国"的故事，展现了新一代年轻人负重前行、保家卫国的责任感和担当精神。这些故事十分经典，也充满激励人的力量，往往能取得不错的教学效果。

  然而，如果只讲"远方的故事"，"红色故事"的功能价值还得不到最大限度的发挥。例如，在党史课堂，许多教师对地方红色文化资源的挖掘还不够。以四川省为例。四川省有着光荣的革命传统，是红色资源大省，也是很多红色故事的发生地。"红军长征"就是典型的新民主主义革命时期的红色故事资源，是中国共产党革命史上浓墨重彩的篇章。2021年4月9日，四川省"重走长征路·奋进新征程"红色旅游年启动，现场有8名四川省红色故事金牌讲解员讲述了8段经典长征故事，包括四渡赤水、巧渡金沙江、强渡大渡河、飞夺泸定桥、翻越夹金山、两河口会议、艰辛过草地、巴西会议。这些故事更容易引起学生的学习兴趣，是很好的教学资源，应该多跟同学们分享。

  此外，在学校校友、家乡建设者、亲朋好友中，也有大量鼓舞人心的"红色故事"，等待着教师去挖掘。例如，四川大学学工部举办的"讲述身边的故事，短视频创作大赛"，鼓励本校师生和外校师生分享身边的党史故事，并将这些作品放到"你的故事·点亮中国"的网络平台进行展播。

---

① 史良：《今年"三八"纪念中的特殊任务》，《新华日报》，1938年3月8日。
② 《中央宣传部办公厅 文化和旅游部办公厅关于举办第四届全国红色故事讲解员大赛的通知》（2023年8月1日）。

师生们的身边故事中，有家庭红色家风故事、家乡红色革命故事，也有专业红色建设故事。这些学生身边的"红色故事"极具真实性、说服力和感染力，容易使学生产生更深的亲近感与更大的情感共鸣，进而引发思考，因此更具有打动人心的特质。

（三）只顾自己讲故事，忘了让学生讲故事

每年评教，"增强课堂的师生互动"都是学生意见中的高频话语，然而，教师们在授课时，却经常忘记这一点，只顾自己讲故事，忘了让学生讲故事。实际上，只要给出明确的选题范围、参考资料，以及一个好故事的"模板"，在教师的引导下，学生可以通过小组自学等途径了解红色资源背景，并在班级登台讲述相关故事，精彩程度往往超出教师的预期。教研室还可以进一步设置全年级主题实践比赛等，提升学生的积极性，使课堂更加贴近时代、贴近学生的兴趣。

例如，笔者所在教研室每学期都会依托党史课堂，在全年级范围举行"讲述身边的党史故事"的选拔比赛，搭建起了"第一课堂"和"第二课堂"的互动，得到了学生的积极响应。在今年的比赛中，我们从学生200个"红色故事"作品中精选了20个，分别授予特等奖、一等奖和二等奖。学生的故事展现了一代代共产党人的奋斗精神和家国情怀。其中，《深藏功名三十三载，默默奉献恪守初心》《蜀道下的红色基因》《两弹腾空映赤旗，星火燎原谱华章》《改革先锋——胡小燕》等几个故事尤为精彩，受到了师生的一致好评。学生也纷纷表示，自己在收集整理故事资料的过程中，对党史有了更加深入的了解与更加深刻的体会。可见，学生在自己讲故事的过程中体验红色力量，其效果大大好于灌输式的教师自己讲故事。

三、如何在党史课程教学过程中讲好"红色故事"

那么，如何在党史课程教学过程中讲好"红色故事"，加深学生对党

史的理解、回应历史虚无主义、让红色基因代代相传？主要可以从以下几个方面进行考量。

（一）打磨故事内容

内容永远是一个故事的核心，教师要讲好"红色故事"，必须要打磨好故事内容。

第一，创作"红色故事"时应合理选择红色资源。在保证覆盖党史各时期"红色故事"的基础上，可适度向新时代"红色故事"、本地域或本校的"红色故事"，以及同学们身边的"红色故事"倾斜。例如，可以把党史和校史结合起来，深挖学校校友的"红色故事"。以本校为例，"四川马克思主义运动先驱"王右木的故事、追光者吴玉章的"觉醒之路"、江姐的故事等，都是党史课堂十分难得的红色故事素材。

第二，讲好"红色故事"一定要讲透历史。主讲教师应运用专业知识和专业能力，把控好"红色故事"的历史细节。鉴于一些学生在学习历史时容易搞不清楚时间线，教师应用清晰的逻辑、时间脉络展示红色故事中的重要事件和人物，帮助学生理解历史脉络。因此，教师要在历史研究上下功夫，深入研究相关历史事件、人物和背景，确保故事的每一个细节都有可靠的历史依据。也可以利用权威的历史资料，如历史文献、档案等，支撑"红色故事"的讲述。此外，教师还要对党的历史、革命精神有整体认知，帮助学生凝练重难点，引导学生从理论层面和历史层面正确理解党的百年探索。

第三，要使"红色故事"焕发出时代风采。教师在讲故事时，应及时把党的作为、人民群众的意愿融入红色故事，使其焕发出时代风采。例如，可以讲一讲我们为走向全面小康而进行脱贫攻坚战的故事，或是抗击新冠病毒疫情的故事。在保持"红色故事"核心精神不变的前提下，对故事的表现形式、叙述角度等进行创新，使其更加符合现代人的审美和思考方式。

（二）把握讲述对象

讲述对象是决定怎么讲故事的关键问题，因此，党史课教学过程中要讲好"红色故事"，需要高度重视因人施讲。为此，有必要先做好学情分析，例如通过问卷、面对面访谈，以及和经验丰富的教师交流等方式，去观察、发现和确认本校大学生的兴趣、需求和学习愿望，了解他们最关心的问题。通过调研，我们发现，在红色文化中，学生对革命英雄和先进模范的事迹、党的重要历史时期和转折点、党史与个人成长的联系等问题最感兴趣。因此，以讲述对象为中心导向，"红色故事"的讲述应多考虑学生所想、所爱、所惑，以及整个社会普遍关注的热点问题，从而更好地与学生建立起思想和情感上的共鸣。

此外，学生不仅是红色故事的讲述对象，也是红色基因的传承对象。为此，应重视"红色故事"价值引领和情感教育功能，在了解大学生的基础上，把控好"红色故事"的落脚点，坚持学思用贯通、知信行统一，把他们培养为社会主义建设者和接班人。因此，要遵循思想政治工作规律、大学生认知规律，用"红色故事"铸魂育人、启智润心，引导学生在"红色故事"中感受人物的情感，激发他们的同理心，增强其对党的认同，从而通过情感激发提升其认知，影响其行动。通过讲好故事—价值引领的有机统一，把"红色故事"的落脚点放在着力培养大学生的爱国情怀、社会责任感上，影响学生思维观念和人生价值观，进而推进爱国主义和革命传统教育的常态化、长效化。

（三）创新讲述形式

要使"红色故事"有较强的感染力和表现力，单一的语言讲述形式是不够的，为此，要不断进行头脑风暴，创新讲述故事的表达方式，运用新理念、新内容、新技术赋能"红色故事"融入党史课堂。

第一，增强"红色故事"的艺术表现力。艺术的力量能够使故事更加引人入胜。因此，我们可以通过配合使用视频、音频、PPT等多媒体素材，增强故事讲述的亲和力、吸引力和感染力，更好地激发大学生的情感共鸣。如果授课班级有艺术专业的同学，也可以鼓励他们完成与"红色故事"相关的创意作业，如绘画、海报制作、视频创作等，在激发学生的创造力和表现力的同时，把党史学习教育和他们的专业紧密结合起来。

第二，提高学生的参与度，鼓励学生按照自己喜欢的方式讲好"红色故事"。将讲述主角从老师变成学生，给了学生更多的创作空间。例如，教师可以组织学生按照主题讨论的方式创作并分享"红色故事"。教师围绕不同主题，组织学生进行小组讨论、完成小组作业，并鼓励小组成员之间分享自己关于相关党史的见解和感受，让学生在完成作业的过程中深入研究和体验红色文化。或者，通过让学生扮演"红色故事"中的人物，让他们在角色扮演中体验历史情境，增强党史课学习的互动性和体验感。此外，还可以举办红色故事演讲比赛等竞赛活动，激发学生的学习热情和参与度。通过上述方法，将红色故事有效地融入日常教学，提高学生的参与度，增强学习效果。从本校曾经举办的课堂实践效果来看，学生通过戏剧、短视频、脱口秀等艺术形式生动地演绎了"红色故事"，得到了老师和学生的一致好评。除了讲好"红色故事"，在提升学生的课堂参与度方面，还可以鼓励学生挖掘"红色故事"，并为学生创造挖掘故事的条件。例如，整合学校、学院、教研室的资源，帮助学生联系各行业领域老党员，通过面对面采访的方式让这些老党员向学生口述自己曾经经历过的"红色故事"，让学生通过第一手红色资料素材的挖掘，在与老党员的接触中更好地去理解和了解红色文化。

第三，重视实践教学。思想政治教育不局限于教室，教师可以带领学生走出教室，拓展教育空间、延伸学习链条，在带领他们参观爱国主义教育基地、革命历史类纪念遗址的过程中讲述"红色故事",提升教学效果。以四川省为例,四川的红色教育资源十分丰富,如邓小平故居、朱德故居纪念馆、陈毅故居、赵一曼纪念馆等,还有"两弹一星"国防科技教育基地、西昌卫星发射中心、"5·12"汶川大地震抗震救灾系列纪念场所等。带领学生去这些地方参观学习,能够更好地帮助他们在实践中理解"红色故事"。另外,其中的一些场馆目前已经设置了虚拟现实(VR)体验装置,通过虚拟现实技术能够帮助学生"身临其境"地体验历史事件。将红色故事中的场景和人物以互动的方式呈现在学生面前,在提升学习趣味性的同时,也能帮助他们更深入地理解红色故事的历史背景。

四、结语

在党史课教学中讲好"红色故事",不仅是对传统教学的补充,更是对当代大学生思想的洗礼,能在他们心中播下理想信念的种子,激发他们为实现中华民族伟大复兴而努力奋斗的决心和勇气。

为了使"红色故事"在党史教学中发挥更大的作用,我们需要不断地探索和创新。作为"红色故事"的主要讲述人,教师应通过深入研究、精心设计和生动讲述,让"红色故事"在新时代焕发出新的生命力。同时,我们也要鼓励学生成为"红色故事"的讲述者和传播者,让他们在讲述中感悟历史、体验精神、坚定信念。

未来,我们期待通过党史课程中"红色故事"的讲述,培养出更多具有历史责任感、时代使命感和民族自豪感的青年学子。他们将承载着红色基因,勇敢地站在新时代的潮头,为推动社会进步和发展贡献自己的力量。

革命文化资源融入马克思主义基本原理研究*

魏泳安　普思琪①

摘　要：针对马克思主义基本原理研究的抽象性，革命文化资源不仅能够增强研究的吸引力，而且在价值形态上实现马克思主义基本原理与中国的革命实践的统一。运用革命文化资源提升马克思主义基本原理研究效果，需要以"八个相统一"为基本原则，积极促进革命文化资源融入马克思主义哲学、马克思主义政治经济学和科学社会主义三个部分，并通过案例分析、实践研究和多媒体辅助等方法，实现革命文化资源的叙事性和马克思主义基本原理的理论性的有机统一。

关键词：新时代；革命文化资源；马克思主义基本原理；研究效果

"马克思主义基本原理"（以下简称"马原"）致力帮助人们掌握科学的世界观和方法论，正确认识人类社会的发展规律，尤其是明确在马克思

---

* 【基金项目】国家社科基金教育学项目"智能算法视阈下的西部边疆高校意识形态安全风险及应对研究"（项目编号：XIA240336）。

① 【作者简介】魏泳安，四川大学马克思主义学院副教授，硕士生导师，法学博士，主要从事马克思主义基本原理研究；普思琪，四川大学马克思主义学院硕士生，主要从事马克思主义基本原理研究。

以文化人　守正创新
——新时代党史课程教学改革探索

主义的指引下，中国共产党团结带领中国人民走向民族伟大复兴的历史必然性。正因如此，从中国共产党的百年奋斗史特别是革命史中，发掘革命文化资源与马克思主义基本原理的结合点，不仅能够使我们明确中国共产党革命文化的历史逻辑和理论逻辑，也能够从鲜活的革命历史中领悟马克思主义为什么行的道理。

一、问题的提出及革命文化资源的独特价值

马克思主义是鲜活而富有生命力的，理论和实践的统一是马克思主义的基本原则。研究马克思主义的理论和方法，不能割断实践，割裂历史。这其中，中国革命历史所蕴含的丰富革命文化资源，就是做好"马原"研究的最好"科研书"和"营养剂"。正如毛泽东就马克思主义与中国革命实践的关系指出，二者是"的"与"矢"的关系，"的"就是中国革命，"矢"就是马克思主义，要做到有的放矢，即为了解决中国革命的实际而到马克思主义中找立场、找观点和找方法。① 钻研马克思主义的关键在于精通和应用，精通的目的就在于应用，而应用马克思主义基本原理，就不能割断中国革命历史，需要在研究中将"革命气概"和"实际精神"结合起来。

针对"马原"研究中存在的问题，丰富而鲜活的革命文化资源，不仅能够增强"马原"研究的吸引力，而且在价值形态上实现了马克思主义基本原理与中国的革命实践的统一，便于在对丰富的革命实践的认识中学懂悟透马克思主义为什么行的道理。作为一种综合多维性的文化载体，革命文化资源至少在以下四个方面创新和发展了对"马原"的研究：一是作为历史维度的革命文化资源，展现了中国共产党团结带领中国人民在长期的新民主主义革命和社会主义革命实践中追求民族独立解放和国家繁荣富强

---

① 《毛泽东选集》（第三卷），人民出版社 1991 年版，第 799—801 页。

的历史轨迹，这为"马原"研究提供了坚实而厚重的革命故事素材和革命历史经验；二是作为精神维度的革命文化资源，凝结了伟大建党精神发生、发展中的精神标识和历史文脉，这为"马原"研究提供了系统而完整的革命精神谱系，便于在革命精神中理解马克思主义的理想信念和精神品格；三是作为制度维度的革命文化资源，体现了中国共产党在艰难的革命岁月中所创设的纲领、法规、制度、政策等政治体制及运行机制，这为"马原"研究提供了丰富的制度文化，彰显马克思主义政党的历史逻辑和制度优越性；四是作为物质维度的革命文化，呈现出革命岁月的历史遗迹和遗址，这为"马原"研究提供了直观物质载体，在具体的场景中增强其感染力。总体而言，作为历史形态、精神形态、制度形态和物质形态的革命文化资源，与"马原"在价值导向上有着根本一致性，而且丰富和拓展了"马原"的研究，促进了"马原"研究体系的转变。

尽管革命文化资源在"马原"研究中有着独特的意义和价值，但当前对革命文化资源的运用仍然存在明显的不足，主要表现为革命文化资源的利用率低、融合面窄、时代意识不强、应用成效不明显等问题。就革命文化资源在"马原"研究中的利用率而言，目前并不是主流的形式，受限于研究者的重视程度和理论素养，革命文化资源在"马原"中的应用往往存在"散""弱""空"的问题，革命文化资源在研究进程中没有得到足够的重视。就融合面而言，一方面，革命文化资源往往是以单一形态应用在"马原"研究中，没有发挥出革命文化资源的历史、精神、制度、物质等多维综合功能；另一方面，将革命文化资源运用在"马原"中也存在简单内容拼接的问题，没有系统融入研究进程的内容与方法当中。就时代意识而言，当前"马原"研究存在理念和方法陈旧的问题，从理念方面来看，部分"马原"研究者对当前党史学习教育和中国共产党革命精神的最新总结和要求的认识和贯彻力不足，在研究方法上较多沿用了传统方式，在"马原"研究中采用新技术、新模式讲述革命文化的创新力不足。在应用

以文化人　守正创新
——新时代党史课程教学改革探索

成效方面，革命文化资源融入"马原"缺乏整体规划和长效机制，"运动式""单兵化"的现象较为突出，容易使革命文化资源与"马原"的结合流于形式。正因为如此，当前运用革命文化资源提升"马原"研究效果，就需要从"马原"的研究原则、内容、方法等方面来着力。

二、革命文化资源融入"马原"研究的基本原则

结合习近平总书记对"马原"研究所给予的厚望，当前运用革命文化资源提升"马原"研究效果应该有如下遵循。

第一，要注重政治性和理论性的统一。将革命文化资源引入"马原"研究，并不是否认"马原"的理论性，而是致力于将政治性的革命文化资源与理论性的原理知识有机结合。一方面，革命文化资源以丰富的叙事性和厚重的历史感，强化了"马原"研究的政治引导功能，在理论性中体现政治性；另一方面，运用清晰透彻的"马原"理论，能够有效分析解答"中国共产党为什么能，中国特色社会主义为什么好，马克思主义为什么行"的追问，在革命文化的历史逻辑和实践逻辑中体现马克思主义理论的彻底性。

第二，要注重价值性和知识性相统一。运用革命文化资源提升"马原"研究效果要防止出现两种误区，一是脱离"马原"的知识体系，进行空洞价值观的叙述，导致对"马原"研究流于表面；二是脱离革命文化的价值性导向，将"马原"进行纯粹的知识性研究，使"马原"沦为无意义的"死知识"。事实上，"马原"是知识性和价值性的统一，将革命文化资源所蕴含的价值观寓于"马原"的研究之中，在革命历史中明理、增信、崇德、力行。正如习近平总书记所说："要注重引导学生传承民族气节、崇尚英雄气概，引导学生学习英雄、铭记英雄，自觉反对那些数典忘祖、妄自菲薄的历史虚无主义和文化虚无主义，自觉提升境界、涵养气概、激

励担当。"①

第三，要注重建设性和批判性的统一。纵观马克思主义的形成和发展，是在同各种错误思潮的批判和斗争中彰显生命力和建构力的。近年来，历史虚无主义思潮通过碎片化叙事、娱乐恶搞、主观评价等方式歪曲和消解革命历史文化，企图从根本上否定了马克思主义唯物史观，否定了以马克思主义为指导的认识体系。在此背景下，在"马原"中融入革命文化资源，至少要在两个方面促进建设性和批判性的统一。一是要结合"马原"研究的具体情况，对其中采用的革命历史资源进行仔细甄别和慎重分析，选取具有典型性和根基史实的革命文化资源，引导人民正确看待、理性分析、辩证认识中国的历史与现实问题；二是坚持唯物史观的基本立场，充分运用实事求是、阶级分析、科学的实践观、群众史观等马克思主义的基本原则方法，揭露历史虚无主义的虚伪面纱，以马克思主义理论的批判力和透彻性，讲清楚中国革命历史的大是大非和真假黑白，讲清楚革命历史发展的客观规律。

第四，要注重理论性和实践性的统一。正如前面所言，"马原"研究既不能是脱离实践的抽象空洞，也不能是脱离理论知识的琐碎叙事。将革命文化资源引入"马原"，就是要致力于将丰富的革命实践性与科学的理论知识有机结合，积极引导人民以马克思主义的立场、观点和方法理性认识中国的革命历程和经验，进而以丰富的革命实践资源理解马克思主义理论及其中国化科学内涵，在"马原"中将思想的深度与实践的广度相结合，增强理论的穿透力和现实的解释力。

第五，要注重统一性和多样性的统一。革命文化资源融入"马原"研究的关键在于将统一性的研究体系向多样化的研究体系转变。目前对于

---

① 习近平：《思政课是落实立德树人根本任务的关键课程》，人民出版社2020年版，第19页。

以文化人　守正创新
——新时代党史课程教学改革探索

"马原"的各种研究方法与多重研究视野体现了当前马克思主义理论研究的一流水平,为"马原"在当代发挥作用打下了基础,但这并不意味着"马原"研究可以照本宣科,相反,需要充分运用丰富的革命文化资源,构建多样化的研究体系。根据"马原"的理论逻辑与研究逻辑,发掘研究中的重点难点问题,同时,充分发掘革命文化资源中的热点和重点问题,并根据具体研究情境中的特点和规律,寻找革命文化资源和"马原"的最佳对接点,从而以丰富的革命文化叙事构建多样化的研究方法和路径,提升研究效果。

第六,要注重主导性和主体性的统一。"马原"研究中融入革命文化资源,需要在掌握人民主体性认知的基础上发挥主导性,即掌握人民的认知规律和特点。例如人民对革命文化资源的认知是一个建构性的过程,这其中就包括了具体情境中的革命文化体验、马克思主义理论智慧和实践智慧的体悟、民族精神的归属和国家认同、形成稳固的理想信念。正是基于此,研究者的主导性就在于要注意观察和掌握不同情境和不同阶段中的认知特点,从革命文化的故事叙事到理论透视再到情感共鸣,因势利导、因材施教、循循善诱,分步骤、有针对性地融入革命文化资源。

第七,要注重理解性和启发性的统一。对马克思主义基本原理的研究离不开对于理论的深入理解,但并不能仅仅停留在单纯的理解阶段,尤其是革命文化资源有着鲜明的叙事特点,因此"马原"研究中的灌输性是和启发性相统一的。这不仅要求在研究中真实、完整地融入革命文化,更需要理解革命故事背后的理论逻辑和历史逻辑,进而找准革命故事与当下情境的结合点,使革命文化能够以鲜活的形式从历史深处走入现实生活,实现理论与实践相结合。

第八,要把握研究中的显性因素和隐性因素的统一。革命文化在"马原"具体研究情境中的呈现,既有"显性"的革命事迹和实践标识,也有"隐性"的精神要素和文化表达。这就要求在研究过程中既要注重不同革命阶段的主线逻辑关联和故事叙事，也要注重微观和细节化的精神光谱分析，从而与主线关联的革命叙事共同构成立体完整化的呈现，使革命文化真正在"马原"研究中生根发芽。

三、"革命叙事"的研究体系转变

马克思主义理论博大精深，就其主体内容而言，主要包括马克思主义哲学、马克思主义政治经济学和科学社会主义，这三个部分既相对独立、自成体系，又相辅相成，有着严密的整体逻辑，形成了马克思主义科学严谨的理论体系，这也是现行"马原"研究的主体内容。革命文化资源是对"马原"探索逐渐转深的重要"催化剂"，其在"马原"研究中也主要体现在这三个主体内容当中。由于革命文化资源的内容和形式众多，因此在每个研究内容的具体研究情境中，对革命文化资源的运用也是不一而足的，本文仅选取具有代表性的革命文化案例在"马原"研究中的运用，以期为研究提供基本的思路和方法。

第一，就马克思主义哲学部分的研究而言，其主要内容为马克思主义唯物论、辩证法、认识论及唯物史观，是最为基本的研究内容。相对而言，本部分研究可以使用的革命文化资源较多，方法也比较成熟，在百年中国共产党历史上有着较多将马克思主义哲学与中国革命历史实践相结合的光辉典范，如毛泽东的《反对本本主义》《中国革命战争的战略问题》《矛盾论》《实践论》《新民主主义论》等，习近平的《辩证唯物主义是中国共产党人的世界观和方法论》《学习马克思主义基本理论是共产党人的必修课》《坚持历史唯物主义不断开辟当代中国马克思主义发展新境界》《在党史学习教育动员大会上的讲话》等，以及以艾思奇为代表的马克思主义哲学家所撰写的《大众哲学》《哲学与生活》《辩证唯物主义纲要》等，这为在"马原"研究中运用革命文化资源提供了直接的思想素材。

例如，在研究辩证唯物主义中的客观世界及其规律性原理时，抗日持

以文化人　守正创新
——新时代党史课程教学改革探索

久战就是很好的研究范本。在抗日战争初期，面对日本帝国主义的大肆侵略，当时国内有人提出抗战速胜的观点，这种"速胜论"为什么不切实际呢？事实上，世界上一切事物的运行都有着不依赖于人们的心性为转移的客观规律，抗日战争也是这个道理，倘若一定要按照主观愿望在很短时间内取得抗日战争胜利，最终的结果也只能是碰钉子，根本行不通。而抗日的持久战告诉我们，事物发展变化的根源要从现实实践，即事物的内部关联及其与外部事物的相互作用中去探寻，而不是主观意志。正如毛泽东深刻指出，"没有一定的条件，速胜只存在于头脑之中，客观上是不存在的，只是幻想和假道理"①，日本帝国主义的侵略和中国人民的反抗，形成了持久战的局面，这种持久性要看"中国抗日统一战线的实力和中日两国其他许多决定的因素如何而定"②，但世界大势是趋向和平民主的，是趋向社会主义的，帝国主义终归要被消灭，这是世界发展的客观规律。同时，抗日战争的时局中又有着特殊规律，这其中以工农群众为代表的进步势力的坚决抗日是合乎时代规律的，但以大地主大资产阶级为代表的顽固派的消极抗日则展现出了矛盾的特殊性，突出了具体问题具体分析的方法论原则。此外，强调规律的客观性，并不是像宿命论那样听天由命或随波逐流，恰恰相反，在认清抗日持久战的客观规律后，积极促进中国人民的大团结大联合，尤其是将分散落后的工农群众打造成一支有组织有觉悟的革命队伍，是赢得抗日战争胜利的关键，即认识革命斗争规律和革命实践必须相一致。

同样，新民主主义革命时期的社会阶级分析方法也是研究辩证唯物主义基本原理的重要资源。例如，在旧中国半殖民地半封建的社会条件下，通过新民主主义阶段中华民族同帝国主义的矛盾以及中国社会各阶级的矛

---

① 《毛泽东选集》（第二卷），人民出版社1991年版，第459页。
② 《毛泽东选集》（第二卷），人民出版社1991年版，第513页。

盾分析，来研究矛盾分析法这一哲学方法论；通过经济地位分析各阶级以及由此产生的不同政治态度，来探明经济基础与上层建筑的哲学原理；通过中国社会各阶层的整体性分析与阶层性分析、定性分析与定量分析、共时静态分析与历时动态分析，来研究矛盾的普遍性与特殊性原理等。此外，革命文化资源中蕴含着丰富的革命精神，彰显了"革命理想高于天"的坚定理想信念，在科研中围绕具体革命精神展开全面而细致的研究，既能够充分说明意识能动性的哲学原理，讲清楚"精神变物质、物质变精神"①的辩证法，也能够以鲜活精彩的革命故事增强"马原"的感染力和说服力。

第二，在研究马克思主义政治经济学部分时，需要着眼于革命时期马克思主义政治经济学中国化的历史逻辑和理论逻辑，即中国共产党在革命时期的经济纲领和经济政策对马克思主义政治经济学的继承和发展，以及中国共产党人创造性地运用马克思主义政治经济学理论对中国经济的性质、特点和任务的分析，尤其是结合不同阶段的中国革命实际，中国共产党人对马克思主义剩余价值学说、货币和资本学说等理论的阐发，在生产、分配、交换、消费等方面对公有制经济的理论创新和实践发展。

例如，经济学家薛暮桥在 1949 年发表的《纺织手工业的前途》一文，就可以作为"马原"中"资本主义经济制度的本质"的研究案例。资本主义产业革命的实质是机器对无产者的排挤，在这一过程中大量的手工业者贫困、破产，最终沦为工业化的"产业后备军"，而不断增加的失业人数和日益困窘的生活，却成为资本家降低工人工资和生活待遇的筹码。新中国成立前夕，新式纺织工业替代传统手工纺织业成为生产力发展的必然，但我们并没有因此"淘汰"近二千万纺织手工业者，相反，我们不仅充分

---

① 习近平：《辩证唯物主义是中国共产党人的世界观和方法论》，《求是》2019 年第 1 期。

以文化人　守正创新
——新时代党史课程教学改革探索

肯定了纺织手工业在抗日战争和解放战争中对于突破敌人经济封锁和改善人民生活的历史性贡献，而且通过新式劳动技能培训、地方性手工业特产生产帮扶、农作物生产加工等方式，帮助手工业者完成转业。① 通过新民主主义国家与资本主义国家对待无产者的不同态度和做法的对比，让人们切实感受社会主义制度的优越性，使马克思主义政治经济学原理得到更充分的理解，树立社会主义制度自信。

同样，中国共产党运用马克思主义政治经济学解决中国革命实际问题的理论和实践中，蕴含着丰富的科研资源。例如，1921年中共一大通过的党的第一个纲领中，就明确提出"消灭资本家私有制，没收机器、土地、厂房和半成品等生产资料，归社会公有"②，这成为百年马克思主义政治经济学中国化的逻辑起点，体现了中国共产党以马克思主义为指导，通过无产阶级革命取得胜利的坚定立场，是研究"资本主义为社会主义所代替的历史必然性"的重要资源。此外，抗日战争时期国统区的物价飞涨和通货膨胀问题，可以对"马原"中的"商品""价格""商品二因素""劳动二重性"等政治经济学基本概念进行更加深入的论述，使抽象的概念在革命历史的情境中具象化。

第三，就科学社会主义部分的研究而言，主要着眼于"社会主义的发展及其规律"与"共产主义崇高理想及其最终实现"。本部分研究与革命文化资源直接相关，尤其是在研究"社会主义在中国焕发出强大生机活力"时，直接涉及中国共产党在新民主主义革命和社会主义革命中推进马克思主义中国化的伟大历程。需要认识清楚百年前在探索救国救民真理过程中先进仁人志士找到并传播科学社会主义，并将科学社会主义与中国国情和时代特征有机结合，创立中国化马克思主义的历史过

---

① 薛暮桥：《纺织手工业的前途》，《新中国妇女》，1949年第1期。
② 《建党以来重要文献选编（1921—1949）》（第一册），中央文献出版社2011年版，第1页。

程。认识清楚马克思主义的科学性和真理性、人民性和实践性在中国革命中充分检验的历史依据。通过中国革命实践，使人民明白"中国共产党为什么能，中国特色社会主义为什么好，归根到底是因为马克思主义行"的道理。

例如，《共产党宣言》在中国革命历程中的传播和影响就是"马原"科学社会主义部分的典型研究案例。作为马克思主义传播范围最广、影响最大、最具代表性的著作，《共产党宣言》在中国的传播和影响是马克思主义中国化的一个缩影。无论是 20 世纪初期致力于将《共产党宣言》传入中国的陈望道、陈独秀、李大钊、赵必振等人的先进事迹，还是在革命岁月中以毛泽东、周恩来、邓小平、刘少奇、贺龙等老一辈无产阶级革命家与《共产党宣言》的不解之缘，都充分说明了共产主义思想给中国先进仁人志士注入的强烈革命精神和坚定的共产主义信念。正如毛泽东在 1936 年同斯诺的谈话中讲到，陈望道翻译的《共产党宣言》"特别深刻地铭记在我的心中，使我树立起对马克思主义的信仰"①。《共产党宣言》在革命中传播和影响的案例，不仅能够说明新民主主义革命和社会主义革命中的马克思主义中国化，而且也能从老一辈无产阶级革命家对《共产党宣言》的学习和运用事迹中，感悟共产主义崇高理想，坚定理想信念。

四、"叙事"与"说理"相结合的研究方法

运用革命文化资源提升"马原"研究效果，重在将革命文化资源的叙事性和"马原"研究的说理性相结合，这一过程也是"马原"研究体系转变的关键。以叙事和说理为导向，通过案例分析、实践研究和多媒体辅助等方法，可以增强"马原"研究的广度与深度。

---

① 《毛泽东自述》，人民出版社 1993 年版，第 39 页。

以文化人　守正创新
——新时代党史课程教学改革探索

第一，革命文化资源的案例分析法。革命文化资源作为生动鲜活的科研案例，可以通过分散嵌入和专题设置两种方式来融入"马原"研究。分散嵌入即通过理论解析或案例呈现的方式，使革命文化案例融入"马原"研究的各个阶段，在保持"马原"整体科研内容体系的同时，新的革命实践案例能够让抽象理论转化为叙事语言，深入探讨"马原"包含的丰富内涵。专题设置的方式即依据研究内容与革命文化资源的关联性，设置相关的专题研究来实现二者的融合。尤其是围绕重大革命历史事件，及时在"马原"研究中开展专题研讨等活动，引起研究者在思想和情感上的共鸣，使其更深入地理解"马原"内涵。需要注意的是，案例分析重在将理论和历史的"宏大叙事"向依事说理转化，因此革命文化的故事叙事要注重细节化的革命实践素材和"隐性"的价值要素，实现情境嵌入和价值表达的有机统一，增强革命叙事的在场感。

第二，革命文化资源的实践研究法。革命文化资源不仅包括了历史和精神形态，而且也包括了制度和物质形态，例如革命政策制度、书籍报刊、会议记录、法规文件，以及革命遗址、文物和纪念场所等。作为制度和物质形态的革命文化资源可以有效丰富和拓展"马原"的研究广度与深度。相对于传统研究体系，运用革命文化的物质资源进行"马原"的具体研究，能够实现制度化和物质化的革命记忆空间重塑，具有更加开放的研究视野，实现情感上的共鸣。当然，将制度和物质形态的革命文化资源融入"马原"具体研究，并不是简单地放弃对于理论的深入探讨，抑或是将理论与实践相割裂，相反，"马原"研究需要统筹规划，根据实际的科研需要来恰当地安排相应的革命文化资源考察，在这一过程中充分发挥研究者的价值导引作用，使实践体悟能够支撑和印证理论知识，最终使革命文化资源能够立体完整地呈现在"马原"研究情境当中。

第三，革命文化资源的多媒体辅助法。习近平总书记在思想政治工作会议上明确指出："要运用新媒体新技术使工作活起来，推动思想政治工作传统优势同信息技术高度融合,增强时代感和吸引力。"① 革命文化资源在"马原"研究中的运用重在叙事,将具体情境中的革命文化资源与"马原"的理论相结合,引起人民的思想共振与情感共鸣,因此,在研究过程中采用新媒体和新技术就是革命文化叙事的必要手段。研究者在掌握革命文化资源叙事文本的基础上,要注重革命文化资源中视听元素的发掘,并通过图片、经典文献、视频等方式,做到革命文化资源的图、文、物、声、光、电综合展现,同时要与时俱进,大力推进各种新型科研方式,以增强研究效果。需要注意的是,通过多媒体展现革命文化资源的视听艺术不能仅仅追求"眼球效应",使得革命文化资源所蕴含的革命信仰和原理知识被泛娱乐化的图像符号冲淡,同时也要避免多媒体叙事的形式化、表象化和口号化,需要深入发掘革命文化资源中所蕴含的马克思主义真理性,做到叙事性和说理性的有机统一。

---

① 习近平:《习近平谈治国理政》(第2卷),外文出版社2017年版,第378页。

让革命文物走进党史课的一点思考*

秦 仆①

摘 要:革命文物与党史课在教学内容上耦合、教学目标上一致,依托革命文物资源增强党史课教学效果的感染力和说服力已成为深化思政课改革的重要途径。为深入推进革命文物资源转化为党史课教学生动教材,博物馆和高校应在教学设计、教学实施和教学反馈的不同环节中深度协同,加强对革命文物资源的体系化整理和系统性研究,强化革命文物资源融入党史课程建设的科技支撑,提升党史课思政育人成效。

关键词:革命文物资源;党史课;思想政治工作;实施路径

党的二十大报告指出,"弘扬革命文化,传承中华优秀传统文化",要求"用好红色资源,深入开展社会主义核心价值观宣传教育,深化爱国主义、集体主义、社会主义教育,着力培养担当民族复兴大任的时代新

---

* 【基金项目】四川省哲学社会科学基金马工程"思想政治教育教学研究"专项青年项目:制度自信教育融入"中国近现代史纲要"课机制研究(项目批准号:SCJJ24MGC51)。

① 【作者简介】秦仆,四川大学马克思主义学院专职博士后,法学博士,主要从事马克思主义理论研究。

人"①。革命文物蕴藏着丰富的思想内涵和时代价值，充分挖掘和运用革命文物资源在党史课教学中的独特价值和教育优势，是当前高校思想政治工作和党史课课程建设中应该思考的问题。

一、革命文物走进党史课的必要性

革命文物资源融入党史课具有重要的理论价值和现实意义，要坚持以习近平新时代中国特色社会主义思想为指导，站在为党育人、为国育才的高度，从新时代党的教育方针、高校思想政治工作创新发展、革命文物保护利用改革等方面来认识。

（一）推进"大思政课"建设的题中之义

党的十八大以来，思政课在党中央治国理政战略全局中的地位日益凸显，发展环境和整体生态发生根本性转变；但是，一些地方和学校对建设"大思政课"的意识和能力还不充分。2022年，教育部、国家文物局等十部门印发《全面推进"大思政课"建设的工作方案》的通知，强调要"坚持开门办思政课，强化问题意识、突出实践导向，充分调动全社会力量和资源，建设'大课堂'、搭建'大平台'、建好'大师资'，建设全国高校思政课教研系统，设立一批实践教学基地，推出一批优质教学资源，做优一批品牌示范活动，支持建设综合改革试验区，推动思政小课堂与社会大课堂相结合，推动各类课程与思政课同向同行"②，为新时代全面推进"大思政课"建设提出了指导意见。从思政课到"大思政课"，其"大"体现为思政课是一门社会大课、一项系统工程，应善用"大"的社会资源汇

---

① 《党的二十大报告辅导读本》编写组：《党的二十大报告辅导读本》，人民出版社2022年版，第406页。

② 《全面推进"大思政课"建设的工作方案》，http://www.moe.gov.cn/index.html，中华人民共和国教育部。

聚"大"的思想合力。

为推动新时代革命文物工作与学校思政课改革创新融合发展,切实提升"大思政课"建设成效,国家文物局明确提出要全面推动革命文物资源融入高校思想政治工作体系,整理并公布以革命文物为主题的"大思政课"优质资源项目名单。这些举措为进一步充实高校思政课程内容、完善思政教学设计、梳理革命文物蕴含的思政教育元素奠定坚实基础。因此,探讨革命文物资源融入党史课教学的重大意义,要站在"大思政课"协同育人格局的形成和习近平总书记关于革命文物重要论述的贯彻的高度来认识。

(二)挖掘革命文物时代价值的现实需要

中国共产党在领导中国人民进行革命、建设和改革开放的各个历史时期,都十分重视运用革命文物开展宣传动员和思想教育工作。新民主主义革命时期,中华苏维埃政府颁布条例,规定"死亡战士之遗物应由红军机关或政府收集,在革命历史博物馆中陈列以表纪念"[①],通过展陈烈士遗物、登报烈士功绩、收集文物史料及展览战争战绩等方式进行革命动员。新中国成立后,为筹建中央革命博物馆搜集革命文物,中央人民政府政务院发出《关于征集革命文物的命令》,全国各地加大对革命文物的搜集、整理和展陈,并倡导"各大行政区或省市如条件具备时,亦可筹设地方革命博物馆,或在原有博物馆内筹设革命文物陈列室"[②],建设弘扬革命精神的教育阵地。进入改革开放和社会主义现代化建设新时期,市场经济条件下社会思想意识多元多变,中国共产党有效利用革命文物的教育功能正

[①] 中华苏维埃共和国临时中央政府:《中国工农红军优待条例》,《红色中华》,1932年1月13日。

[②] 国家文物局:《中国文化遗产事业法规文件汇编(1949—2009)》(上),文物出版社2009年版,第6页。

本清源，颁布《关于充分运用文物进行爱国主义和革命传统教育的通知》，要求各级党的宣传部门和各级教育、民政等等组织紧密协作，有计划地依托革命文物加强思想政治教育。

中国特色社会主义进入新时代，站在中华民族伟大复兴的战略全局和世界百年未有之大变局的关键时期，中国共产党将文化建设摆在全局工作的重要位置，坚持党对宣传思想文化工作的全面领导。在此背景下，发挥革命文物独特作用以推动思想政治工作高质量发展，强化思想引领、凝聚共识，具有迫切的现实需要。让革命文物走进党史课，借助党史课程建设深化对革命文物的系统研究，把革命文物资源禀赋创造性转化为党史课程教学的优质资源，让革命文物在党史课堂上"活"起来，这不仅是中国共产党运用革命文物资源开展思想政治工作优良传统的传承，也符合挖掘革命文物思想内涵和时代价值，推动革命文物保护工作内涵式发展的现实要求。

（三）深化思政课程教学改革的内在需要

思政课是落实立德树人根本任务的关键课程，近年来思政课建设在教辅配套、队伍面貌、创新活力、教学成效等方面已取得显著成效。《新时代学校思想政治理论课改革创新实施方案》实施以来，各地高校陆续新增"中共党史"等课程，不断优化思政课程体系，提高课程设置的针对性、实效性。然而，"中共党史"目前尚未完成国家统编教材及配套教辅用书的编审工作，党史课建设任重道远。新时代新征程，应以改革创新为导向不断推动党史课建设的高质量发展。

革命文物是中国共产党百余年艰苦奋斗的历史见证，"每一个历史事件、每一位革命英雄、每一种革命精神、每一件革命文物，都代表着我们党走过的光辉历程、取得的重大成就，展现了我们党的梦想和追求、情怀和担当、牺牲和奉献,汇聚成我们党的红色血脉"①。革命文物作为开展思想政治教育的重要红色资源,是推动新时代党史课走深走实的源头活水。第一,革命文物是见证百余年中国共产党奋斗历程的活教材。党的十八大以来,革命文物家底基本摸清,据普查统计,全国不可移动革命文物有3.6万多处,可移动革命文物超过100万件(套),革命博物馆纪念馆1600多家,丰富的红色文化资源为党史课教学提供了丰富的教学案例。第二,革命文物能够提供百余年中国共产党探索实践的时空感。和平与发展历史主题下成长起来的大学生与革命和战争历史主题下奋斗的无产阶级革命战士在思维方式、知识结构、价值观念等方面存在差距,相较于党史课传统的课堂教学方式,形象直观和富有感染力的革命文物素材能够为学生提供厚重的历史感,达到沟通心灵、启智润心的思政教学目的。第三,革命文物是百余年中国共产党革命精神的承载体。信仰和精神需要通过具体的物质实体或文化形式来表达和传递,革命文物记载了中国革命的伟大历程和感人事迹,搭建了贯通古今、交融虚实的桥梁,成为我们感知革命精神和共产主义信仰的重要载体。

二、革命文物走进党史课的认识误区

当前,在探索革命文物资源融入党史课的可行路径上还存在诸多认知偏差,厘清误区是全面推动革命文物资源融入高校思想政治工作体系,增强党史课思政育人成效的前提。

(一)对象:革命文物而非革命实物走进党史课堂

革命文物主要是指见证近代以来中国人民抵御外来侵略、维护国家主

---

① 《用好红色资源 赓续红色血脉 努力创造无愧于历史和人民的新业绩》,《人民日报》,2021年6月27日,第1版。

权、捍卫民族独立和争取人民自由英勇斗争,尤其是见证中国共产党领导中国人民进行革命、建设、改革开放和中国特色社会主义新时代伟大实践的实物遗存,包括与革命活动、重大机构、重大标志性事件和重要历史人物相关,承载革命精神、彰显革命意义的史迹、实物、纪念设施等。国家文物局将革命文物划分为两个类别:一是不可移动革命文物,如战争遗址、名人故居等;二是可移动的革命文物,如兵器、旗帜、印章、杂志、烈士用品等。习近平总书记指出:"革命文物承载党和人民英勇奋斗的光荣历史,记载中国革命的伟大历程和感人事迹,是党和国家的宝贵财富,是弘扬革命传统和革命文化、加强社会主义精神文明建设、激发爱国热情、振奋民族精神的生动教材"[1],强调了突出革命文物推动思想政治工作的教育功能。

但是,在运用革命文物资源加强思想政治工作、丰富党史课教学的过程中,应避免对革命文物这一教学对象的认识误区,即吸收革命文物进党史课并非直接拿取革命实物进党史课堂,尤其是不可移动革命文物因其不可抗力事实上无法以实物形式直接呈现在课堂之中。革命文物是一种不可再生的宝贵资料,其脆弱性决定了革命文物基本以静态形式存放在原址或展柜中,移动会带来不同程度的破坏风险。此外,革命文物还是一种不可替代的稀缺资源,绝大多数革命文物的唯一性无法满足全国各地高校党史课教学的密集需要。因此,所谓革命文物"走进"党史课,不是物理意义上革命实物走进高校、走进课堂,而是基于革命文物进行可再生、可复制的转化,以图片、视频、音频等资料形式内嵌在课堂教学内容之中;或是在党史课的教学环节中,以博物馆、革命遗址、故居等为对象建立实践教学基地,在教学目标上实现第二课堂对第一课堂的配合。

---

[1] 《习近平对革命文物工作作出重要指示强调:切实把革命文物保护好管理好 激发广大干部群众的精神力量》,《人民日报》,2021年3月31日,第1版。

（二）目标：文物事理而非文物故事走进党史教学

党史课是以中华民族伟大复兴为历史主题，帮助学生了解百余年中国共产党奋斗历程及其理论、政策与实践发展规律，树立正确历史观，领会"四个选择"深刻内涵的一门课程；而革命文物正是这段光辉历程的见证者。鉴于革命文物与党史课教学内容的耦合性和教学目标的一致性，依托革命文物资源增强高校思政教育的感染力、说服力、吸引力已经成为当前思政课改革中比较常见的方法。但是，在教学实践中却常常出现偏重对革命文物的介绍而忽视对其所蕴含的思政因素的阐释。究其成因，是教师对党史课课程性质把握不清。党史课是一门以历史为线索的思想政治理论课，具有集专业性、思想性、政治性、理论性为一体的特征。也就是说，党史课既是历史课也是思政课的双重属性，要求教学中对革命文物的吸纳不能只停留在对文物外形特征、来龙去脉的讲授，必须发掘文物故事背后的思政因素，史论结合进行阐释，以历史映照现实、以学理讲透道理。

以北京大学红楼为例。北京大学红楼是 2021 年北京市文物局公布的 158 处不可移动革命文物之一，它不仅是中国最早传播马克思主义和民主科学进步思想的重要场所，也是五四运动的策源地和中国共产党的重要发祥地。北大红楼建筑外观和内设展厅的音像资料常被引用在党史课相关专题的教学中，对应讲解一般聚焦在几个故事上，比如李大钊等人曾在此秘密成立马克思学说研究会、毛泽东第一次到北京曾在此担任图书馆阅览室职员、五四运动中北京大学学生在此集合后前往天安门，等等。这些内容固然是介绍北大红楼红色基因的经典故事，但党史课教学不能满足于"事"的维度，而应通过文物故事的"小切口"诠释革命精神的"大道理"。换句话说，通过对北大红楼几则故事的介绍，引导学生认识到促成 1921 年中国共产党成立的思想基础、群众力量早已生长在中国社会的土壤之中，正本清源厘清党成立的历史必然性，以此回击一些不怀好意者所鼓吹的中国共产党是"舶来品""早产儿"的历史虚无主义论调。

（三）地位：革命文物丰富而非割裂党史课程设计

以革命文物的革命性和鲜活感优化党史课立体多元的教学模式，已逐渐成为不遑多论的教学改革方式，但是，在教学实践中模糊教材知识体系与延展资源之间的关系也是常见的认识误区之一。随着近年来教育理念从"以教师为中心"向"以学生为中心"转变，以教学内容、教学形式、教学方法为主要内容的教学改革迭代更新；本质上看，革命文物为代表的教学素材的丰富和红色实践活动为代表的第二课堂的广泛普及，即是这一改革浪潮下的产物，是对以教材知识体系为基础的传统课堂教学模式的优化。但是，在改革实践中为了增强思政课的吸引力，出现了一味求新而忽视坚守专业知识体系的偏向。

应当指出，在高校专业人才培养方案和思政课程体系中，一般都明确规定了党史课开展教学活动、安排教学任务的总体要求和实施细则，加强基于教材知识体系的课堂教学才是落实思政课建设工作要求的主阵地。因此，在正确认识教材知识体系和延展资源主次关系的基础上，必须明确革命文物走进党史课是丰富而非割裂、颠覆课程设计。具体而言，革命文物所连接的内容往往是丰富且多元的，以人物、事件、地域或以精神为线索都能串联起不同的红色主题，发掘出不同的思政因素。而在党史课教学中，教材结构和教学大纲已经基本搭建了满足该课程教学目标的系统性专业知识体系，革命文物走进党史课的核心是找到革命文物与课程知识体系相适应的思政因素，将革命文物作为案例素材从论据方面有机地丰富和拓展教学内容，避免课堂教学照本宣科，流于空洞说教，而非以革命文物为讲授对象重构党史课教学体系。

三、革命文物走进党史课的路径探索

革命文物走进党史课,实际上是回答如何把革命文物资源转化为党史课教学生动教材的问题。在当前思政课迫切需要改革与实践创新存在偏差的情况,从教学体系、教学内容、教学手段三个维度探讨有效提升革命文物资源融入党史课教学各环节的实施路径具有强烈的现实需要。

(一)馆校协作,搭建革命文物走进党史课的教学体系

教育部、国家文物局两部门联合发布《关于充分运用革命文物资源加强新时代高校思想政治工作的意见》,强调要强化组织领导,"各级教育、文物主管部门和高校、革命场馆要在各级党委和政府的坚强领导下,建立党委统一领导、党政齐抓共管、部门组织协调、各方积极参与的工作格局"[①],这为新时代优化馆校合作赋能"大思政课"提供了组织保证和实践指向。从具体工作层面上看,搭建革命文物走进党史课的教学体系,实际是要求博物馆与高校探讨如何将革命文物资源课程化,即馆、校在教学设计、教学实施和教学反馈的不同环节中深度协同。

在教学设计环节,高校与博物馆要加强课程建设的顶层设计,共同拟定课程培养方案和课程教学大纲。中国传统文化有以文化人和以史化人的两大熏陶,学生在小、中、大学不同教育阶段和校外各类活动中都曾不同程度地接受过中国共产党发展历程和精神谱系的相关知识;在这种情况下,将革命文物资源引入党史课教学内容要想实现入脑入心的教学成效,就必须要求馆校双方切实根据课程类别、学生层次及课程学时总体谋划。一方面,博物馆要积极向高校推荐有新意、有分量的关键革命文物资料,

---

① 《教育部 国家文物局关于充分运用革命文物资源加强新时代高校思想政治工作的意见》(2021年11月),http://www.ncha.gov.cn/art/2021/7/30/art_2318_44793.html,国家文物局。

与党史课主讲教师一道完成有别于科普性质的革命文物研究和阐释工作；另一方面，高校要从学时分配、成绩占比等方面保证革命文物资源在讲授、研讨、实践等教学全环节的贯彻，以此反促革命文物育人功能和思政价值的彰显。在教学实施环节，高校与博物馆实现信息共享、师资互动、基地共建，建立"革命文物＋课堂教学"和"革命文物＋实践教学"的协同联动工作机制。博物馆加强革命文物资源的数字化、可视化和互动化建设，形成契合党史课教学的多媒体资源包，为党史课提供丰富的教学资源。同时，馆校通过联合开展主题研讨、志愿服务、参观考察、学习实践等活动构建实践育人平台，以革命文物为纽带有机结合课堂理论教学与课外实践教学两个环节，提升广大师生对党史课教学内容的共情共鸣。在教学反馈环节，高校与博物馆要完善革命文物资源思政教育功能的评价机制。当前，以革命文物资源丰富党史课教学的理念和方法已较为成熟，但对其教育成效还缺乏科学评估，这会影响革命文物资源与党史课的融合深度。馆校要关注革命文物资源融入党史课后课程教育质量、学生反馈情况的变化，及时了解可能出现的教育需求和实践偏差，持续开展革命文物教学研究和科学研究，不断助推课程教学内容和馆藏资源要素的深度融合。

（二）系统整理，丰富革命文物走进党史课的教学内容

教学实践中不同程度地存在对课程教学内容整体谋划不足的情况，导致革命文物资源融入党史课时常出现"硬融入""表面化""零散化"等现象。加强对革命文物资源的体系化整理和系统性研究，推动革命文物资源有机地融入党史课教学知识体系有助缓解这一现状。

党史课没有统一的国家统编教材及配套教学课件，从对若干已开设该课程高校的调查来看，一般以中央宣传部、中央党史和文献研究院等单位组织编写的《中国共产党简史》（以下简称《简史》）为教学参考，在教学实施上有两种主要方式：一是以《简史》章节为标准制定教学大纲，线性

以文化人　守正创新
——新时代党史课程教学改革探索

阐释百年党史奋斗历程；二是以《简史》章节为参考，从初心使命和实现中华民族伟大复兴这个主题回顾并划分若干专题阐释中国共产党百年奋斗历程。四川大学马克思主义学院开设的"中共党史"课程采用专题式教学方式，以"总—分—总"结构设置七个专题，即中国共产党百年发展历程概述、不懈奋斗史、不怕牺牲史、思想探索史、为民造福史、自身建设史及中国共产党世纪辉煌的历史奥秘。专题式教学方式有效避免了与线性阐释近代以来探索国家出路的《中国近现代史纲要》在内容和方式上的重复，又突显了中国共产党能够领导全国各族人民胜利完成第一大历史任务（争取民族独立、人民解放）、顺利推进第二大历史任务（实现国家富强、人民幸福）的特性和优势；更为重要的是，鉴于博物馆按主题分类展陈文物的通常方法，党史课这种"历史性历史梳理与共时性比较分析相结合"的教学方式，也为革命文物资源的融入提供了充足的知识空间和稳定的贯穿渠道。

首先，整理国家文物局、教育部联合开展征集的以革命文物为主题的"大思政课"优质资源项目名单，以及地方和校史特色红色资源目录，并根据党史课教学目标和教学专题，精心挑选与课程教学关联性强的具有代表性和教育意义的革命文物资源，避免教学设计中的内容生硬、转换突兀。其次，通过联络博物馆、陈列室或网络资源多渠道搜集革命文物的文献、图片、音频、视频等多媒体资料，并利用课程组集体备课平台整理革命文物的基本信息、挖掘革命文物蕴含的精神品质，形成"史实梳理＋思想内涵＋时代价值"三位一体的革命文物教学案例库，在教学设计环节有机嵌入党史课等各专题的教学讲义和教学课件，达到"吃盐不见盐""润物细无声"的育人效果。此外，针对部分高校党史课除教师专题讲授外另设有学生实践环节的教学设计，强化革命文物资源在第二课堂的运用，通过构建馆校全方位实践育人共同体牵引党史课教育成效的社会性转化，在课堂与课外、理论与实践两个教学环节中完成知识传授向能力培养、价值塑造的升华。

（三）科技赋能，提升革命文物走进党史课的教学手段

海量的革命文物为党史课教学提供了丰富且宝贵的资源，然而，当前革命文物资源融入党史课的教学实践中却存在着应然与实然的较大差距，一些主客观因素不断消解着教学改革的可行性限度。我们期待革命文物资源的发掘与运用能够有效增强党史课教学内容的丰富性和感染力，但一方面，革命文物资源的不可再生性和不可替代性，使得通过革命实物直观、生动地进行情景教学的设想基本落空，而大多只能采用图片、视频的方式来呈现，形式上的扁平化和单一性限制了学生对革命文物的情感共鸣；另一方面，惯常采用的深入革命遗址遗迹现场、参观红色纪念馆等主题实践活动尽管能够一定程度上弥补这种遗憾，但是，规模性的校外活动常常受到教学周日程、人身安全、运行经费等诸多客观因素的影响，使得实践教学在课程体系中所占据的学时和所能覆盖的群体是相对有限的。

随着智能时代的到来，技术赋能教育有望化解这一难题。习近平总书记在二十届中共中央政治局第五次集体学习时的讲话中指出，"教育数字化是我国开辟教育发展新赛道和塑造教育发展新优势的重要突破口"[1]，符合国家战略的教育数字化转型成为教育改革的重要方向，这势必对教学方式、组织架构、教学过程、评价方式等环节进行全方位的变革，党史课的教学改革创新正在其列。同时，中共中央在文物的保护利用改革方面，强调要加强科技支撑，充分运用互联网、大数据、云计算、人工智能等信息技术，推动文物展示利用方式融合创新，建成全国革命文物数据统一共享开放平台。变革传统课堂的新要求和开发利用文物资源的新技术，为革

---

[1] 《习近平论教育工作》，https://www.xuexi.cn/lgpage/detail/index.html?id=14349960057919794615&item_id=14349960057919794615，学习强国。

以文化人 守正创新
——新时代党史课程教学改革探索

命文物资源融入党史课程建设提供了新思路、新方式。一是突破地域限制更广范围的推动馆校协同，建立更加优质的革命文物资源多媒体数据库。二是以信息技术联通线上线下，利用网络纪念馆、革命文物专题网站等线上资源开展云展览、云解说等活动，形成对党史课课堂教学手段的补充。三是运用虚拟现实（VR全景）和增强现实（AR实景）仿真技术助力党史课开展视、听、触觉沉浸式体验教学，增强学生在学习中的互动体验，"走进"历史情境身临其境地感受革命历程，增强党史课教学成效。以科技赋能革命文物将创造一种全新的课堂教学形态，为党史课教学提供更加生动的活教材和更加深厚的历史感。

"三线精神"融入党史课教学的经验与体会

崔一楠 唐岑①

摘 要：本文探讨了"三线精神"融入高校党史课程的必要性与实施路径。通过系统讲解"三线建设"的历史背景与核心内涵，分析了"三线精神"在提升学生历史认知、精神认同及现实感知中的作用。本文提出优化内容设计、创新教学模式及多样化考核等策略，旨在提升党史课程的实效性，帮助学生深入理解和践行"三线精神"，为新时代青年思想政治教育提供有力支持。

关键词："三线精神"；党史课程；铸魂育人

20世纪60年代至70年代，党中央决定在我国中西部地区开展一场以战备为中心，以基础工业、能源动力、交通设施和国防科技工业为重点的大规模经济建设，史称"三线建设"。"三线建设"不仅铸就了坚实的国防与科技工业基石，更孕育了"艰苦创业、无私奉献、团结协作、勇于创

---

* 【基金项目】教育部人文社会科学研究项目"三线建设与高校迁建研究"（项目编号22YJC770004）。

① 【作者简介】崔一楠，西南科技大学马克思主义学院副院长，教授，硕士生导师，历史学博士，主要从事中国近现代史研究；唐岑，西南科技大学马克思主义学院硕士研究生，主要从事中国近现代史基本问题研究。

新"的"三线精神"①。这一精神在特殊的历史条件下激励了广大建设者为构建战略大后方而砥砺奋进，与此同时还穿越时空，成为当今我们可以挖掘利用的宝贵历史文化财富。将"三线精神"融入党史课，既是讲好中国故事、展示好社会主义核心价值观的需要，更是引导学生培固民族精神之"根"，熔铸理想信念之"魂"，自觉做社会主义核心价值观的坚定信仰者、积极传播者、模范践行者，奋力书写为中国式现代化挺膺担当青春篇章的题中之义。通过学习"三线精神"，学生会更加深刻地理解到，无论时代如何变迁，对国家的忠诚、对事业的执着、对困难的无惧以及对自我超越，都是历久弥新，永恒不变的。在新时代征程上，当代大学生应赓续"三线精神"，以更加坚定的信念、更加昂扬的斗志、更加务实的作风，为实现中华民族伟大复兴的中国梦贡献自己的全部力量。

一、何为"三线精神"？

20世纪60年代，我国周边局势严峻复杂，大国博弈之下战争阴云密布。当时，我国人口和工业、交通设施等主要集中在东部沿海地区，缺乏战略纵深，若遇敌人突袭，将遭受严重损失，并丧失支撑反击、打持久战的工业基础。在这种情况下，经济工作中备战的问题摆到党的重要议事日程上来。经过反复的思考，毛泽东决定从准备应对潜在战争威胁的角度来考虑国内建设。1964年5月，毛泽东提出，在原子弹时期，没有后方不行。"三五"计划要考虑解决全国工业布局不平衡的问题，要搞三线的战略布局，加强"三线建设"，防备敌人的入侵。同年6月6日，毛泽东在中央工作会议上讲话，特别强调了备战。他说："只要有帝国主义存在，就有战争的危险。我们不是帝国主义的参谋长，不晓得它什么时候要打

---

① 朱云生、何悦：《三线精神的历史生成逻辑与精神内涵》，《学校党建与思想教育》，2020年第14期。

仗。决定战争最后胜利的不是原子弹，而是常规武器。要搞三线工业基地的建设，一、二线也要搞点军事工业，各省都要有军事工业，要自己造步枪、冲锋枪、轻重机枪、迫击炮、子弹、炸药。有了这些东西就放心了。攀枝花钢铁工业基地的建设要快，但不要潦草。攀枝花搞不起来，我睡不着觉。你们不搞攀枝花，我就骑着毛驴去那里开会；没有钱，拿我的稿费去搞。"① 越南战争升级后，党中央、国务院加快了"三线建设"的部署。从1964年开始，"三线建设"成为举国共识，党带领国家和人民，围绕工业化建设和战略布局调整开始了新的艰苦的长征。这次长征，是备战、备荒，是保护人民安居乐业，其目的是要建成一个有战略纵深、有持久耐力、可以应对潜在战争威胁的、不可战胜的中国。持续十余年的"三线建设"不仅取得了巨大的建设成就，还造就了值得后人永远铭记的"三线精神"。"三线精神"的内涵深刻而丰富，集中体现为"艰苦创业、无私奉献、团结协作、勇于创新"16个字。

（一）艰苦创业：迎难而上的奋斗精神

"三线建设"过程中，建设者们根据"靠山、隐蔽、分散"的建设原则，于崇山峻岭间开辟坦途，于荒漠戈壁中筑起坚固的厂房与堤坝。他们住着简陋的工棚，吃着粗茶淡饭，却以饱满的热情和坚定的信念，投入紧张的建设。他们深知自己肩负的是国家安全的重任和民族振兴的使命，因此无论遇到多大的困难，都绝不退缩、绝不放弃。例如，在建设贵州011航空基地时，该基地是我国"三线建设"时期布局的第一个大型航空工业基地。该基地位于贵州偏远的山区，地势险峻、交通不便。建设者们不仅要克服复杂的地质条件，还要面对极端匮乏的物资供应和极为简陋的施工条件。在设备缺乏的情况下，建设者们凭借智慧和毅力，用最基础的工具进行施工。他们利用简陋

---

① 陈文书：《毛泽东与四川》，四川人民出版社1995年版，第247页。

的材料和工艺，开山凿石，填平沟壑，在山地间修建起了机场跑道、机库和生产设施。经过多年的艰苦努力，贵州 011 航空基地终于建成，成为我国航空工业的一个重要支撑点。该基地的建成不仅大幅增强了我国的航空工业实力，也为西南地区的经济和科技发展奠定了坚实基础。

（二）无私奉献：舍己为公的牺牲精神

在"三线建设"的历史进程中，奉献精神得到了淋漓尽致的展现。400 多万建设者基于对国家与人民利益的深厚情感，毅然选择离开城市的舒适环境，投身艰苦的"三线建设"。他们不仅告别了熟悉的亲人与家乡，还将个人的青春与努力，乃至生命，都无私地奉献给了这一伟大的事业，这不仅体现了对国家和民族的忠诚与热爱，更是对人生价值的深刻理解和追求。这种无私无我的奉献精神正是"三线精神"中最为核心的组成部分。它超越了简单的个人利益考量，是建设者们对社会责任与使命的深刻理解和自觉承担。在建设过程中，这种精神不仅激发了建设者的工作热情与创造力，也促进了团队之间的紧密合作与共同奋斗，为"三线建设"的成功奠定了坚实的基础。

在成昆铁路的建设中，涌现出了无数这样的奉献者。他们克服了常人难以想象的困难，将个人的安危置之度外，勇敢地肩负起了时代赋予的使命。面对险恶的自然环境，他们舍小家为大家，甘愿承受与家人长期分离的痛苦，甚至在危险中失去了生命。他们以实际行动践行了"献了青春献终身，献了终身献子孙"[①]的崇高誓言，将个人的命运与国家的命运紧密相连，共同铸就了"三线建设"的辉煌篇章。他们的无私奉献不仅为当时的建设事业注入了强大的精神动力，更为后世留下了宝贵的精神财富和道德典范。

---

① 王春才：《金色浮雕》，四川人民出版社 1993 年版，第 72 页。

(三) 团结协作：众志成城的集体精神

"三线建设"作为一项宏大的系统工程，其成功实施离不开跨行业、跨地域的广泛协作与紧密配合。在这段波澜壮阔的历史中，建设者们展现出了非凡的团结协作精神，他们共同致力于完成这一艰巨的建设任务。这种团结协作的集体精神，不仅是"三线精神"的核心要义之一，也是推动项目顺利进行、实现既定目标的关键力量。面对建设过程中层出不穷的复杂问题与挑战，如技术瓶颈、物资调配难题以及恶劣的自然环境等，建设者们凭借团结协作的集体智慧与力量，总能迅速凝聚共识，形成强大的合力，共同克服一个又一个难关。

这种集体主义精神，不仅体现在建设过程中技术难题的攻克上，更渗透于日常生活的方方面面，促进了建设者之间深厚的友谊与信任，进一步增强了团队的凝聚力与战斗力。攀枝花钢铁基地作为"三线建设"的重要里程碑，其建设历程充分彰显了团结协作与大协作精神的伟大力量。全国范围内的建设者积极响应号召，汇聚于这片热土之上，他们心手相连，共同为攀钢的建设挥洒汗水、贡献力量。在此过程中，国家层面给予了全面而有力的支持，不仅在人力、物力、财力上倾囊相助，还动员了全国700多家机械制造厂为攀钢赶制关键设备，铁道部门更是为攀枝花的紧急物资运输开辟绿色通道。这种全国上下一心、共同奋斗的大协作精神，充分展现了社会主义制度集中力量办大事的显著优势。在攀钢的建设工地上，建设者们更是将团结协作的集体精神发挥得淋漓尽致。他们不分你我，共同面对挑战，共同分享成果，在艰苦的建设环境中结下了深厚的友谊。这种友谊与信任如同钢铁般坚固，成为推动攀钢建设不断向前的重要动力。最终，在全体建设者的共同努力下，攀枝花钢铁基地拔地而起，成为"三线建设"的光辉典范，也见证了团结协作与大协作精神的不朽力量。

（四）勇于创新：自强不息的探索精神

在西方国家对新中国实施政治孤立、经济封锁与军事威胁的严峻背景下，"三线建设"的启动承载了国家自立自强的深切期望。在这一背景下，勇于创新不仅是建设者们坚守的底线原则，更是他们勇往直前的精神支柱。面对重重技术壁垒与物资匮乏的双重挑战，建设者们凭借非凡的智慧、坚忍不拔的毅力，逐一攻克难关，最终在广袤的西部地区构建起坚实的工业基石与国防防线。这种自强不息的创业精神，不仅是"三线精神"最为耀眼的内核，更是激励后人不断前行、勇于探索的不竭动力。

在"三线建设"的壮丽画卷中，永济电机厂作为一颗璀璨的明珠，见证了建设者们勇于创新的辉煌历程。面对技术基础薄弱、环境条件恶劣的双重考验，建设者们没有退缩，更未寻求外援的捷径，而是毅然决然地走上了自主研发、自主创新的道路。他们凭借对技术的执着追求与对创新的深刻理解，不断突破自我，挑战极限，最终成功打造出这座现代化的电机制造基地。这一过程不仅是技术实力的飞跃，更是精神风貌的升华，充分展现了建设者们独立自主、勇于创新的坚定信念与勇于创新、敢于突破的非凡勇气。永济电机厂的建设历程，是"三线精神"生动实践的缩影。它告诉我们，在逆境中坚持勇于创新，勇于探索未知，敢于挑战极限，是实现民族复兴、国家富强的必由之路。这种自强不息的创业精神，不仅为"三线建设"的辉煌成就奠定了坚实基础，更为新时代青年树立了宝贵的精神财富与永恒的价值追求。

"三线精神"作为中国共产党人在特定历史条件下形成的宝贵精神财富，其内涵深远，历久弥新。对于当代大学生来说，理解并践行"三线精神"，不仅有助于他们在学业上取得进步，更能在未来的工作和生活中，成为有理想、有担当的新时代好青年。通过传承和弘扬艰苦创业的奋斗精神、无私奉献的牺牲精神、团结协作的集体精神和勇于创新的探索精神，大学生们可以更好地迎接未来的各种挑战，为实现中华民族的伟大复兴贡献青春力量。

二、"三线精神"为何要融入党史课程？

"三线精神"作为新中国历史进程中颇具时代意义的精神财富，不仅可以帮助学生更好地理解中国现代化建设的艰辛历程，还能够激发他们的责任感和使命感，激励他们在未来的学习和生活中勇于担当，积极进取。我们可以从"三线精神"传承红色基因、提升思想建设效果和培养新时代青年的责任感三个方面，来理解其融入党史课程的必要性。

（一）"三线精神"融入党史课程是赓续红色基因、筑牢文化认同之基

"三线精神"作为中国共产党红色精神谱系中的重要组成部分，在传承红色基因和促进文化认同方面具有不可替代的作用。将"三线精神"融入党史课程，不仅有助于大学生深入了解党的历史和革命传统，还能增强他们的"四个自信"意识，从而在新时代背景下更加坚定地拥护党的领导和中国特色社会主义道路。

"三线精神"是红色基因的重要载体，承载着党在特定历史时期形成的宝贵精神财富。20世纪60年代，在严峻的国际国内形势下，党中央作出了进行"三线建设"的重大决策。数百万建设者响应国家号召，投身于西南和西北等自然条件极为艰苦的地区，开展大规模的国防、工业和交通基础设施建设。"三线建设"不仅为我国国防安全和经济发展奠定了重要基础，也形成了艰苦创业、无私奉献、团结协作、勇于创新的"三线精神"。这种精神是党领导人民在极端困难条件下创造奇迹的重要体现，具有鲜明的时代特征和革命精神。通过党史课程将"三线精神"传递给大学生，可以帮助他们更好地理解和传承这一宝贵的红色基因，增强对党的历史贡献和革

命精神的认同感。

因此,"三线精神"的融入有助于深化大学生对中国革命传统和文化的理解,增强他们的文化认同感。"三线精神"不仅是一种政治信仰的体现,更是中华民族自强不息精神的重要组成部分。在"三线建设"过程中,广大建设者们克服了极其艰苦的自然条件和物质匮乏的困境,展现出强大的毅力和智慧。这种精神力量不仅反映了党的革命传统,也深深植根于中华民族的文化血脉之中。党史课程中大学生学习"三线精神",能够帮助他们更好地理解中华文化中所蕴含的坚韧不拔和团结协作的精神力量,从而增强对中华文化的认同感和自豪感。

"三线精神"的教育还可以引导大学生在新时代弘扬和践行中华优秀文化和革命精神。新时代的大学生肩负着实现中华民族伟大复兴的历史使命,他们不仅需要具备扎实的知识和技能,更需要具备强烈的文化自信和责任担当。在党史课中融入"三线精神",可以引导学生在面对复杂多变的国际国内形势时,始终保持清醒的头脑和坚定的信念,传承和发扬中华民族的优秀文化和革命传统,勇敢面对各种挑战。通过这种精神的传递,大学生可以更加坚定地站在党和人民一边,肩负起新时代赋予的历史责任,为实现中华民族的伟大复兴贡献自己的智慧和力量。

总之,将"三线精神"融入党史课程,不仅能够传承红色基因,帮助大学生深刻理解党的历史和革命传统,还能增强他们对中华文化的认同感和自豪感。通过这种教育,大学生不仅能够在思想上继承党的革命精神,更能够在行动上发扬中华民族的优秀文化传统,为中国特色社会主义事业的发展和中华民族的伟大复兴贡献青春力量。

(二)"三线精神"融入党史课程有锻造思想防线、提升精神风貌之效

思想建设是党的基础性建设,坚定理想信念是其首要任务。将"三线

精神"融入党史课程，有助于实现这一任务的具体落实，这不仅体现在理论学习的深化上，更体现在学生思想认同和行为自觉的培养上。"三线精神"包含了"艰苦创业、无私奉献、团结协作、勇于创新"四个核心内容，这些精神元素与党的宗旨高度契合。在党史课程教学中引入"三线精神"，不仅可以使学生在理论层面更深刻地理解党的宗旨和精神，还可以通过实践活动将这些精神内化为个人的理想信念。

一方面，"三线精神"的融入能够深化学生对共产党人精神谱系的理解。"三线精神"是与革命年代的井冈山精神、长征精神、延安精神、西柏坡精神等一脉相承的，也是与建设年代的"两弹一星"精神、大庆精神、红旗渠精神、西迁精神等高度契合的。它彰显了中国人民长期以来形成的伟大奋斗精神、奉献精神、团结精神、创造精神，同样是我们党的伟大精神谱系的组成部分。"三线建设"过程中，广大党员、干部响应党中央的号召，远离城市，克服重重困难，以国家利益为重，甘愿牺牲个人利益，为现代化建设作出了不可磨灭的贡献。对"三线精神"、"三线建设"者故事的深入解读，不仅能够引发学生对历史的共鸣，更能激发他们对党的历史、共产党人精神谱系的深刻认同，从而在思想上产生强烈的共鸣。

另一方面，"三线精神"的融入能够有效增强学生的思想认同和行动自觉。思想建设的根本目的是在学生的头脑中树立正确的世界观、人生观和价值观，而这种认同感的培养需要通过具体的精神学习和实践体验实现。"三线精神"所蕴含的艰苦创业和无私奉献精神，不仅是党的优良传统，更是学生在现代社会中应当秉持的价值观。在党史课程中，通过系统地讲解"三线精神"，使学生在理论层面上理解并接受这些精神价值，并通过实践活动如志愿服务、社会调研等，将其内化为自己的行动指南，真正做到思想上的认同和行为上的自觉。例如，学生在参与社会实践时，能够将艰苦创业的精神贯穿始终，不畏困难，勇于承担责任，这种实践与理论的结合，能够使思想建设更加深入人心。

此外,"三线精神"还具有很强的现实针对性,能够帮助学生在复杂多变的社会环境中保持思想上的坚定性。当前,社会的快速发展和各种思潮的交织,使得部分学生在思想上出现了迷茫和困惑。而"三线精神"所倡导的团结协作和勇于创新精神,正是应对这些挑战的有力武器。在党史课程教育中,通过引导学生学习和发扬"三线精神",可以帮助他们在面对各种困难和挑战时,始终保持坚定的理想信念和正确的价值判断,不被外界的消极因素动摇。这种思想上的坚定性,不仅有助于学生个人的发展,也为他们将来走向社会后更好地服务国家和社会奠定了思想基础。

由此可见,"三线精神"的融入不仅为党史课程注入了丰富的历史和现实内涵,还通过深化理论学习、增强思想认同、培养行为自觉等方式,显著提升了思想建设的效果。通过"三线精神"的教育,学生能够更好地理解和践行党的宗旨,坚定理想信念,成为新时代中国特色社会主义事业的可靠接班人。

(三)"三线精神"融入党史课程是激发思想活力、助力青年责任担当之要

在新时代背景下,培养青年一代的责任感是党史课程的重要目标之一,而"三线精神"在这一过程中起到了关键的推动作用。"三线精神"所体现的艰苦创业、无私奉献、团结协作和勇于创新,正是新时代青年所需具备的核心品质。将这些精神融入党史课程,不仅能够帮助学生树立正确的价值观,更能激发他们的社会责任感,促使他们在未来的生活和工作中主动承担起时代赋予的重任。

首先,"三线精神"能够引导青年学生树立集体主义精神和家国情怀。"三线建设"时期,无数建设者们响应国家号召,离开家乡,奔赴祖国的大西南地区,在艰苦的自然环境中,为国家的工业化和国防现代化事业无私奉献。通过学习这些感人事迹,学生可以深刻认识到个人与国家、集体

之间的紧密联系。"三线建设"者们舍小家为大家的牺牲精神能够启发学生思考自己在社会中的角色和责任,引导他们认识到自身的命运与国家发展息息相关,从而增强他们的家国情怀和集体主义精神。这种精神不仅帮助学生树立正确的人生观和价值观,还激发了他们为国家和社会贡献力量的热情。

其次,"三线精神"能够激励学生在面临挑战时勇于承担责任。"三线建设"者们在面对极端艰苦的工作和生活条件时,始终保持着顽强的斗志和无私的奉献精神,他们克服了重重困难,完成了许多看似不可能完成的任务。这种坚韧不拔的精神对新时代青年具有重要的启示作用。在党史课程中讲述这些事例,可以激励学生在学习和生活中勇敢面对困难和挑战,不退缩、不逃避,积极寻找解决问题的办法,并在这个过程中锻炼自己的意志力和责任感。学生通过这些故事能够认识到,责任感不仅是对他人的承诺,更是一种自我驱动的力量,是在困难面前坚持不懈、迎难而上的动力源泉。

最后,"三线精神"中的团结协作和勇于创新精神有助于培养学生的团队意识和社会责任感。"三线建设"过程中,各行各业的建设者们在艰苦的条件下紧密合作,共同克服各种困难,展现了强大的团队力量。这种精神可以帮助学生理解团队协作的重要性,认识到个人的成功离不开集体的支持和协作。此外,"三线精神"中的勇于创新品质,能够激发学生在面对新问题、新挑战时,敢于打破常规,探索新的解决途径,承担起创新发展的责任。在党史课程中,通过案例分析、情景模拟等方式,帮助学生体会到团队协作和勇于创新的价值,培养他们在集体中发挥个人作用的意识,以及在工作中勇于创新、担当重任的精神。

可以说,"三线精神"通过深刻的历史案例和现实启示,为培养新时代青年的责任感提供了宝贵的思想资源和教育内容。将"三线精神"融入党史课程,可以帮助学生树立强烈的社会责任感,促使他们在未来的生活和工作中主动承担起对家庭、集体、国家的责任,成为勇于担当、甘于奉献的新时代青年。

三、"三线精神"如何融入党史课程?

在新时代背景下,我们可以从优化内容设计、创新教学模式、挖掘典型案例和多样化考核机制等方面,思考"三线精神"融入党史课程的路径与策略。

(一)优化内容设计

"内容为王"是各类课程的关键,同时也是"三线精神"融入高校党史课程的核心环节。我们应当精准把握"三线精神"的内涵,通过深入浅出的系统性解读,使学生深入理解"三线精神"的核心内涵,将"三线精神"与学生的日常学习和生活实际紧密联系,从而增强其现实感知和认可度。

一是通过系统的"三线建设"历史讲解,增强学生的历史认知。在党史课程中,我们需要利用多种手段和方式,全面展现"三线建设"的历史背景、演进过程、战略意义、历史地位以及其对中国经济发展和国防建设的重要贡献等,使学生理解"三线建设"作为国家重大决策的必要性和重要性。讲述史实时,要运用丰富的史料和翔实的数据,结合信息化手段,给学生打下扎实的历史认知基础。

二是通过对"三线精神"的深入剖析,增强学生的价值认同。在理论讲解的基础上,党史课程应深入剖析"三线精神"的核心内涵,使学生能够深刻理解这些精神品质的实质。例如,详细解读"艰苦创业"精神时,可以通过分析"三线建设"者们在极度艰苦的环境中,克服种种困难推进国家重点项目的事例,阐释这一精神如何体现了共产党人的初心和使命。对于"无私奉献"精神,可以结合"三线建设"者们舍家为国的感人事迹，探讨其如何体现了党的全心全意为人民服务的宗旨。此外，对于"勇于创新"精神，应重点介绍"三线建设"中面对资源和技术瓶颈时，建设者们如何依靠自身力量突破困难、创新解决问题的过程，展示这一精神在推动国家独立自主发展中的重要作用。通过这样深入的剖析，使学生能够在思想上真正认同"三线精神"，将其作为指导自身行动的重要信念。

　　三是实现历史与现实相结合，教育学生做到知行合一。授课时，可以将"三线精神"与当前的社会经济发展相结合，这不仅使"三线精神"具有更强的现实指导意义，也使党史课程内容更加贴近新时代青年的实际生活。例如，可以通过探讨当前经济转型升级背景下，如何发扬"三线精神"中的"勇于创新"精神，推动技术创新和产业升级，使学生感受到"三线精神"在新时代依然具有强大的生命力。在解读"团结协作"精神时，可以结合当前党和国家在推进脱贫攻坚、乡村振兴等重大项目中的集体力量，探讨如何在这些工作中继续发扬"三线建设"时期的团结协作精神，进一步激发学生的团队意识和合作精神。

（二）创新教学模式

　　为了让"三线精神"在党史课程中发挥更大的作用，教育模式的创新显得尤为重要。构建多维度教学模式是将"三线精神"有效融入高校党史课程的关键策略之一。我们要打破传统单一的课堂讲授方式，通过课堂教学、网络学习和实践体验相结合的方式①，为学生提供更加全面、立体的学习体验，从而可以有效增强党史课程的实效性和吸引力，使学生在学习过程中更加主动、深入地理解"三线精神"。

　　首先，课堂教学作为多维度教学模式的核心环节，仍然是传授"三线

---

① 陈军强：《大学生党课教育教学体系的建构》，《学校党建与思想教育》，2017年第14期。

精神"的主要阵地。通过课堂教学，教师可以系统地讲解"三线精神"的历史背景、核心内涵和现实意义。在这一过程中，教师应采用多样化的教学手段，如案例分析、视频展示、讨论互动等，丰富课堂内容，使"三线精神"的教学更加生动、具体。多种教学形式的运用不仅能够有效传递知识，还可以调动学生的学习积极性，帮助他们更好地理解和内化"三线精神"。

其次，网络学习作为课堂教学的重要补充，是课堂教学的重要组成部分。随着信息技术的发展，网络学习平台为学生提供了更加灵活和自主的学习机会。通过开发与"三线精神"相关的在线学习资源，如微课视频、专题讲座、互动问答等，学生可以根据自己的学习节奏进行自主学习。这种灵活的学习方式不仅能够帮助学生在课后巩固课堂上所学内容，还能够解决传统课堂时间有限、内容覆盖不足的问题。网络学习平台还可以通过讨论区、学习社区等形式，促进学生之间的互动交流，进一步深化学生对"三线精神"的理解。

最后，实践体验是党史课程中不可或缺的环节，通过实践教学将理论与实际相结合，使学生在真实情境中感受和践行"三线精神"。高校可以组织学生开展实地考察、社会调研、志愿服务等实践活动，让学生在实践中体验"三线精神"的实际应用。例如，学生可以前往"三线建设"遗址进行考察，亲身感受当年建设者的艰苦创业精神，或者参与"三线建设"者口述史搜集整理等社会实践活动，将"三线精神"中的无私奉献和团结协作精神融入实际行动。这种实践体验不仅能够增强学生对"三线精神"的感性认识，还能够培养他们的社会责任感和使命感。

总之，构建多维度教学模式，通过课堂教学、网络学习和实践体验的有机结合，不仅丰富了党史课程的形式和内容，还能够帮助学生更全面、更深入地理解和践行"三线精神"，提升党史课程的实效性和针对性。

（三）挖掘典型案例

挖掘典型案例是将"三线精神"与现实紧密结合的有效方法。通过典型案例分析，学生可以从具体的历史事件和人物中更加深刻地理解和感悟"三线精神"，能够通过真实、生动的事例，使"三线精神"的教育更具说服力和感染力。党史课程应当选取"三线建设"过程中具有代表性的历史事件或人物作为典型案例。例如，可以讲述某个"三线建设"项目的全过程，展示建设者们如何在资源匮乏、条件艰苦的情况下完成国家任务；还可以介绍"三线建设"中那些为国家和民族舍生忘死、无私奉献的英雄人物，如成昆铁路建设过程中不畏艰险的技术人员和工人，以及那些在恶劣条件下坚守岗位的干部，他们的故事不仅生动展现了"三线精神"的内涵，也为新时代青年树立了学习的榜样。这种案例分析不仅能够展示"三线精神"的伟大，也能通过真实的情感和细节，帮助大学生理解如何在困境中发挥艰苦创业、勇于创新的精神。

在深化党史课程的进程中，还应高度融合现实世界中具有代表性的典型案例，深入剖析并探讨"三线精神"这一宝贵精神财富在当代社会的实际运用与传承。通过对比分析历史与现实中的相似之处，学生可以更清晰地看到"三线精神"跨越时空的普适意义及其在新时代的独特价值，更为直观地认识到其历久弥新的精神内核。具体而言，聚焦于我国当前实施的西部大开发战略、脱贫攻坚战等国家级重大工程，不难发现，"三线精神"作为一种坚忍不拔、勇于开拓、无私奉献的精神象征，依旧在这些宏伟蓝图中熠熠生辉，发挥着不可替代的引领作用。高校党史课程可以紧密围绕这些生动实践，精选典型事例，深入剖析"三线精神"如何在这些现实场景中得以体现，又如何成为新时代青年的精神灯塔，指引他们克服重重困难，为党和国家的繁荣发展贡献智慧与力量。

通过挖掘典型案例，党史课程可以更好地将理论与实践结合，使"三线精神"不再只是历史的符号,而成为高校学子在实际学习生活中可以借鉴和发扬的精神财富。这种结合历史与现实的教育方式,能够增强学生对"三线精神"的理解和认同,并促使他们在新时代背景下,将"三线精神"内化为行动指南,从而提升党史课程的实效性。

(四)多样化考核机制

多样化的考核机制能够全面、科学地评估学生的学习成效和实践能力,进而推动学生更深入地理解和内化"三线精神"的核心价值。

首先,多样化考核方式能够有效克服传统考核模式的局限性。传统的党史课程考核往往侧重于笔试或论文形式,虽能在一定程度上评估学生对理论知识的掌握情况,但它往往过于依赖学生的记忆和书面表达能力,难以全面反映学生对思想政治内容的深层次理解和情感认同。这种单一的考核方式容易使学生将学习党史课程视为一种应付性的任务,而非真正的思想教育。因此,有必要引入多样化的考核形式,如实践报告、项目展示、口头答辩、小组讨论等,这些方式不仅拓展了评价维度,还能直观展现学生在实践活动中对"三线精神"的实践应用与情感体验,使考核更加贴近实际、贴近生活、贴近学生。

其次,多样化考核方式能够增强学生的学习动力和参与感。它鼓励学生从被动接受转为主动探索,通过参与实践活动、小组讨论等,将"三线精神"的精髓内化为自身行动指南。例如,实践报告和项目展示可以促使学生在参与社会实践时,主动运用"三线精神"中的艰苦创业和无私奉献精神,并将这些体验转化为书面或口头报告。这种考核形式不仅鼓励学生深入思考和总结,还可以激发他们的创造力与责任感,增强学习的内在驱动力。

再后,多样化考核方式还能够促进学生的全面发展。通过设置如小组讨论和口头答辩等考核形式,学生不仅能够展示他们对党史课程内容的理解，还能够在交流碰撞中锻炼他们的语言表达能力、团队协作能力和批判性思维。这种全方位的能力培养，促使学生从知识接受者转变为知识的创造者与应用者，实现了从理论到实践的跨越。同时，多样化考核方式还可以发现和培养学生的不同特长，促进了学生多元化发展，从而提升党史课程的整体质量。

总之，多样化考核方式以其全面性、科学性与创新性，不仅提高了党史课程的实效性与吸引力，还能够激发学生的学习热情与获得感。这种考核模式有助于学生更深入地理解和践行"三线精神"，推动党史课程从单向灌输转向互动参与，为学生的思想政治教育提供更加丰富的体验和收获。

通过系统融入"三线精神"，高校党史课程不仅能够在内容和形式上有所优化，还能够提升教育的实效性和学生的参与感。"三线精神"所蕴含的艰苦创业、无私奉献、团结协作和勇于创新的精神品质，与新时代高校思想政治教育的目标高度契合。创新教学模式、挖掘典型案例、多样化考核机制等策略，为"三线精神"在党史课程中的具体落实提供了可行路径。未来，随着这些策略的深入实施，高校党史课程将更加丰富和生动，"三线精神"也将更加深刻地内化为学生的思想信念和实践行动，推动党史课程在新时代背景下取得更大成效，为培养理想信念坚定、具备高度社会责任感的新时代青年提供坚实保障。

以老一辈川籍无产阶级革命家精神风范贯穿党史教育全过程*

张俊峰　何先成①

摘　要：在中国革命、建设和改革的过程中，四川人民始终积极参加、献身于国家的各项事业，在血与火的洗礼中涌现出了一大批典型的无产阶级革命家。他们坚定信仰、爱国为民、孝亲俭朴、开拓创新、廉洁奋斗的精神风范在新时代仍然具有突出的时代价值和育人价值。将老一辈川籍无产阶级革命家精神风范贯穿党史课程准备、实践教学以及考察考核全过程，有利于广大党史课程学习者充分学习领悟老一辈川籍无产阶级革命家对共产主义坚持不懈追求的信念、情感、意志与行动，激发新时代的党史学习者赓续精神风范、传承红色基因，增强新时代现代化建设中战胜各种困难险阻的精神动力，不断推动党的事业继续奋力前行。

---

* 【基金项目】国家社会科学基金 2024 年西部项目"川陕苏区基层红军历史资料搜集、整理与研究"（项目编号：24XDJ005）；教育部人文社会科学研究专项任务项目（高校辅导员研究）"新时代高校学生家国情怀培育研究"（项目编号：20JDSZ3148）；四川革命老区发展研究中心项目"川陕苏区的红军后勤保障研究"（项目编号：SLQ2022SB-11）；四川省高校人文社会科学重点研究基地农村社区治理研究中心项目（项目编号：SQZL2018C05）。

① 【作者简介】张俊峰，四川文理学院文学与传播学院助理研究员，在读博士，主要从事思想政治教育研究；何先成，四川文理学院马克思主义学院研究员，硕士生导师，历史学博士，主要从事中共党史研究。

以老一辈川籍无产阶级革命家精神风范贯穿党史教育全过程

关键词：川籍无产阶级革命家；精神风范；党史；教学

川籍无产阶级革命家精神风范是指以朱德、邓小平为代表的川籍无产阶级革命家群体在中国革命、建设等过程中凝练出的精神状态和内在品质所展现出来的风采和魅力。它集中体现了川籍无产阶级革命家群体对共产主义思想、信仰、价值观和精神的追求，是中国共产党建党精神、苏区精神、长征精神等的重要组成部分，是重要的红色文化资源。

红色文化作为一种精神力量，赓续着共产党人特有的信仰与对国家、民族、家庭的优良传统，时刻滋养、激励着一代又一代的共产党人不忘初心、担当使命。川籍无产阶级革命家精神风范是中国共产党人红色文化、红色基因的重要组成部分，它的形成根本上是川籍无产阶级革命家群体背后蕴藏的地域文化和马克思主义革命文化融合的产物，它不仅有着全体优秀共产党人红色文化的共同点，还蕴含着四川特色地域性的优秀文化基因。因此，将老一辈川籍无产阶级革命家精神风范贯穿党史课程教育全过程，对四川党员干部作风建设、精神文明建设、社会主义核心价值观教育等都有极大的益处，有利于"以文化人""以德润心"，涵养党史学习者深厚的红色文化积淀。

一、川籍无产阶级革命家群体精神风范的深刻内涵

在中国革命、建设和改革的过程，四川人民始终积极参加、献身于国家的各项事业，在血与火的洗礼中涌现出了一大批典型的无产阶级革命家代表。例如，1932年12月，红四方面军来到川东建立了川陕苏区。四川人民积极参加党和红军的革命事业，先后有10多万人参军革命，在与敌人的殊死搏斗中，无数先烈献出了宝贵的生命。1935年，红四方面军离开川陕苏区长征后，国民党军队及还乡团疯狂报复达州的红军家属，面对敌人的凶残屠杀，红军家属坚定信念，誓不低头。"据统计，这一时期达

以文化人　守正创新
——新时代党史课程教学改革探索

州共有 5 万 8 千余人被杀害，有数千家庭被赶尽杀绝。据当时幸存的许多老人回忆，其时白色恐怖之状，惨不忍睹。解放后被定为烈属的就 14039 户，红属 52764 户。"① 正是这些坚贞的革命先辈及其家属的巨大牺牲，才换来了党和红军的不断成长和发展，最终取得了革命的胜利。新中国成立后，曾在川陕苏区领导达州人民浴血奋战的徐向前元帅高度评价群众对革命做出的贡献："那里的人民群众，为了中国革命的胜利，前仆后继，艰苦奋斗，英勇牺牲，贡献了他们所能贡献的一切力量。红四方面军的生存、发展、壮大，与川陕根据地的人民大力支援是分不开的。成千上万川陕人民的英雄儿女，在创建和保卫根据地的斗争中，献出了宝贵的生命。"② 根据地的群众在战事中承受的牺牲、苦难、压力，事实上早已远远超过了他们所能承受的限度。牺牲的革命先辈青山埋忠骨，活着的共产党人擦干身上的血迹，牢记战友的誓言继续前进。截止到新时代的今天，为党和人民的事业奋斗的川籍无产阶级革命家的数量是无法统计的，我们仅以他们中的典型代表为例，研究他们身上凝聚、传承的红色家风。川籍的无产阶级革命家典型代表，政治方面如邓小平、杨尚昆等，军事方面有朱德、刘伯承、陈毅、聂荣臻、罗瑞卿、傅钟、张爱萍、王维舟、陈伯钧、向守志、魏传统、李中权、王定烈等，文化教育方面有吴玉章、郭沫若等，工人运动领袖有赵世炎等，还有杨闇公、王右木、穆青、罗世文、刘伯坚、李家俊、唐在刚、徐彦刚等众多有名乃至没有留下姓名的老一辈革命家。他们纷纷在修身齐家实践中展现出浓厚的中国共产党人的优良传统和高尚品质。

坚定信仰是根本。共产党人是以马克思主义为信仰的革命者。在马克思主义真理的引领下，共产党人发现了人类社会的发展规律。然后他们以

---

① 蒋吉平、李彩云、郑丽天：《革命老区达州对中国革命的贡献》，《四川文理学院学报》，2011 年第 1 期。

② 徐向前：《历史的回顾》，人民出版社 2016 年版，第 237 页。

共产主义和社会主义为目标,带领亿万劳苦大众,先后与国民党反动派和日本帝国主义开展了一次次殊死的搏斗,终于在1949年建立起了独立的新中国。中国人民从此站立起来了,"家"不再倾覆,民族不再受蹂躏。可以说,是马克思主义的真理和无数为新中国建立和共产主义理想献身的革命者的鲜血铸就了我们新的"万里长城"。而新中国的建立和不断崛起也力证了马克思主义真理的正确性和中国共产党人的伟大性。因此,无论从实践上还是从情感和心理上,共产党人对马克思主义信仰是极其坚定的。可以说,对马克思主义的坚定信仰是所有无产阶级革命家的根本特征。他们对马克思主义的坚定信仰不仅体现在工作实践中,也体现在他们家庭生活和对子女的教育中。如达州籍开国将军李中权和万成章。1932年,李中权参加红军。川陕苏区时期,他全家共9人全部参加了革命。大哥李中泮是乡苏维埃主席,五妹李中珍是妇女主席,他的父母、二哥李中池和四弟李中柏等都在为红军运粮、参与革命。长征期间,"父亲跳崖掩护红军,长兄被'左倾'路线杀害","母亲用'三寸金莲''丈量'雪山草地,最终死在长征路上","二哥、大妹、妹夫血洒长征路"[①]。李中权将军一家九口人参加长征,最后只有兄妹4人会师。他们一家对共产主义的信仰何其坚定!何其悲壮!万成章将军,四川宣汉人,1933年参加红军。多年以后,记者采访他的女儿万玉兰,万玉兰说:"他们姊妹6个全都被父母送去部队培养,不仅如此,还全都入了党。父母对我们子女的学习没有强硬要求,但对我们的党性教育却是一贯的,从小我们就受二老的言传身教,爱党、爱国、爱人民的思想深深烙刻在我们心里。"[②]

爱国为民为前提。为人民服务是共产党人一贯的宗旨。革命时期,党

---

① 廖成志:《满门革命赤子 辉煌永留青史——李中权将军一家九口的长征之路》,《中国老区建设》,2012年第7期。

② 万玉兰:《对待子女也是一副铁面 勤俭忠诚镌成将军红色家风》,https://www.sohu.com/a/324247768_100300848,搜狐网。

以文化人 守正创新
——新时代党史课程教学改革探索

就一直教育党员和军队是为人民、为国家而战,新中国成立后我们建立了人民政府、人民军队及各类人民机关和团体,其宗旨只有一个,那就是为人民服务。我们的无产阶级革命家忠实践行了这个宗旨。例如,四川无产阶级革命家杰出代表邓小平同志为国为民奉献了一生,年迈之余,还时常叮嘱孙辈要主动承担起建设国家的责任,学好本领,继续为国家为民族服务。1993年1月3日,邓小平在杭州给孙子们口述了一封信:"对中国的责任,我已经交卷了,就看你们的了……你们要学点本事给国家作贡献!大本事没有,小本事、中本事总要靠自己去锻炼。"① 张爱萍将军1929年奔赴上海参加革命,此后南征北战,九死一生,为建设强军事业,50几年间竟没有回过一次老家,只在1987年到四川视察工作时顺道回了一次老家。向守志、王定烈也是如此。南京军区前司令员向守志在退休前后,不是享受安逸,而是发挥余热,热心参与公益事业。"南京市慈善总会初创之际,老将军慷慨解囊,从自己多年的积蓄中取出了1000元,给慈善会作创始基金。1999年夏秋之季,我国长江、珠江、黑龙江流域洪水成灾,老将军心急如焚,寝食不安,带头响应慈善总会号召,捐钱捐物;当四川宣汉老家兴建铁路、拓宽公路、建水电站和水库资金短缺时,向老多次捐款支持,使家乡干群深受鼓舞。……据我们所知,近三年来,向老主动为社会公益事业捐款捐物多达5万元"②。"草鞋将军"王定烈也是时刻想着怎样才能为百姓服务,为群众办实事。"只要是有益于老区发展的各种活动,他都身体力行,积极支持参与。他总是说:'我是老区农民的儿子,是喝着老区的水长大的,为老区人民做些工作是我最欣慰的。'王定烈的肺腑之言充满了对老区的深情。几年时间,他先后在湖北、江苏、河南、河北、山东、四川等地农村调研考察,为革命老区的发展不断地奔走

---

① 方华:《邓小平的家风》,《中国档案》,2018年第8期。
② 鲁军:《热心慈善的老将军——访南京慈善总会顾问向守志将军》,《改革与开放》,2001年第11期。

办实事,为社会主义新农村建设发展献计献策。"①

孝亲俭朴是基础。孝亲俭朴既是中华民族的优秀传统美德,也是中国共产党的优良传统。从大巴山走出的不少川籍无产阶级革命家也是孝亲俭朴作风的实践者,不少将军不仅自己践行这一理念,而且也把这种优良作风传承给子女们。朱德始终保持艰苦朴素的作风:战争年代,他是普通一兵,是忠厚随和的伙夫头,是朴素浑如田舍翁的老农民;和平时期,他虽然身居高位,但依然克勤克俭,保持着劳动人民的本色。同样,朱德也把这一良好的作风传承了下来:他一直要求孩子们艰苦朴素,勤俭节约,他严格控制家庭日常开销,每月的伙食费、水电费、书报费、衣物费、杂支等项目非常细致清楚,孩子们就连添置必要的衣服和用具都要征得同意,并一一记账,朱德还要亲自检查这些开支。在他的要求下,孩子们的生活也极其简朴,衣服总是大孩子穿了后再留给小的穿,破了缝缝补补继续穿,鞋子通常是从军队后勤部门买来的战士上缴的旧鞋。他常说:"你们是劳动人民的子弟,不热爱劳动,不艰苦奋斗,怎么能够为人民服务呢?"1963 年 12 月 26 日,朱德还给儿子儿媳题词:"勤俭建国,勤俭持家,勤俭办一切事业。"② 万成章将军的女儿在描述他们家族俭朴、低调的作风时曾说:"60 年代经济困难的时候,母亲因营养不良,浑身浮肿,却依然没有利用父亲的职权谋求便利。而对那些需要帮助的人,哪怕是不认识的乞讨者也总是尽其所能。在她病故后,我们整理她的遗物时,还发现了一些未署名的捐款单。母亲生活很简朴,从不讲究吃穿,身上穿的衣物大都是自己缝制,很少添置新衣,一个头巾就戴了几十年。她对我们子女要求非常严格,从不允许孩子讲排场、搞特殊,凡事要靠自己的努力,认认真真地做人做事,要对得起党、对得起国家、对得起人民、对得起父母、对

---

① 余玮:《老红军王定烈:九死一生的草鞋将军》,《党史纵览》,2016 年第 2 期。
② 左智勇:《朱德同志的家风》,http://dangshi.people.com.cn/n1/2018/0827/c85037-30252216.html,人民网。

以文化人　守正创新
——新时代党史课程教学改革探索

得起自己。母亲的一生深深地影响了我们,她和父亲的言行成为我们的座右铭,是我们终生的楷模。"① 万玉兰(万玉兰退休前是青岛市邮电局计划财务处副处长、高级会计师)本人也是紧守父母的教诲,她和丈夫唐兆恩(唐兆恩退休前是青岛市公交公司党委书记、总工程师)退休后住在"龙潭路上一间小小的、老旧的民房"中,"远不是人们想象中一个军级干部子女该有的'待遇'。"她的家中"一台老式的手摇缝纫机占去了卧室十分之一的面积",但"却是万玉兰平日离不开的帮手,不仅自己的衣服缝缝补补,就连社区文艺队的演出服装,很多也是万玉兰手制的"②。她们简朴的生活与她们家的背景形成了强烈的反差,使很多人难以相信,而这正从侧面反映了川籍无产阶级革命家对孝亲俭朴作风的恭守。

开拓创新为特色。四川省位于中国西南腹地,北连陕西、甘肃、青海,南接云南、贵州,东邻重庆,西衔西藏,是承接华南、华中,连接西南、西北,沟通中亚、南亚、东南亚的重要交汇点和交通走廊。虽然四川深处内陆,但在历史上,四川的先民们很早就积极开始了对外交流与贸易的活动。最迟于公元前4世纪形成,起点在四川,延续2000多年的"南方丝绸之路"就是最有力的证明。近代以来,在民族存亡之际,以邓小平、朱德为代表的四川青年,继承先辈开拓创新的精神,积极走出四川,探索救国救民的道路,体现出一种鲜明的"开拓创新"的精神风范。这一风范最为典型的代表就是邓小平。邓小平被誉为"中国社会主义改革开放和现代化建设的总设计师,中国特色社会主义道路的开创者"。"文化大革命"结束后,在邓小平同志的指导下,我党果断停止使用"以阶级斗争为纲"的错误提法,作出把党和国家工作中心转移到经济建设上来、实行改

---

① 万玉兰、潘旭:《对待子女也是一幅铁面　勤俭忠诚镌成将军红色家风》,https://www.sohu.com/a/324247768_100300848,搜狐网。
② 万玉兰、潘旭:《对待子女也是一幅铁面　勤俭忠诚镌成将军红色家风》,https://www.sohu.com/a/324247768_100300848,搜狐网。

革开放的历史性决策，实现了党的历史上具有深远意义的伟大转折。此后，他又提出"建设小康社会""走出一条中国式的现代化道路"的设想，指导我们党制定现代化建设"三步走"发展战略，领导我们党及时果断地开展各方面体制改革，勇敢打开对外开放的大门，才有了我们改革开放的伟大实践。今天，我们党继续坚持邓小平同志确立的改革开放理念，积极推进各方面的改革创新，奋力实现中国式现代化。

廉洁奋斗为本色。廉洁奋斗是共产党人的又一个优良作风。革命战争时期，广大的无产阶级革命者廉洁工作，勇于奋斗，赢得了人民的衷心支持。新中国成立后，无产阶级革命者纷纷走上了领导岗位，生活水平也比以前有了很大的改善，但是他们却始终秉持共产党员廉洁为公、不懈奋斗的作风。川籍革命家也是如此，他们不仅身体力行，而且言传身教，把这些优良作风传承给子女们。"汝是无产者，勤俭是吾宗"，陈毅除自己廉洁奉公外，也不允许子女们享受任何特殊的照顾。他在担任上海市第一任市长时，就对家人"约法三章"：（1）穿土布衣，大孩子穿了再轮给小的孩子穿；（2）不坐公家的小汽车；（3）办任何事都要严格按制度来①。1987年张爱萍将军回到家乡视察工作，当地政府安排了将军的亲人一起接待，张爱萍看到这种情况，没有同意，当地政府官员劝说解释，都设法说服他接受这个安排，"在这种情况下，老将军的夫人李又兰同志总是站在首长一边。老将军清正廉明，那天真生气了，让随行的同志都战战兢兢，最终亲戚们也都回家去了"②。后来，在周末他轻车简从，回到老家一一看望了自己的亲友。他的这种廉洁、低调的作风被他的子孙继承。另外一位川籍革命家代表魏传统也躬身践行廉洁奋斗的优良作风。魏传统，达州通川区人，1925年参加革命，后任解放军艺术学院院长，是军中有名的儒将。

---

① 李虹：《陈毅家风纪事》，《红岩春秋》，2014年第6期。
② 邓德江：《张爱萍将军其人其事》，《秘书工作》，2013年第7期。

因魏传统书法有名，很多人求他写字，凡是正当的、为人民有利的要求，他都欣然提笔，并分文不收。而不当的要求，虽是亲人，也会断然拒绝。"魏传统做人有严格的原则性，题字亦如此，不该题的内容坚决不题。一次，有一位四川老乡找上门来，要魏传统给他在北京某处开办的餐馆题写'正宗川菜'几个字，以此招揽更多的顾客。"魏传统坦然一笑，谢绝道："老乡，对不起，这几个字我不能随便写，我要向顾客负责。谁知道你那是不是'正宗'。"① 此外，他还时时教导家人保持廉洁奋斗的作风。"现在日子好过了，谁不想把家里搞得现代化一些，但魏老却有自己的看法。党强调为政廉洁，最危险的是风气腐败。在廉洁问题上党有过优良的传统，其中重要的一条就是党多年提倡的艰苦奋斗的精神。因此他常向孩子们提起'新三年、旧三年、缝缝补补又三年'的老话。"②

二、川籍无产阶级革命家群体精神风范的突出特点和时代价值

（一）无产阶级革命家精神风范的突出特点

无产阶级革命家的精神风范核心在"红"。这个"红"的本质在于马克思主义的真理基因。精神风范形式上是革命家个人精神面貌的表现，实质是上中国共产党人的价值观在革命家身上的反映与凝聚。由于无产阶级革命家群体是从群众中走出来的，与广大群众有着密切的联系。"其所蕴含的精神品质、道德规范、行为方式和理想目标，是育人的鲜活教材"③。总的来说，无产阶级革命家的精神风范具有三个鲜明的特点：一是先进

---

① 吴化金：《留得墨迹在人间——追记将军书法家魏传统》，《四川党史》，1998年第1期。
② 冀惠彦、戴普忠：《攻关当奋勇　诗书励后人——访老红军魏传统》，《思想政治工作研究》，1988年第11期。
③ 吴世丽：《红色家风的核心要义、时代价值与传承路径》，《湖北师范大学学报》，2019年第1期。

性。中国共产党始终代表着先进生产力的发展要求,代表着先进文化的前进方向,代表着最广大人民的根本利益。他们带领人民群众建立起了独立的中国,通过改革开放实现了从立起来、富起来到强起来的伟大飞跃。他们舍"小家"为"大家"的革命奉献风范深深地感染着广大群众。二是示范性。无产阶级革命家群体往往对自己及其家庭成员严格要求,整体上体现出健康的生活情趣和高尚的道德风范,是中国先进家庭道德的方向。再加上中国社会一直以来向上看齐的心理倾向,所以一直是广大群众学习的榜样。三是互融性。在中国社会,既有共产党人的优良作风、家风,也有工人阶层、商人阶层、农民阶层、知识分子阶层等群体作风与家风。它们都是中国精神文明的重要组成部分,既有中国社会共有的文明特性,又有各自独有的特性,但它们之间是彼此互动交融的,在互动交融中丰富、发展着中国社会共有的文明特征。因此,基于无产阶级革命家精神风范的三个突出特点,在新时代的中国,学习无产阶级革命家精神风范具有重大的时代价值。

(二)川籍无产阶级革命家群体精神风范的时代价值

1. 有利于为当代党员干部作风、家风建设提供参照与标杆

由于中国共产党是执政党,有相当部分的党员是国家干部。作风、家风连着政风,一个党员干部的作风、家风对其为政的作为有极大的影响。十八大以来,身陷囹圄的各级党员干部中往往就有作风、家风败坏的因素。因此,习近平总书记在十八届中央纪委六次全会上的讲话中要求:"每一位领导干部都要把家风建设摆在重要位置,廉洁修身、廉洁齐家,在管好自己的同时,严格要求配偶、子女和身边工作人员。"① 由于家风主要是家庭的道德规范,属于私德领域,目前我们党还没有对此方面的硬

---

① 习近平:《习近平谈治国理政》(第2卷),外文出版社2017年版,第165页。

性规范。所以，无产阶级革命家群体的作风、家风建设就具有重要的示范和参考价值。随着时代的发展，无产阶级革命家群体的坚定信仰、爱国为民、孝亲俭朴、开拓创新、廉洁奋斗为内涵的精神风范不仅不会过时，而且还会进一步丰富和发展。这些都可以为当代的广大党员干部处理家庭问题，涵养优良作风、家风提供有益借鉴。

2. 有利于培育和弘扬社会主义核心价值观

社会主义核心价值观是新时代我国意识形态建设和精神文明建设的核心目标，事关党和国家和平稳定的大计。但是我们培育和弘扬社会主义核心价值观的过程中，存在感染力不强、互动性不足、生活化不够等困难，而无产阶级革命家群体的精神风范可以在这些困惑方面发挥其独特的作用。无产阶级革命家群体的精神风范是无产阶级革命家群体的信仰与家国情怀在工作、家庭中的体现，这与社会主义核心价值观的思想内涵具有内在的耦合性。同时，因为该精神风范是革命家群体在长时间的工作和家庭生活中形成的道德规范，它的丰富性、生活化的特点可以有效地克服社会主义核心价值观通俗教育中存在的感染力、生活化不强等缺点。因此，无产阶级革命家群体的精神风范具有极大的社会主义核心价值观隐性教育价值，可以成为社会主义核心价值观有效教育的重要载体。

3. 有利于推动当代家庭道德教育，建设和谐家庭

"家是最小国，国是最大家"，家庭犹如社会和国家的"细胞"。自古以来，我国一直都十分重视家庭的道德教育。从个体的层面讲，家庭道德教育具有促进个体社会化的功能；从道德本身的层面讲，家庭道德教育具有维系、推动道德文化发展的作用；从社会、国家的层面讲，家庭道德教育具有维护社会稳定和谐、促进社会发展的作用。但是，随着社会的变迁，同传统社会相比，我国当代家庭的结构与作用发生了很大变化。一段

时间内，我们对家庭道德教育并未给予足够的重视，导致出现了许多家庭道德问题。无产阶级革命家群体精神风范中包含的优良红色家风不仅可以作为党员领导干部家风建设的典范，也可以推广到全社会中去，作为社会主义家庭道德建设的生动榜样。广大家庭可以从红色家风中参考借鉴，学习加强家庭成员道德的理念与方法，不断推动自身家庭道德教育的积淀与发展。

4. 有利于增强学生思想政治教育的实效性

思想政治教育是我国的一个特色。长期以来，我们的各级思想政治教育实效性都是比较强的。但是随着全球化、市场经济、信息化的深入发展，西方拜金主义、个人主义、享乐主义、历史虚无主义等思潮传入我国，一定程度上侵蚀着我们思政教育的成效。如何应对这些挑战成为我们研究的重点。从思想政治教育学科来讲，思想政治教育的实施需要教育主体、教育客体、教育载体、教育环体等因素的整合。习近平总书记在全国高校思想政治工作会议上提出，要把思想政治教育贯穿教育教学全过程，三全育人（全员、全过程、全方位）。因此，无产阶级革命家群体的精神风范可以成为高校思想政治教育的内容与载体。四川不少地区是革命老区，这些地区历史文化的特色之一就是红色文化。不少区县都有丰富的红色文化遗迹、纪念馆和文献。用四川地域性强的红色人物精神风范、家风来涵养大学生，就会让学生思考：这么多英雄人物、榜样就在我身边，他们以前是如何建功立业的呢？他们是如何看待人生信仰、人生困惑的呢？充分发挥无产阶级革命家群体精神风范润物细无声的作用，能从情感上、心理上增强学生对爱党爱国的认同。

三、川籍无产阶级革命家精神风范贯穿党史课程教学全过程的路径

（一）贯穿党史课程的教学准备

党史课程教学是一项严肃的教育教学活动。要将老一辈川籍无产阶级革命家精神风范有效贯穿党史课程教育教学，必须首先做好老一辈川籍无产阶级革命家精神风范融入党史课程的各项教学准备。首先是统一思想，为后续各项教学准备奠定思想基础。党史课程教学负责人要组织相关领导、主讲教师、教学管理人员等开展专题研讨会，充分讨论老一辈川籍无产阶级革命家精神风范融入党史课程的必要性及其主要内容等，引导大家充分认识到老一辈川籍无产阶级革命家精神风范融入党史课程教育教学对丰富党史课程内容以及充实学习者的精神道德的价值。其次是认真编写。教学大纲、教案等的编写是教学活动顺利开展的前提条件。党史课程教研负责人要组织优秀教师开展老一辈川籍无产阶级革命家精神风范融入党史课程教学大纲、教案、讲义、教材等的编写工作。编写过程中，要结合四川党史、四川老一辈川籍无产阶级革命家人物及其旧居等的实际情况，并与四川党史专家、相关地方党史学者进行学习与讨论，编写出充分体现四川老一辈川籍无产阶级革命家精神风范和符合党史学习者学习需要的教案、教材，确定讲课节数、讲课内容、考核评价等教学环节，组织相关专家充分论证并由教学管理部门研究通过后方可实施。最后是开展集体备课。集体备课是做好课程教学前的关键一步。在集体备课中，各位党史主讲教师围绕老一辈川籍无产阶级革命家精神风范教案等开展讲授内容、方法等的具体研讨，明确讲授的重点、难点、案例以及方法，为顺利开展课堂教学做好充分的准备。

（二）贯穿党史课程的实践教学

就老一辈川籍无产阶级革命家精神风范贯穿党史课程教学而言，除了传统的课程讲授外，基于四川丰富的红色文化资源，实践教学应该成为老一辈川籍无产阶级革命家精神风范融入党史课程教育教学的重点和特色。四川红色文化资源非常丰富，既有各类遗址遗迹、烈士陵园、纪念堂（馆）等红色遗址 10 810 处、不可移动革命文物 1900 余处，也是长征精神、"两弹一星"精神、抗震救灾精神等第一批纳入中国共产党人精神谱系的 10 余种精神的主要凝结地、孕育地、彰显地。① 四川的将帅文化尤其突出，被誉为"伟人将帅故里"。四川是朱德、邓小平、陈毅、罗瑞卿、张爱萍等老一辈无产阶级革命家的故乡，又是中华人民共和国的将帅之乡。这一片伟人将帅故里的神奇土地孕育了一大批对革命作出巨大贡献的老一辈无产阶级革命家，它也是张思德、黄继光、赵一曼等革命先烈和英雄的故乡。据王定烈、温贤美主编的《巴蜀将帅传》统计，在 1955—1956 年间被授予中华人民共和国元帅，中国人民解放军大将、上将、中将、少将的四川籍人物，共有 99 位。其中，元帅 4 位（朱德、刘伯承、陈毅、聂荣臻），占十大元帅的 40%。② 因此，在老一辈川籍无产阶级革命家精神风范贯穿党史课程实践教学中，教学管理部门要与地方政府部门充分合作，在四川将帅旧居等地建立育人基地、教学点和实践教育基地，一方面联合旧居管理、教学人员根据授课要求在学员学习过程中做好将帅革命风范的充分讲解，另一方面要根据学习规律和学员需求，充分利用新理念、新技术，开发特色实践体验课程、AR 课程等，增强学员现场学习

---

① 荣凌：《用好用活红色文化资源 积极助推文化强省建设》，https://www.scdjw.com.cn/article/135872，四川党建网。

② 孙和平等：《四川红色文化资源开发与利用研究》，四川大学出版社 2010 年版，第 64 页。

的感染力，引导学员在现场体验中充分体悟老一辈川籍无产阶级革命家在生活、战斗中的精神面貌和情感意志。这里可以借鉴学习井冈山红色文化教育中的"重走朱毛红军挑粮小道一课"。在"重走挑粮小道一课"中，广大学员穿上红军军服，背上扁担和干粮，踏上3.1公里崎岖不平的羊肠小道。过程中，组织者一边讲"朱德扁担"的故事，一边唱红歌鼓舞大家。学员走完之后，既汗流满面气喘吁吁又斗志昂扬感受良多，充分体悟到毛泽东、朱德等老一辈革命家斗争的不易。

（三）贯穿党史课程的考核考试

考核考试是检验教师教学与学生学习成效的重要参考。老一辈川籍无产阶级革命家精神风范贯穿党史课程的成果如何，也需要在考核考试中进行检验。针对不同的学习对象，老一辈川籍无产阶级革命家精神风范贯穿党史课程的考试也可以多样化。例如：若党史学习者是在校大学生，可以让学生围绕对老一辈川籍无产阶级革命家精神风范的理解与传承进行试卷考试；若党史学习者是在岗参加短期培训的党员干部，可以让培训学员将老一辈川籍无产阶级革命家精神风范与岗位工作结合，撰写学习感悟或工作建议等。同时，在班级谈论环节，大家可以就培训感悟进行交流。课程管理者和教师要对标课程培养目标和学生的试卷或学习感悟进行科学分析，从学生的学习成果中分析教育教学的优点与不足。针对不足部分，及时采取有效措施进行改进，以不断提升老一辈川籍无产阶级革命家精神风范贯穿党史课程人才培养的实效性。

运用红色校史文化
提升高校思政育人实效的困境与突破*

冯 兵 赵 一 周家盈①

摘 要：红色校史文化是高校思想政治教育的重要资源。红色校史文化不仅以其独特的育人功能助力高校思想政治教育育人实效提升，还在实践层面同高校思想政治教育诸多方面互融共通。当前工作中，红色校史文化中的思政育人元素尚未得到全面发掘，红色校史文化教育机制还未完全建立，校史育人形式仍显单一，诸多困境严重阻碍红色校史文化育人作用的发挥。应当从红色校史文化历史演进中发掘有益经验，结合红色校史文化建设，通过创新教育形式、加强校史课程建设等途径，实现红色校史文化融入高校思想政治教育的常态化，不断通过红色校史文化提升高校思想政治教育育人实效。

关键词：红色校史文化；思想政治教育；育人实效

---

* 【基金项目】国家社会科学基金高校思政课研究专项重点项目"新时代运用革命文化资源提升思政课教学效果路径研究"（项目编号：21VSZ006）。

① 【作者简介】冯兵，四川大学马克思主义学院教授，博士生导师，历史学博士，主要从事中国近现代史基本问题研究；赵一，四川大学马克思主义学院博士研究生，主要从事中国近现代史基本问题研究；周家盈，广州工商学院马克思主义学院助教，马克思主义理论专业硕士，主要从事中国近现代史基本问题研究。

以文化人　守正创新
——新时代党史课程教学改革探索

2020年9月17日，习近平总书记在湖南考察时强调：要把课堂教学和实践教学有机结合起来，充分运用丰富的历史文化资源，紧密联系中国共产党和中国人民的奋斗历程，深刻领悟马克思主义中国化的内在道理，深刻领悟为什么历史和人民选择了中国共产党和社会主义，进一步坚定"四个自信"①。红色校史文化不仅是一所高校发展历程、历史事件、著名人物、大学精神的综合体现，还是高校开展思想政治教育的独特资源和生动教材，其育人价值日益凸显。近年来，学界对于红色校史文化育人价值的研究日益深入，在红色校史文化建设、内涵价值、育人作用、实践路径等方面均有成果，而发掘红色校史文化与思想政治教育相互作用的研究则有待深入。因此，探究红色校史文化同思想政治教育融合的必要性和可行性，深化红色校史文化教育的理论研究，破解红色校史文化融入思想政治教育的实践困境，对贯彻"学史明理、学史增信、学史崇德、学史力行"教育理念，落实高校立德树人根本目标具有实践价值；同时对强化高校文化软实力，乃至持续推进马克思主义中国化具有重要意义。

一、红色校史文化的育人功能

2014年5月，教育部发布《关于开展"礼敬中华优秀传统文化"系列活动的通知》，要求高校充分利用校内博物馆、校史馆、档案馆、纪念馆等育人载体，深入挖掘红色校史文化教育资源，为培育和践行社会主义核心价值观添砖加瓦。红色校史文化蕴含着丰富的思想政治育人元素，无论在物质文化层面还是在精神文化层面，都是丰富的思想政治教育资源，

---

① 《保护好中华民族精神生生不息的根脉——习近平总书记关于加强历史文化遗产保护重要论述综述》，《人民日报》，2022年3月20日，第1版。

具有"存史""资政"和独特的育人功能。

（一）凝聚功能

中国现代高等教育发端于中华民族抵抗外来侵略的爱国运动中。近代以来，无数仁人志士致力于建设新式学堂，力求通过唤醒国人精神、发展科技挽救半殖民地半封建的旧中国。可以说，中国近现代高等教育的发展历程同中华民族争取民族独立的斗争史息息相关。一方面，我国众多高校都有逾百年的历史，不仅是中华民族砥砺前行、艰苦奋斗的见证者，亦为革命斗争培养了一大批爱国志士，成为爱国运动的摇篮。从这个意义上讲，高校校史蕴含的丰富革命文化，是学生了解党史国史的宝贵历史资源。2019年1月17日，习近平在参观南开大学校史馆时强调："爱国主义是中华民族的民族心、民族魂，培养社会主义建设者和接班人，首先要培养学生的爱国情怀。"① 加强校史教育有助于培养学生的爱国情怀，进而增强社会凝聚力。另一方面，高校红色校史亦是无数先辈筚路蓝缕、胼手胝足的艰苦奋斗史。深入挖掘红色校史文化资源，发挥红色校史文化的育人功能，可以使学生充分了解校史校情，学习先辈艰苦创业的奋斗精神，感知学校发展的成就，从而深化对学校的认同感、归属感。发挥红色校史文化的德育作用，可以引导学生将饮水思源、爱国荣校的情绪内化于心、外化于行，强化大学生群体的社会责任意识，主动承担起荣校兴校、建设祖国的责任。

（二）激励功能

高校校史不仅记录了一所大学发展的历史轨迹，更是一代代革命家、

---

① 《稳扎稳打勇于担当敢于创新善作善成　推动京津冀协同发展取得新的更大进展》，《人民日报》，2019年1月19日，第1版。

以文化人　守正创新
——新时代党史课程教学改革探索

科研工作者成长的历史佐证，高校独特的校园人文精神因校史得以传承。每一所百年高校必然经历了新民主主义革命的洗礼，这使得革命文化成为红色校史文化的重要组成部分。以革命先烈为中华之崛起而奋斗的光辉事迹教导学生、以革命英雄主义感染学生，能够帮助其树立精忠报国、甘于奉献的伟大志向。例如，烈士江竹筠生前曾是四川大学农学院植物病虫害系的学生，四川大学充分发掘江竹筠在校期间的校史文献、档案，于江竹筠牺牲70周年之际，将原国立四川大学女生院，江竹筠当年居住的原址辟为江姐纪念馆，并将参观学习江姐纪念馆作为新生入学教育的内容之一。纪念馆不仅展示了江竹筠在校期间积极参与蓬勃发展的后方民主运动，组织群众先后参加了反对国民党反动派镇压市中女学生的"市中事件"、成都大中学校师生针对昆明"一二·一"惨案成立的后援会等学生运动的图文资料，还将江竹筠踊跃参与"文笔学会""女声社""自由读书会"等四川大学进步学术团体的档案、回忆录等内容进行展示。生动的图片、激昂的文字、沉重的档案重现了江竹筠烈士的英勇形象，广大师生在感受学校历史底蕴的同时，直观地接受了爱国主义教育，并在此基础上进一步实现了爱国与荣校情怀的统一。

运用历史事件、校友事迹、名师范例对学生进行思想政治教育，不仅可以使学生体会到学校深厚的人文底蕴，还有助于激发学生向先辈看齐的意识，坚定追求真理、顽强拼搏的精神意志。四川大学在面向学生开展校史教育时，以知名校友陈志潜为范例，讲述其在抗日战争期间积极组织领导战伤救护，排除万难在四川省建立市县公共卫生机构80余处，为我国卫生事业尤其农村社区保健和公共卫生教育作出卓越贡献[1]的事迹，激励师生以"解民生之多艰"为己任，把永立潮头的进取精神与崇尚学术的治学风范作为精神追求。

---

[1]　党跃武：《四川大学校史读本》，四川大学出版社2021年版，第125页。

（三）导向功能

核心价值观是影响一个民族文明前进方向的重要因素，是推动国家发展壮大的深沉而持久的力量。大学生群体是国家富强、民族复兴的生力军，因此，帮助这一群体形成正确的世界观、人生观、价值观意义重大。2014年5月4日，习近平在北京大学考察时指出："青年的价值取向决定了未来整个社会的价值取向，而青年又处在价值观形成和确立的时期，抓好这一时期的价值观养成十分重要。这就像穿衣服扣扣子一样，如果第一粒扣子扣错了，剩余的扣子都会扣错。人生的扣子从一开始就要扣好。"① 培育和践行社会主义核心价值观是高校办学的价值追求。红色校史文化蕴含丰富的社会主义核心价值观教育资源，对助力青年学生在人生的"拔节孕穗期"树立正确世界观、人生观、价值观具有显著导向作用。我国在建设现代高校过程中，培育出独树一帜的大学文化与思想品格，由此沉淀而来的红色校史文化以典型人物与事迹、学术传统、校园文化等形式将社会主义核心价值观的精神内核体现出来。以红色校史文化为主要内容的教育因其历史性、真实性、独特性、稳定性等特征必然成为极具吸引力和说服力的社会主义核心价值观培育方式。因此，高校充分发挥红色校史文化在培育社会主义核心价值观过程中以文化人的作用，对于大学生群体树立正确的三观，强化对党和国家、对社会主义制度的认同，坚定社会主义理想信念意义深远。

（四）筛选功能

红色校史文化是高校德育工作的精神财富和宝贵资源，其功能之一就是助力筛选出优秀校园文化，营造良好校园文化环境。环境对于人思想品

---

① 《总书记这样和大学生谈心》，《人民日报》，2021年12月1日，第1版。

以文化人　守正创新
——新时代党史课程教学改革探索

格的发展具有一定的塑造作用。高校文化环境不仅直观地反映着一所学校的历史、形象以及文化氛围,更能将这所学校的办学理念、人文气质、校风教风潜移默化地展现出来,在陶冶师生情操的同时,将本校的治学理念内化为师生的精神追求,成为约束其行为、激励其发展的持久内生动力。因此,运用红色校史文化打造优良的校园文化环境对高校引导学生厚植爱国情怀、加强品德修养、增长知识才干等具有特殊意义。

一方面,随着多元文化思潮的冲击与高校社会参与度的提升,校园充斥着形式不同、内容各异的亚文化甚至是反文化。世界观、人生观、价值观尚未完全定型的大学生群体对主流文化和亚文化或反文化的区分能力有限,因此,高校应积极作为,牢牢把握先进文化的前进方向,坚持将红色校史文化作为内生动力,改造、引导亚文化,取缔反文化,推动校园文化环境向好发展。红色校史文化以其独特感召力和凝聚力成为校园主流文化环境的精神资源,《新时代爱国主义教育实施纲要》指出,要"广泛开展文明校园创建,强化校训校歌校史的爱国主义教育功能,组织开展丰富多彩的校园文化活动"①,强调校史在校园文化环境建设中对亚文化、反文化所起到的筛选、规范、引导功能。另一方面,从营造优良校园环境来看,校史是高校实现文化传承的基础,校园文化环境建设离不开红色校史文化资源的支撑。将红色校史文化融入校训校歌、建筑结构、校园景观、校园道路等校园环境,发挥文化环境隐性育人作用,成为高校思想政治教育的重要途径。

二、红色校史文化与高校思想政治教育的内在联系

红色校史文化是学生了解国史校情的宝贵历史资源,其蕴含的革命精神与学术传统对大学生人生观、价值观的形成具有重要影响。2017 年国

---

① 《新时代爱国主义教育实施纲要》,《人民日报》,2019 年 11 月 13 日,第 6 版。

务院印发《关于加强和改进新形势下高校思想政治工作的意见》，明确强调文化育人在高校思想政治教育中的重要意义。以红色校史文化为主要载体的教育不仅生动具体，贴近师生生活，也符合青年学生德育认知规律，与高校思想政治教育在育人对象、理念、内容、功能等方面互融共通。因此，运用红色校史文化提升高校思想政治教育实效具有可行性。

（一）红色校史文化与高校思想政治教育的育人对象相同

习近平总书记在全国高校思想政治工作会议上指出："思想政治工作从根本上说是做人的工作，必须围绕学生、关照学生、服务学生，不断提高学生思想水平、政治觉悟、道德品质、文化素养，让学生成为德才兼备、全面发展的人才。"[①] 狭义上讲，高校思想政治工作的对象主要是青年大学生，大学生不仅是教育活动的依托者，同时也是教育效果的体现者。红色校史文化本身蕴含丰富的德育资源，进行红色校史文化教育时面对的主要对象也是大学生。对象的一致性使红色校史文化和思想政治教育育人过程中可以相互承托、相互补位。例如，思政课是高校进行思想政治教育的主要窗口，思政课作为公共必修课在高校教学中具有覆盖面广、制度化程度高等独特优势，其日趋完善的教学体系为开展红色校史文化教育、发挥红色校史文化育人实效提供教学平台，成为传播红色校史文化的重要渠道。红色校史文化以其真实性、持久性、趣味性等特点成为大学生思想政治教育的重点内容，为大学生培育和践行社会主义核心价值观提供了丰富素材。校史校情不仅记载了一所学校不同时期的发展历程，还是无数校友艰苦创业的缩影，更是对不同历史时期中国社会发展的折射，其内容既生动具体、感人至深，又符合时代要求、贴近学生生活，十分契合大学生德育的认知规律，这使红色校史文化在发挥育人优势的同时，亦推动

---

① 《培养担当民族复兴大任的时代新人》，《人民日报》，2021年12月10日，第1版。

高校思想政治教育内容进一步丰富与完善。

（二）红色校史文化与高校思想政治教育的育人理念相通

高校校史就是"一部师生员工投身祖国建设、艰苦奋斗、百折不挠的创业史；是教职工以校为家、献身教育、孜孜不倦的育人史；是学生胸怀祖国、服务人民、刻苦攻读的报国史；是一代又一代师生员工追求理想、塑造品格、锻铸灵魂、完善人生的精神史"[①]。发挥红色校史文化的育人功能就是用这些"史"以及其中蕴含的高校精神与传统感化、激励广大师生，让他们具有深厚的爱国荣校情怀，民族自尊心、文化自信心，引导其将自己的远大抱负同国家富强、民族复兴的时代大任紧密联系起来。习近平总书记在纪念五四运动100周年大会上指出："对新时代中国青年来说，热爱祖国是立身之本、成才之基。当代中国，爱国主义的本质就是坚持爱国和爱党、爱社会主义高度统一。"[②] 高校要回答好培养什么人、为谁培养人的问题，就必须坚持在思想政治教育中推行以爱国主义教育为重点、大力弘扬和培育民族精神的教育理念。基于此，红色校史文化与思想政治教育在育人理念方面具有一致性。

四川大学百年校史见证了川大学子国难当头之时积极与反革命分子作斗争的勇气与决心。1948年4月9日，为了抵制国民党当局错误政策导致的恶性通货膨胀，国立四川大学等的一千余名成都高校学生游行请愿，要求省府配给平价米。游行学生"全体在华西集合，整队入城，沿途散传单，贴标语，高呼'我们要饭吃！''我们要平价米！'等口号"[③]，与政府警卫发生激烈冲突，121名学生被捕。"四九血案"发生后，时任川大校

[①] 孙永玉：《校史校情：高校德育的宝贵资源和生动教材》，《中国高教研究》，2006年第1期。

[②] 《总书记这样和大学生谈心》，《人民日报》，2021年12月1日，第1版。

[③] 《成都学生 要求平价米 与省府警卫冲突》，《大公报》（重庆版），1948年4月10日，第2版。

长黄季陆多方斡旋,四川大学教授会推选曾济宽等教授"赴川省府探视并慰问被捕之学生。闻川大重伤学生游训天(女)腿部被刺伤,罗宗章颈部被刺伤,李维品手臂带伤,送入华西大学新医院诊疗中"①。川大学子组织学潮,通过罢课、贴标语等方式要求当局释放被捕学生,并将受伤学生及时送医。至4月17日,此次事件被捕的学生全部得到释放,四川大学、华西协合大学等校学生陆续复课,此轮学潮逐步平息。② 这一案例生动再现了四川大学师生不畏牺牲、顽强抗争的精神,体现了红色校史文化以爱国主义教育为重点的育人理念。提取此类红色校史文化中爱国主义教育的相关素材,将其运用至高校思想政治教育,能够进一步帮助大学生认清自己的历史使命,激励其从青年时期就"立大志",珍惜同祖国与时代一起成长与进步的机会,推动学生将祖国命运与个人命运息息相关、休戚与共的理念内化于心、外化于行。

(三)红色校史文化与高校思想政治教育的育人功能相近

思想政治教育的育人功能内容上具有复合型特征,从人文素质培养角度看,其功能至少包含个体道德修养的提升、科学思想观念的树立、理想人格的完善等方面,并随着社会历史的不断进步而发生相应的改变。③ 从育人层面看,高校思想政治教育包含凝聚功能④、导向功能、保证功能、激励功能、文化功能⑤。红色校史文化作为高校德育的宝贵资源和精神财

---

① 《成都被捕学生一部保释 各校当局召开紧急会议》,《大公报》(重庆版),1948年4月11日,第2版。
② 《成都学潮 已趋平息 被捕学生已释放 各大中学均复课》,《大公报》(上海版),1948年4月18日,第3版。
③ 张慧欣、杜晶波:《思想政治教育学原理新编》,东北大学出版社2016年版,第53页。
④ 万霞、刘树良、梁岚:《新时期高校思想政治教育热点问题研究》,九州出版社2015年版,第68页。
⑤ 张慧欣、杜晶波:《思想政治教育学原理新编》,东北大学出版社2016年版,第53页。

以文化人　守正创新
——新时代党史课程教学改革探索

富,育人层面具备导向作用、筛选作用、激励作用、凝聚作用、示范作用。① 由此,在落实立德树人根本任务过程中,红色校史文化与高校思想政治教育在功能上有诸多相似之处。

以激励功能为例,红色校史文化以革命历史、校友事迹等实现激发青年学生爱国荣校的情感认知。四川大学百年校史中涌现出一大批在各领域颇有影响的人物:建校之初有张之洞、鹿传霖、吴玉章、张澜、张凌高等治校名家,他们百折不挠、艰苦创学,诸多教育思想成为四川大学优秀办学传统的重要组成部分;民主革命时期,既有杨闇公、王右木、恽代英等四川地区早期的马克思主义者,又有朱德、刘伯坚、江竹筠等无产阶级革命家与活动家,他们在争取国家主权与民族独立的斗争中不屈不挠、前仆后继,为新中国的成立奉献了自己的一切;同时,四川大学办学过程中秉持追求科学理想、重视科学研究的学术风气,不仅有叶圣陶、钱穆、萧公权、朱光潜、巴金等人文大家,更有魏时珍、陈文贵、童第周等科技精英在此学习、任教,他们迎难而上,潜心科研,为国家和社会发展矢志不渝的奋斗。红色校史文化运用仁人志士及其事迹,通过树立榜样模范、明确行为规范等方式实现激发大学生群体情感变化与共鸣的目标。虽然高校思想政治教育与红色校史文化是相对独立的两个主体,但二者之间在育人层面上相辅相成、相互依赖。思想政治教育的文化育人过程也是传承和活化红色校史文化的过程。如若没有思想政治教育为红色校史文化提供平台和途径,红色校史文化就只能表现为储存形态的文化,难以发挥其育人功能,更难以被人们掌握与运用。以校史人物、校史故事为资源的思想政治教育以相同的作用机理,进一步达到深化青年学生道德感,帮助其树立正确人生观、价值观的育人实效。

---

① 庄一民、杨秀敏、陈宝色:《发挥高校校史文化育人功能的实践与思考》,《龙岩学院学报》,2015 年第 6 期。

（四）红色校史文化与高校思想政治教育的育人内容相融合

高校思想政治教育以中华民族传统美德教育、理想信念教育、爱国主义教育、道德规范教育等为主要内容，旨在培养德智体美劳全面发展的社会主义建设者和接班人。高校红色校史文化是中国革命、建设、改革的缩影，是中华民族从半殖民地半封建社会中解放自己，逐步实现站起来、富起来、强起来的见证，富含思想政治教育的诸多关键性因素。因此，红色校史文化资源是高校思想政治教育的富矿。高校思想政治教育担负着筑牢党和国家意识形态的重要职责，对于当下高校思想政治教育工作而言，急需有说服力、感染力的教材与案例，以坚定广大青年学生的理想信念，提升其政治判断力与思想鉴别力。高校校史恰是一部层次多样、内容丰富、生动活泼的乡土德育教材①，将红色校史文化纳入教育教学体系，实现红色校史文化与思想政治教育内容的互联互通，对于高校在新时代强化思想引领，拓宽思想政治教育途径，丰富思想政治教育内容具有独特意义。

红色校史文化与思想政治教育之间联系紧密。一方面，红色校史文化是高校发展历程的缩影，记载着党史国情、名人事迹以及折射出的精神文化、办学理念，为高校思想政治教育的开展提供了源源不断的素材与资源。另一方面，我国现代高等教育开展以来，一直将思想政治教育作为育人的重要抓手，因此，高校的思想政治教育发展史本身也是红色校史文化的一部分。新中国成立以来，国立四川大学一直将意识形态教育作为重点工作之一。早在1954年学期之初，四川大学就开始制订全年的学生政治思想工作计划，并提交校务委员会进行讨论。10月下旬学校向全校学生进行了一次贯彻统一教学计划的教育，以适应贯彻统一教学计划的需要，

---

① 李昌祖、郑苏法：《高校校史校情的德育资源及其开发》，《思想教育研究》，2010年第6期。

师生对统一教学计划中所体现出来的国家社会主义建设对自己的具体要求有了进一步的了解,并受到极大的鼓舞。不少学生在讨论中说:"国家是把我们订入计划的了。将来我们毕业时应该是个什么样子,去做什么样的工作,都早就安排好了,如果我们的质量低,不合规格,就要影响国家的计划。"许多学生也因此修订了学习计划,把政治理论和时事政策的学习摆到了更加重要的地位,同时更加注重自身工作能力的培养。① 诸如此类的校史案例本身也是高校思想政治教育史的体现。高校思想政治教育工作的顺利开展离不开校史案例的支撑,红色校史文化也在思想政治教育工作中得以丰富。

三、运用红色校史文化提升高校思想政治教育育人实效的困境

虽然红色校史文化在育人层面的重要性已成为共识,但长期以来将红色校史文化融入高校思想政治教育的理念并未得到重视,因此这一工作仍有较大的探索空间。虽然在档案馆和校史馆努力之下,红色校史文化的收集与整理在有效推进,但并未对其中沉淀的思政育人元素予以系统发掘;传播与内容的单一性致使红色校史文化不仅普及面有限,还消解了其本身的生动性;育人机制建设的不足使红色校史文化教育长期处于碎片化状态。红色校史文化工作面临的诸多困境,阻碍了其思想政治育人功能的发挥。

(一)红色校史文化的育人元素发掘仍需深入

校史作为一所学校创立、发展的真实记录,具有"存史、资政、育人"的作用。然而作为教育史和地方史的重要组成部分,高校校史在实际

---

① 《同学们在党的教育下不断成长 思想和道德面貌起着显著变化》,《人民川大》,1955年2月8日,第1版。

运用中往往只发挥了"存史"作用，面临着"重藏轻用"的境况。根据马克思主义的基本观点，对事物变化发展起决定性作用的是内因。因此，制约红色校史文化更好辅助高校思想政治教育提升育人实效的原因应从红色校史文化本身来找。对校史资源的挖掘、整理不深入，是造成红色校史文化中思想政治教育元素发掘不到位的首要原因。校史资源的全面收集往往存在较大难度，缺乏必要的整理与开发。以四川大学为例。四川大学的历史起源可以上溯至汉代的文翁石室，后经历了漫长而曲折的发展才形成现在的四川大学。多次合并与改革以及校址的变迁，势必导致校史档案的流失，对全面收集、系统整理以及真实还原川大校史造成巨大困难。

当前，部分高校对红色校史文化育人的重要性认识不足。红色校史文化蕴含丰富思想政治教育资源的观点毋庸置疑，且红色校史文化与思想政治教育在育人对象、育人内容、育人理念与育人功能等方面具有相通之处，但目前多数高校对红色校史文化中思政元素发掘的重视程度远远不够，只是展示校史文化的照片、器物、建筑、文字等，或把校史文化作为辅助校园文化建设的手段，并未真正利用好校史文化中的思想政治教育因素，难以实现校史文化的文化与育人价值。此外，学科定位不清晰使得校史研究无法完全纳入学科范畴，不能实现学术"归队"，校史研究的队伍建设乃至整体学术水平的提升受限[1]，进一步加剧了红色校史文化利用的窘境。

（二）红色校史文化的育人形式相对单一

育人形式多样化是更好地推动红色校史文化与思想政治教育融合、发挥育人功能的必要选择。从传播角度看，文化在育人价值实现过程中，需要依赖有效的传播媒介。当下的校史文化主要以校内刊物、校史书籍的形式进行传播，且多为内部出版发行。媒介形式的单一不仅带来出版发行成

---

[1] 章华明：《论高校校史研究的学科定位》，《历史教学问题》，2018年第6期。

本过高、辐射范围有限等问题，也使青年学生多以被动接受的形式接触校史文化，甚少主动予以关注，校史文化的显性教育功能大打折扣。从内容上来看，红色校史文化教育往往显露出明显的政治史倾向，尤其是谈到新民主主义革命时，多围绕中国共产党的革命活动展开，校史的梳理与编辑也因此多注重校史中发生的政治运动、革命先辈、英雄人物、历史沿革等内容。革命史叙事方式具有鲜明的政治性特征，造成对高校科教活动历史的记载与传播的重视不够，从而导致无论是校史书籍抑或校史报刊，其内容具有重复性和趋同性，形式上呈现单一性，缺乏对显性史实中蕴藏的隐性教育资源的发掘，无法满足高校师生教育、成长、科研等多样化需求。同时，校史研究的"正史化"倾向大大挤压了个人校史的生存空间[1]，使得校史编撰存在指向性，校史资料收录不全，导致红色校史文化内容的单一性，无法反映学校发展的全貌。

（三）红色校史文化教育体系亟待完善

将红色校史文化融入高校思想政治教育并提升其育人实效，必须以完善的机制为依托才能实现。有学者认为，校史研究经历几十年发展后总体仍处于"科普"水平[2]。同校史研究一样，当前校史文化教育也显示出相当的"科普"特色，具有间歇性和短期性特征。在高校普及校史文化，可行性最高的是将红色校史文化引入课堂教学，并逐步形成相对稳定的制度，从而保障红色校史文化可持续地发挥思想政治教育功能。然而，目前将校史正式纳入课堂教学的高校并不多[3]，校史教育课程化仍处于探索阶段，课堂主渠道难以发挥有效作用。从实践层面看，高校实施校史文化教

---

[1] 张斌贤、杜光强：《高等学校校史研究的现状、问题与趋势》，《大学教育科学》，2015年第5期。

[2] 章华明：《论高校校史研究的学科定位》，《历史教学问题》，2018年第6期。

[3] 林秋琴、王晶晶、程莉：《利用校史提升大学生思想政治教育有效性探析》，《思想政治课研究》，2014年第1期。

育集中体现为新生入学宣讲、参观校史馆、发放校史书籍或手册、主题团日活动等形式，这类活动容易操作，却过于零散，与常规化的高校思想政治教育脱节，教育缺乏创新性、过程性与连贯性，不符合思想政治教育的育人规律。除此之外，高校各院系间工作重点不尽相同，价值追求多元化的客观状况使得校史教育的推广难以在各院系、各部门间形成合力。一些理科、工科专业为主的院校更是缺乏对校史文化重要性的认识，对推广校史文化教育也多持观望态度，难以形成校史文化教育体系，校史文化对思想政治教育的辅助作用发挥有限。

四、运用红色校史文化提升高校思想政治教育育人实效的路径

要实现以红色校史文化为载体的教育，做到以文化人、以文育人，必须探索出有针对性的措施，才能释放出红色校史文化中蕴藏的思想政治育人能量。不仅要善于从红色校史文化本身提取出有益于当下工作的经验，更要加强对红色校史文化本身的建设，不断发掘其蕴含的思想政治教育因子，使之能够更好地与高校思想政治教育工作相结合。不仅要创新育人形式，加强校园文化环境建设，使红色校史文化渗透在师生的日常生活中，更要注重创建相关课程，为红色校史文化育人走向规范化、制度化提供平台机制保障。

（一）汲取红色校史中的育人经验，加强高校思想政治教育的科学性

校史是学校发展历程的记录，也是学校思想政治教育工作史的真实记录，红色校史文化中蕴含着丰富的思想政治教育工作经验，是运用红色校史文化提升高校思想政治教育育人实效的宝贵资源。因此，高校在推进红色校史文化发挥其育人功能时，首先要注重从校史资料中归纳总结思想政治教育工作的历史经验。1955年，四川大学就已经注重在教学过程中加

以文化人　守正创新
——新时代党史课程教学改革探索

强对学生的思想政治教育。在教学内容中注入思想政治教育的相关内容，培养学生的爱国主义精神与辩证唯物主义世界观，并对资产阶级的世界观予以严肃批判；在讲授数学中的"数学分析""微分几何""变分法"等课程时，教师着重说明数学与生产发展的关系，批判资产阶级学者认为"这些都是概念和符号的游戏，是数学家头脑中凭空想象出来的东西"的观点。课堂上除了知识的灌输，教师还注重向学生说明几何学起源于非洲尼罗河洪水泛滥之后人们辨认土地的需要，三角函数逐渐应用、发展是基于人们测量的需要等内容。① 这种将思想政治教育同具体学科教学相结合的做法同当下课程思政的思路如出一辙。

在课外活动中贯彻思想政治教育是高校落实立德树人根本任务的必要环节。以各种形式将思想政治教育同青年学生的学习生活融为一体是校史经验带来的启发。四川大学就曾以学习小组的形式加强各系学生的时事政治学习，以小组或寝室为单位订立坚持读报、定期漫谈制度，"同学之间彼此的要求都提高了，在平时的接触和学生会组织生活中都能开展批评和自我批评，进步要求很强烈。这些教育的效果可以从同学们的进步上明显的看出来。由于经过教育后对目前形势和任务有一定的了解，因此对党的政治措施，绝大多数同学都能自觉地拥护和贯彻"②。四川联合大学时期，光电科学技术系学生党支部创建了"四川联合大学光电科学技术系学生政治理论书架"，收集了众多马克思主义经典文献，每周定时向全系学生免费开放。"书架"创建、开放以来，学生在积极阅读政治书刊的过程中提升了政治觉悟和政治意识，学政治、讲政治、讲正气的系风有力地推进了勤奋学习、尽力上进的学风建设。③ 作为思想政治理论课之外的育人场

---

① 《在教学过程中加强思想政治教育》，《人民川大》，1955年3月22日，第1版。
② 《同学们在党的教育下不断成长　思想和道德面貌起着显著变化》，《人民川大》，1955年2月8日，第1版。
③ 《光电科学技术系举行"学生政治理论书架"座谈会》，《四川联合大学学报》，1996年6月17日，第3版。

域，与日常生活相结合的思想政治教育在育人过程中也发挥着重要作用。传统的做法不一定是落后的糟粕，在当下的工作中，依旧可以借鉴建立学习小组、创办政治理论书架、举办定期漫谈等活动，推动红色校史文化育人实效的进一步提升。

（二）重视红色校史文化资源发掘，强化高校思想政治教育的渗透性

实现红色校史文化在高校思想政治教育中的重要价值，必须首先开展对红色校史文化广泛而深入的发掘。不仅要建立校史资料收集机制，通过移交、捐赠、购买等方式征集零散的、稀缺的校史资料，还要健全校史资料贮藏制度，加强校史馆建设，不断扩充校史档案。四川大学近年来实施校史资料征集工程，广泛收集学校历史照片、书籍、优秀教师教案和学生笔记等，以多种形式开展珍贵校史资料的扩充与整理。例如，实施"口述历史访谈"工程，以"教案背后的故事""院系调整与四川大学""校长教育思想研究"等为主题，以求实现川大历史的抢救性挖掘和全方位展现，同时，以组织师生对离退休老同志进行采访等方式辅助常规的校史档案编研工作，校史工作取得显著成效。[①]

加强红色校史文化资源的发掘，不仅要关注红色校史文化本身，更要对红色校史文化中蕴含的思想政治教育元素进行提炼，尤其是对精神内涵层面的发掘，以期为思想政治教育工作提供直接可用的素材。高校综合实力的提高不仅表现为教学、科研水平的提升，还需要校园精神文化的助力与加持。校园精神文化是在长期实践中逐步形成的普遍价值认同与共同行为准则，具有强大的精神感召力和行为约束力，对高校师生心理和行为均

---

① 甘露华：《基于专题研究视角探索高校校史档案编研的创新——以四川大学为例》，《档案学研究》，2017年增刊第2期。

有示范与规范作用,由此,充分发掘红色校史文化中的精神内涵实有必要。可以通过探究校训、校歌、知名校友、典型范例进行文化追问,也可以从旧书籍报刊中寻找案例阐发校园精神。例如,四川大学曾经的校刊《人民川大》就记载了川大学子在抗美援朝中积极声援前线,纷纷宣誓或写信表示"愿意以一切甚至生命来支援大家的正义斗争""祖国需要我们的时候,就一定要参军上前线去""投身到保卫祖国的战场上去""把美帝伸展到亚洲的血腥魔手砍断""在必要时决定直接参战"①,充分显示出川大学子与帝国主义抗争到底的决心与勇气。这段校史体现的正是四川大学长久秉持的"艰苦奋斗,献身社会"的革命传统以及永立潮头的进取精神。将这种具有强大感召力的人文精神融入高校思想政治教育工作中,有助于改造师生的思想意识,推动高校思想政治教育工作内涵式发展,有利于良好校风、学风、教风的形成。

(三)创新红色校史文化育人形式,发挥高校思想政治教育功能

思想政治教育只有同青年学生的学习实践或生活实际相结合才能真正发挥德育作用。在学校顶层设计层面,要创新红色校史文化传播形式,不拘泥于修建校史馆、发放校史书籍等常规形式,可以通过建设校史景观发挥红色校史文化的隐性教育功能。四川大学近年来即先后实施并完成了学校老建筑保护工程和校史建筑建设工程、历史文化长廊建设、川大英烈碑建设,实现了红色校史文化与校园环境的融合。要积极利用网络媒体形式,进一步拓宽红色校史文化传播渠道。四川大学开设了"川大记忆"和"校史展览馆"网上专栏,将现有馆藏图片、视频、书籍、课堂笔记、教

---

① 《愤怒美帝扩大侵朝战火 川大同学愿为祖国献出一切》,《人民川大》,1950 年 11 月 21 日,第 4 版。

案和主题展览内容通过网络展现出来,并开发兼具视频展示、自主点播等多种功能为一体的校史展览馆数字服务系统①,进一步实现校史网络化,为广大师生了解、学习红色校史文化提供了多种途径。

在学生日常学习层面,要丰富红色校史文化育人的内容形式。以红色校史文化为主题的思想政治教育活动常以团日活动、参观校史馆的形式出现,不仅形式严肃,于青年学生而言缺乏"亲和力",更需依赖大量的组织工作才能进行。因此,发掘贴合学生生活实际的红色校史文化内容,有助于激发青年学生学习红色校史文化的兴趣与热情。四川大学在爱国主义教育中率先推出了舞台剧《待放——江姐在川大》等红色校史文化教育艺术作品。舞台剧与以往的作品重点体现江竹筠烈士英勇不屈的英雄形象不同,而是在展现江竹筠在川大学习生活的情节上不吝笔墨,刻画出一个平实亲切、乐于助人的女大学生形象,使江姐的形象更加生动饱满,让学生在观看时更易产生情感共鸣,在宣扬英雄主义的同时将川大精神蕴含其中。以青年学生喜闻乐见的内容形式开展红色校史文化教育,更能发挥思想政治教育的育人功能。

(四)推进红色校史文化课程建设,实现高校思想政治教育的普及

习近平强调:"红色资源是我们党艰辛而辉煌奋斗历程的见证,是最宝贵的精神财富。"② 红色校史文化作为校园红色资源的重要内容,必须予以保护和利用。搭建红色校史文化课程平台是促进红色校史文化与高校思想政治教育相融合,保障红色校史文化教育常态化,促使师生正确学史

---

① 甘露华:《基于专题研究视角探索高校校史档案编研的创新——以四川大学为例》,《档案学研究》,2017年增刊第2期。
② 《习近平在中共中央政治局第三十一次集体学习时强调 用好红色资源赓续红色血脉 努力创造无愧于历史和人民的新业绩》,《人民日报》,2021年6月27日,第1版。

以文化人　守正创新
——新时代党史课程教学改革探索

用史的有效途径。思政课是高校思想政治教育工作的前沿阵地，在育人方面具有覆盖面广、普及度高、系统性强等优势。搭建课程平台首先要实现红色校史文化与高校思政课的互联互通。一方面，红色校史文化不仅可以充实思政课内容，其所独有的情感优势还可以提升课程亲和力与说服力，激发学生对思政课的兴趣；另一方面，在高校思政课中融入红色校史文化元素不仅有助于红色校史文化在校园内实现最大范围的传播，还有利于推动校史研究的深入。更为重要的是，利用好课堂教学这一主渠道，红色校史文化与思想政治教育的融合得以进一步实现，也有利于充分发挥育人实效。

构建红色校史文化课程体系，不仅要实现红色校史文化与高校思政课的结合，还应积极探索创建红色校史文化课程。高校开设红色校史文化课程是"以史育人"的体现，学生通过校史课程收获的不仅是关于校史校情乃至国史社情的知识，更能在课程中潜移默化地塑造正确的世界观、人生观与价值观，自觉树立起爱国荣校的情怀。四川大学近年来开设了"四川大学校史文化"选修课，引导学生感受以"严谨，勤奋，求是，创新"为核心的川大精神，自觉培养起知行并重，服务社会的能力素养，使红色校史文化教育真正落到了实处。校史课程的创设对建立校史文化思想政治育人机制意义重大，然而当下仅有少数高校开设了校史文化课程，且其普及程度严重不足。

2022年4月25日，习近平在考察调研中国人民大学时指出："要坚持党的领导，坚持马克思主义指导地位，坚持为党和人民事业服务，落实立德树人根本任务，传承红色基因，扎根中国大地办大学，走出一条建设中国特色、世界一流大学的新路。"① 历史是最好的教科书。高校校史是大学的文脉传承，与国家、民族的发展相伴而生，既凝聚着丰富的时代内

---

① 《让听党话跟党走的信念成为自觉追求》，《人民日报》，2022年4月26日，第2版。

涵，又具有鲜明的特质，是大学重要的育人源泉。红色校史文化与高校思想政治教育相结合，是高校实现立德树人根本任务的必然要求，也是高校实现自身可持续发展的必然要求。充分挖掘红色校史文化资源，以大学变迁和发展过程中的标志性事件或者人物故事等为素材创作红色校史文化产品，以舞台剧、微电影、主题展览等多种形式生动诠释大学的文化与精神，并融入大学课程和文化建设，开设"红色校史文化"通识课，有助于激发师生校友的深厚家国情怀和不懈奋斗精神，进而形成教师、学生和校友教学相长、相辅相成的大学文化育人共同体。

大学最根本的任务是立德树人，而对人才培育产生重要影响的就是大学精神与文化传统。深度发掘大学校史中鲜活的故事，从真实的历史背后提炼出蕴含的大学精神和大学文化，都将成为莘莘学子成长成才的生动教材。因此，随着现代化高校的不断发展，具有深厚人文底蕴和鲜明学校特色的红色校史文化越来越成为衡量一所高校文化软实力的重要指标。高校思想政治教育工作应注重发掘好、利用好红色校史文化，教育引导学生在青年时期立大志、明大德、成大才、担大任，以提升思想政治教育育人实效。

中国共产党人精神谱系融入党史课程教学专题的优化设计研究*

刘美佳①

摘　要：中国共产党人精神谱系赋能高校党史课程全面落实立德树人根本任务，其融入有助于赓续红色血脉，锤炼品格修为；赋能培根铸魂，塑造时代新人；筑牢思想防线，抵制历史虚无主义。在融入内容上，应准确把握精神谱系的主线、主旨、关键，注重贯穿教学体系的问题式融入、构建知识体系的结构性融入、优化课程体系的链接式融入。在融入路径上，应着眼于铸魂育人面临的新形势、新任务、新挑战，提高理论深度，推动教学方式变革；提升育人温度，完善评价反馈机制；拓宽实践广度，构建协同育人格局。

关键词：中国共产党人精神谱系；党史课；融入；优化设计

习近平总书记在二十大报告中指出："弘扬以伟大建党精神为源头的

---

* 【基金项目】四川大学马克思主义学院2023年新进教师教学研修项目（项目编号：MYXJ202309）。
① 【作者简介】刘美佳，四川大学马克思主义学院助理研究员，法学博士，主要从事中国近现代史基本问题研究。

中国共产党人精神谱系，深入开展社会主义核心价值观宣传教育，深化爱国主义、集体主义、社会主义教育，着力培养担当民族复兴大任的时代新人。"① 中国共产党人精神谱系连缀起党百年不忘初心、砥砺前进的精神理路，内蕴着红色基因和革命文化的思想精华，外显着百年大党的光辉形象，诠释着中国共产党为什么能的"红色密码"，赋能高校中共党史课程全面落实立德树人的根本任务。本文立足于习近平总书记关于党史学习教育的新要求，探讨为何、以何、如何将中国共产党人精神谱系融入党史课程教学专题，从而提升党史课程的针对性、吸引力、实效性，引导青年学生传承红色基因、赓续精神血脉、谱写新时代华章。

一、中国共产党人精神谱系融入党史课程的价值意蕴

高校党史课的育人目标与中国共产党人精神谱系的育人属性高度协同。中国共产党人精神谱系具有坚守理想、不忘初心、艰苦奋斗、勇于担当、开拓创新的鲜明特质，发挥着价值引领、精神滋养、信仰塑造的育人功能。新时代新征程，弘扬中国共产党人精神谱系并将其融入党史课教学，有利于贯通党史学习教育，激发精神品格的强大势能，引导学生从百年党史中汲取智慧，为全面落实立德树人根本任务提供精神助力。

（一）赓续红色血脉，锤炼品格修为

《中共中央关于党的百年奋斗重大成就和历史经验的决议》指出："教育引导青年党员永远以党的旗帜为旗帜、以党的方向为方向、以党的意志为意志，赓续党的红色血脉，弘扬党的优良传统，在斗争中经风雨、见世

---

① 习近平：《高举中国特色社会主义伟大旗帜　为全面建设社会主义现代化国家而团结奋斗——在中国共产党第二十次全国代表大会上的报告》，人民出版社2022年版，第6页。

面、壮筋骨、长才干。"① 中国共产党人精神谱系与红色血脉紧密相连、相辅相成，共同构成中国共产党的精神内核和力量之源，这种抽象化的总体性精神如一根"红线"串联起新民主主义革命时期、社会主义革命和建设时期、改革开放和社会主义现代化建设新时期以及中国特色社会主义新时代四个历史时期，是我们党和人民事业从胜利走向胜利的重要法宝。高校党史课作为大学生理想信念教育的思政必修课之一，通过呈现不同历史时期具体化生成的精神坐标点，讲述初心使命的故事、英雄模范的故事、革命根据地的故事、经典战役的故事等，帮助学生真切地感悟革命先辈打下红色江山的来之不易，从百年党史一脉相承的基因密码中赓续红色血脉、锤炼道德品质、厚植爱国情怀，将志气、骨气、底气固化为信仰，转化为信念，强化为信心。青年大学生是推动中华民族伟大复兴的生力军，正处于"拔节孕穗"的关键时期，扎实推进中国共产党人精神谱系进教材、进课堂、进头脑是"扣好第一粒扣子"的关键举措，从中国共产党的精神之源建党精神，到革命战争时期的井冈山精神、长征精神，再到和平建设时期的雷锋精神、抗震救灾精神等，无不彰显着共产党人的崇高风范、人格魅力和精神境界，激励大学生传承优秀品质内化于心、外化于行，当好红色文化的守护者、弘扬者，为书写中国式现代化的新篇章夯基垒石。

（二）赋能培根铸魂，塑造时代新人

2021年4月，教育部办公厅印发《关于在思政课中加强以党史教育为重点的"四史"教育的通知》，要求发挥思政课的主渠道作用，加强以党史教育为重点的"四史"教育，真正做到"学史明理、学史增信、学史

---

① 《中共中央关于党的百年奋斗重大成就和历史经验的决议》，《人民日报》，2021年11月17日，第1版。

崇德、学史力行"。随着思政必修课党史学习教育有机融入的持续深化，2024年2月，中共中央发布了《党史学习教育工作条例》。该条例明确要求："用好学校思想政治理论课渠道，推进大中小学思想政治教育一体化建设，推动党史进教材、进课堂、进头脑，发挥党史立德树人的重要作用。"① 高校党史课不仅是推动党史学习教育常态化、长效化的重要支撑，还是铸魂育人、启智润心的主阵地，有助于引导广大青年学生树立历史思维、增强历史担当、培养历史眼光。以伟大建党精神为源头的中国共产党人精神谱系是天然优质的党史课教学资源，通过鲜活的历史素材增强学生的政治认同、思想认同、情感认同，大大提升了思政课教学的理论深度、改革力度、实践广度。一方面，以伟大建党精神塑造青年马克思主义者为出发点，引导学生用党的创新理论武装头脑，深化马克思主义的理论自觉，增强"四个自信"，"把爱国情、强国志、报国行自觉融入坚持和发展中国特色社会主义、建设社会主义现代化强国、实现中华民族伟大复兴的奋斗之中"②。另一方面，以中国共产党人精神谱系培育时代新人为落脚点，引导学生树立正确的世界观、人生观、价值观，确立"心系国之大者，强化责任担当"的人生目标，为新时代培养出具备高尚品德、扎实学识、创新思维和强烈社会责任感的青年人才。

（三）筑牢思想防线，抵制历史虚无主义

高校是青年最多、知识最密集、新思想最活跃、信息传播最快的地方，是国内外思潮的汇聚地，是意识形态工作的"晴雨表"。近年来，历史虚无主义等不良社会思潮肆意歪曲党史、革命史、国史、改革开放史，选择性的虚无中国共产党领导人民站起来、富起来、强起来的伟大飞跃，

---

① 《中共中央印发〈党史学习教育工作条例〉》，《人民日报》，2024年2月20日，第1版。

② 习近平：《论党的宣传思想工作》，中央文献出版社2020年版，第376页。

以文化人　守正创新
——新时代党史课程教学改革探索

解构中国共产党人精神谱系，试图向青年学生渗透错误的历史观，最终消解中华民族的"四个自信"。习近平总书记强调："要旗帜鲜明反对历史虚无主义，加强思想引导和理论辨析，澄清对党史上一些重大历史问题的模糊认识和片面理解，更好正本清源、固本培元。"①从筑牢意识形态思想防线的这个意义来看，将中国共产党人精神谱系融入党史课教学不仅重要，而且必要。一方面，中国共产党人精神谱系能够巩固爱国主义教育阵地，压缩"泛娱乐化"历史虚无主义的生存空间。从精神谱系坐标中选好、讲好、用好红色故事，并且辨析和说明其背后蕴含的深刻道理、哲理、事理，有助于澄清青年学生对革命精神、艰苦创业精神、改革开放精神、伟大奋斗精神的片面理解和模糊认识。另一方面，中国共产党人精神谱系的融入有助于提升青年学生自觉抵制历史虚无主义思潮侵蚀的本领，以精神特质的视角挖掘出党的历史演进过程的核心内容，以勾勒精神坐标的方式解读党史画面，进一步讲深"红色政权来之不易、新中国来之不易、中国特色社会主义来之不易"②的道理，这种方式使学生能够更加直观地把握历史的主流和脉络。此外，英雄模范和先进典型树立了榜样，激发青年学生的爱国热情和奋斗精神，在形形色色的社会思潮侵袭中保持清醒头脑和坚定立场。

二、中国共产党人精神谱系融入党史课程教学专题的基本要点

解决中国共产党人精神谱系"以何融入"党史课程教学专题的这一问题，需要准确把握精神谱系的主线、主旨、关键，将其生成的历史逻辑、理论逻辑、实践逻辑贯穿党史课教学体系，从问题式融入、结构性融入、链接式融入三种方法着手，丰富党史课教学专题内容，促进中国共产党人

---

① 习近平：《在党史学习教育动员大会上的讲话》，人民出版社 2021 年版，第 25 页。
② 习近平：《在党史学习教育动员大会上的讲话》，人民出版社 2021 年版，第 9 页。

精神谱系高质量融入。

（一）问题式融入：贯穿教学体系

以目标为导向、以专题为基础、以问题为引领是提升党史课专题教学成效的应然之举。问题式融入是在教学专题中建立多层次的"问题"体系，围绕教学重难点，紧扣学生的困惑点，聚焦学术研究热点，设置问题链、逻辑链、演进链，"引导学生发现问题、分析问题、思考问题，在不断启发中让学生水到渠成得出结论"①，从而增强党史课教学的实效性和感染力。

第一，启发性问题的科学化设计。党史课程围绕中国共产党的不懈奋斗史、中国共产党的不怕牺牲史、中国共产党的为民造福史、中国共产党的思想探索史、中国共产党的自身建设史设置专题，在课前导入和课中讨论环节，依循"发现问题—思考问题—解决问题"的思路，聚焦"中国共产党为什么能、中国特色社会主义为什么好、马克思主义为什么行"这一主线，形成"大问题＋小问题"的问题链。按照以上思路，结合46个第一批纳入中国共产党人精神谱系的伟大精神，形成5个"为什么"的大问题，在大问题之下设置3个小问题，最终构建由5个大问题和15个小问题组成的问题链，既能在打通学生思路的过程中将思维引向深入，又能在环环相扣的逻辑体系中凸显针对性、整体性、时代感。

第二，引导性问题的理论性阐释。作为一种有效的教学策略，通过设置历史背景类、精神内涵类、现实联系类问题，使学生感受到伟大精神的生动性和感染力，并将其内化为自身的价值追求和行为准则。其一，基于特定历史时期背景的问题，引导学生思考该时期的社会环境、主要矛盾以及中国共产党面临的挑战。例如，"在抗日战争时期，中国共产党是如何

---

① 习近平：《习近平谈治国理政》（第3卷），外文出版社2020年版，第331页。

在极其艰苦的条件下坚持斗争并取得最终胜利的?这一过程中形成了哪些重要的精神品质?"其二,厘清和说明精神谱系中每一种精神的概念内涵,旨在帮助学生理解精神的核心要素和独特价值。例如,"井冈山精神的核心是什么?它对于中国共产党的发展有何重要意义?"其三,引导学生思考精神谱系在当代社会的现实意义和价值,将历史学习与现实生活相结合,增强学习的时效性和针对性。例如,"在新时代背景下,如何传承和弘扬长征精神?这种精神对于我们的学习和生活有哪些启示?"

第三,开放性问题的思想性提升。在党史课专题教学中,运用马克思主义的观点和方法,选取丰富、鲜活、富有感染力的案例实现情感共鸣和价值引领,激发学生深度思考,培养学生的批判性思维能力,引导学生将实现个人价值同党和国家事业紧紧联系在一起。其一,历史与哲学的交汇。"探讨马克思主义中国化过程中,中国共产党人如何创造性地吸收和转化中华优秀传统文化,形成独特的精神风貌?"其二,精神与制度的互动。"分析中国共产党人精神谱系中的某些精神如何促进了党内制度的建设和完善?反过来,党内制度的变迁又如何影响了这些精神的传承和发展?"其三,国际视野下的比较。"将中国共产党人的精神谱系与其他国家政党的精神传统进行比较,分析它们之间的异同点,并探讨这些差异背后的历史文化和社会制度原因。"上述问题旨在将中国共产党人精神谱系融入党史课教学目标的价值选择,切入专题式教学的全过程,实现教学相长,"教育引导青少年学生坚定马克思主义信仰、中国特色社会主义信念、中华民族伟大复兴信心,立报国强国大志向、做挺膺担当奋斗者"①。

(二)结构性融入:构建知识体系

结构性融入的关键在于系统、整体、全面又富有逻辑性的知识框架,

---

① 《紧紧围绕立德树人根本任务 朝着建成教育强国战略目标扎实迈进》,《人民日报》,2024 年 9 月 11 日,第 2 版。

展示中国共产党人精神谱系的发展历程和内在联系，在专题讲授中帮助学生形成系统化的认知结构，使精神谱系成为党史课教学内容中不可或缺的一部分。回溯中国共产党的不懈奋斗史，剖析以重要人物、地域、事件、工程、行业为标识的伟大精神，探寻其生成的文化底蕴和实践根基。

一方面，梳理时间线，明确精神谱系的主要脉络和关键节点。从整体样态来看，精神谱系贯穿革命、建设、改革的时代主题，体现出救国、兴国、强国接续奋斗的历史过程。在具体的授课思路上，介绍新民主主义革命时期的井冈山精神、长征精神、延安精神、红岩精神等，阐述它们对中国共产党革命事业的推动作用；讲述抗美援朝精神、雷锋精神、焦裕禄精神、西迁精神、"两弹一星"精神等在社会主义革命和建设时期的涌现，以及它们对新中国建设和发展的重要意义；分析改革开放和社会主义现代化建设新时期形成的特区精神、改革开放精神、抗震救灾精神、载人航天精神、女排精神等，展示中国共产党人面对新挑战、新机遇的勇气和智慧；阐述中国特色社会主义新时代的新时代北斗精神、"三牛"精神、脱贫攻坚精神、丝路精神等，强调它们对实现中华民族伟大复兴的激励作用。在专题教学设计中，不仅探讨每种精神在当代社会的现实意义和价值，而且可以从党的创立讲起，逐步延伸到革命、建设、改革和新时代等不同历史时期的精神形成与发展，或者从某种具体精神出发，探讨其在不同历史阶段的表现和演变。

另一方面，划分专题模块，构建精神谱系的知识图谱。借助超星学习通、智慧树、雨课堂等线上学习平台，通过时间轴、思维导图或图表等形式，通过系统化、结构化的方式呈现中国共产党在长期奋斗实践中形成的伟大精神。首先，收集中国共产党在不同历史时期的官方文件、领导人讲话、会议决议等，参考学术界关于中国共产党人精神谱系的研究成果，利用互联网资源，收集相关新闻报道、评论文章、社交媒体上的讨论等，以获取更多反馈。其次，明确知识图谱中的实体，包括各种伟大精神的名称、形成时间、地点、主要内涵、代表人物等,确定实体之间的关系,如"继承关系"(如井冈山精神对建党精神的继承)、"并列关系"(如长征精神与延安精神在同一历史时期形成)、"影响关系"(如某种精神对其他精神或社会实践的影响)等。最后,利用图形化工具将知识图谱以直观的方式呈现出来,如使用网络图、时间线图等形式展示各种伟大精神之间的内在联系和历史脉络,将精神谱系中的各个知识点进行串联,形成系统、连贯的知识体系。这有助于学生更好地理解中国共产党人的精神谱系,避免教学内容的交叉重复,将碎片化的知识内化为知识体系,为传承和弘扬党的优良传统和伟大精神提供有力支持。

(三)链接式融入:优化课程体系

2024 年 5 月 11 日,习近平总书记对学校思政课建设作出重要指示强调:"充分发挥新时代伟大成就的教育激励作用,丰富思政课教学内容,讲好新时代故事,引导学生感悟党的创新理论的实践伟力。"[1] 为了拓展"大思政课"全面育人格局,提升党史课教学实效性和吸引力的关键在于发挥链接式融入的优势,通过现代化智慧教学手段,将中国共产党人精神谱系理论和实践成果以"链接"的形式融入党史课,采用"议题式""情境式""体验式"等多样化的教学方法,形成一种相互关联、相互促进的教学模式,"把思政小课堂和社会大课堂结合起来,推动学生更好了解国情民情,坚定理想信念"[2]。

一是整合多元化教学资源。在实践教学活动中,教师带领学生实地探访红色教育基地,组织学生参观革命遗址、纪念馆、博物馆等红色教育基

---

[1] 《不断开创新时代思政教育新局面 努力培养更多让党放心爱国奉献担当民族复兴重任的时代新人》,《人民日报》,2024 年 5 月 12 日,第 1 版。
[2] 《不断开创新时代思政教育新局面 努力培养更多让党放心爱国奉献担当民族复兴重任的时代新人》,《人民日报》,2024 年 5 月 12 日,第 1 版。

地，通过现场讲解、实物展示和互动体验，让学生近距离感受中国共产党人精神谱系的厚重与伟大。此外，精选反映中国共产党奋斗历程的优秀影视作品和纪录片，如《建党伟业》《长征》《长津湖》《英雄儿女》等，引导学生观看并讨论，加深对历史事件和人物的理解，并且推荐学生阅读党史相关文献资料、经典著作和回忆录，如《中国共产党的一百年》《毛泽东选集》《邓小平文选》《抗美援朝战争纪实》等，通过原著阅读，理解党的理论和政策，感受领袖人物的思想魅力。

二是开展线上线下融合教学。在专题讲授环节，利用互联网和移动通信技术，建设专门的党史课线上教学平台，依托智慧树课程平台，提供视频课程、在线测试、互动问答等功能，建立线上交流群，鼓励学生提问和讨论，教师及时解答疑惑，增强师生之间的互动和沟通。在此基础上，不断收集、整理、完善各类红色文化资源，如图片、音频、视频、文字资料等，建立数字化资源库，供师生在线查阅使用。例如，温州大学"百年百问讲党史"课程围绕中国共产党人精神谱系，通过"巧设"课堂讨论议题，"善用"红色文化资源，"适配"新媒体资源，实现了对学生的知识传授、价值塑造、能力培育的三合一；通过沉浸式的现场教学、体验式的红色遗迹切入、打动人的故事讲述，拉近了历史与现实、理论与实践的距离，使得学生在传统课堂中获得最大的党性教育与精神感染。

三是拓展实践教学环节。根据"小故事大主题、语言通俗易懂、贴近学生实际"的原则，挖掘"中国共产党人精神谱系"蕴含的教育主题，探索课堂叙事教学、平台情景教学、基地体验教学，拓宽教学"半径"，实现党史课专题教学资源的互通共享，将教学内容转换为体验探究。例如，在基地体验教学上，教师可以组织学生开展"重走红旗渠路"的主题实践活动，带领学生参观红旗渠纪念馆或实地考察红旗渠工程遗址，通过实地讲解和亲身体验感受红旗渠精神的伟大力量。在课堂叙事教学上，邀请参与红旗渠建设的老党员、老劳模到学校进行宣讲，分享他们的亲身经历和感人故事。在平台情景教学上，利用线上教学平台发布红旗渠精神的相关资料和视频资源，在线下课堂中组织小组讨论、模拟演练等活动，加深学生对红旗渠精神的理解和感悟，深刻感悟红色文化的力量，体会中国共产党人精神谱系的深厚内涵，升华学生思想，滋养学生心灵。

三、中国共产党人精神谱系融入党史课程教学专题的实践路径

中国共产党人精神谱系赋能党史课教学的路径选择与实施，应着眼于落实立德树人根本任务面临的新形势、新任务、新挑战，从教学方式、反馈机制、育人格局等方面构建系统化的实践路径，进而催发教育内生动力，提升党史课教学的吸引力、感召力、影响力。

（一）提高理论深度：推动教学方式变革

马克思曾说："理论只要说服人，就能掌握群众；而理论只要彻底，就能说服人。所谓彻底，就是抓住事物的根本。"[①] 面向青年学生的党史课专题教学需要全面梳理中国共产党人精神谱系的形成过程、内涵特征、历史意义及当代价值，确保教学内容的完整性和系统性，通过严密的思维逻辑和深刻的思想伟力，引导学生用党的最新理论成果武装头脑，增强理论教学的深度，激发学生学习兴趣，把道理"讲深、讲透、讲活"。

一方面，深悉中国共产党人精神谱系一脉相承的理论主题，将人们耳熟能详的"伟大精神"转化为"思政话语"，推动党史课专题教学的供给侧结构性改革。其一，实现中华民族伟大复兴是精神谱系形成的实践主题。无论是革命战争年代，抑或是和平建设时期，"一百年来，中国共产党团结带领中国人民进行的一切奋斗、一切牺牲、一切创造，归结起来就

---

① 《马克思恩格斯选集》（第一卷），人民出版社2012年版，第9—10页。

是一个主题：实现中华民族伟大复兴"①。其二，马克思主义的世界观和方法论是精神谱系的真理主题。在党史课中，引导学生通过坚持辩证唯物主义和历史唯物主义来认识精神谱系，这是培养学生树立正确党史观的重要途径，不仅有助于学生深入理解中华民族的精神内涵，还能有效抵御历史虚无主义的侵蚀，确保学生以科学的态度和方法看待历史与现实。其三，中华优秀传统文化是精神谱系生成的文化主题。中华优秀传统文化贯穿中华民族的历史长河，为精神谱系的构建提供了丰富的思想资源和文化支撑。例如，儒家思想强调的仁爱、礼义、诚信等价值观念，道家思想倡导的自然、无为、和谐等哲学理念，通过代代相传，不断被赋予新的时代内涵和表现形式，从而形成了具有鲜明民族特色和时代特征的精神谱系，为中华民族的精神世界提供了源源不断的滋养和动力，也为世界文化的多样性贡献了中国智慧和中国方案。

另一方面，立足"大思政课"建设，将中国共产党人精神谱系作为党史课翻转课堂的重要依托，彰显中国共产党人精神谱系的具象化、立体化、场景化特性。"坚持开门办思政课，强化问题意识、突出实践导向，充分调动全社会力量和资源，建设'大课堂'、搭建'大平台'、建好'大师资'……设立一批实践教学基地，推出一批优质教学资源，做优一批品牌示范活动"②，不断改革创新党史课主渠道教学。在充分利用课堂、平台、师资、基地的基础上，创新教学方法，推动构建叙事式教学、情景式教学、延展式教学"三位一体"统筹推进，实现思政小课堂和社会大课堂的双轮驱动局面。此外，思政课教师应积极做中国共产党人精神谱系的宣传者、引导者、推动者、践行者，身体力行地增强课堂教学的吸引力和感

---

① 习近平：《在庆祝中国共产党成立100周年大会上的讲话》，《人民日报》，2021年7月2日，第2版。
② 《教育部等十部门关于印发〈全面推进"大思政课"建设的工作方案〉》，https://www.gov.cn/zhengce/zhengceku/2022－08/24/content_5706623.htm，中国政府网。

染力,真正发挥伟大精神的育人功能。

(二)提升育人温度:完善评价反馈机制

习近平总书记强调指出:"思想政治工作从根本上说是做人的工作,必须围绕学生、关照学生、服务学生。"① 党史课专题教学是教师和学生双向互动的过程,学生既是"客体"又是"主体",中国共产党人精神谱系融入党史课专题教学的成效检验,就是要强调学生主体性和教师主导性的统一是否实现,最终达到"培根铸魂、启智润心"的教学目标。

首先,科学构建系统全面的评价体系。为确保精神谱系融入党史课教学的有效性,课程评价应紧紧围绕知识掌握、能力发展、情感态度,注重学生对精神谱系的精髓要义和时代价值有较为扎实的掌握,通过专题讲授和小组研讨,评估学生的批判性思维、创新能力、团队合作能力等,关注和重视学生的参与度、努力度、满意度,以及爱国情感、社会责任感、道德品质等方面的成长。

其次,采用多样化的评价方法。重视动态性的过程性评价,实事求是针对学生问题及时作出调整,有利于淡化以分数为单一指标的做法,纠正重知识轻能力、重灌输轻启发、重结果轻过程等不良倾向,强调精神谱系推动价值引领的实质性成效。在多样化考核方面,可以设计多种形式的考核方式,以全面、深入地评估学生对精神谱系的掌握程度、思维能力和情感态度。例如,组织党史知识竞赛与问答,可以是线上抢答、线下竞赛,涵盖事件、人物、理论、精神等,既考察学生的记忆能力,也检验其理解和应用能力;设定特定的历史情境,让学生扮演不同的历史人物或角色,可以是重要历史会议的模拟、革命斗争的再现、政策决策的呈现等,通过身临其境的体验,使学生更加直观地感受精神谱系的氛围和决策的难度,

---

① 习近平:《习近平谈治国理政》(第2卷),外文出版社2017年版,第377页。

增强他们的历史责任感和使命感，提高学生的学习积极性和参与度，同时实现对学习效果的即时反馈和评估。

最后，提升课程教学队伍的质量评价。习近平总书记在全国教育大会上强调："要实施教育家精神铸魂强师行动，加强师德师风建设，提高教师培养培训质量，培养造就新时代高水平教师队伍。"① 中国共产党人精神谱系融入党史课教学的师资队伍主要以政治素质、教学能力、科研能力、师德师风等指标进行衡量，通过评价激励教师不断进步，提高党史课教学质量。在评价方法上，应推动定量评价与定性评价相结合、自我评价与同行评价相结合、学生评价与专家评价相结合，营造良好的教学创新氛围，确保评价的全面性和准确性，建立一支"政治强、业务精、纪律严、作风正"的伟大精神传承者和弘扬者队伍。

（三）拓宽实践广度：构建协同育人格局

为了使中国共产党人精神谱系以更加有效精准的方式与党史课育人宗旨相契合，需要最大限度地实现精神谱系教育学习活动的即时性，开设扎根中国大地的"红色课堂"和"智慧课堂"，扩大主题实践活动的覆盖面，进一步加强学校和社会协同育人的实效性，为促进学生全面发展提供有力支撑。

第一，依托精神谱系创设党史课教学场景。教师通过话题设置、故事讲述、课前调研、影像展览、话剧表演等方式，鼓励学生走出校园，深入乡村、社区和工厂，参加志愿者服务、理论宣讲等活动；利用建党节、建军节、五四青年节等特殊纪念日，组织朗诵、演讲、话剧、合唱等比赛；在校园积极开展"红色剧本杀""红色故事分享会""致敬新时期""红船

---

① 《紧紧围绕立德树人根本任务 朝着建成教育强国战略目标扎实迈进》，《人民日报》，2024年9月11日，第2版。

以文化人　守正创新
——新时代党史课程教学改革探索

情——中国梦"等活动，让学生深入实践课堂感受伟大精神的独特内涵，有效发挥精神谱系的浸润和熏陶功能。例如，在教学过程中，教师精心指导学生开展体验模拟活动，旨在深度重现真实的历史情境。学生可自主选择以遵义会议见证者或经历者的不同身份参与其中，围绕"中国革命应朝着何方前行"这一核心议题展开激烈论辩。通过这一过程，学生能够深刻领悟到中国共产党的领导是历史与人民共同抉择的必然结果，进一步引导学生深入分析并阐释中国共产党永葆先进性与纯洁性的有效做法。

第二，运用精神谱系资源构建党史课教学场域。以伟大建党精神为源头的精神谱系通过物化载体，以革命文物、纪念馆、博物馆、遗迹遗址等形式呈现，成为党史课专题教学的新场域，能够突破时间和空间的限制，使精神谱系资源和党史课教学耦合实现精神引领。例如，为深入学习和传承延安精神，可以组织红色旅游研学的实践教育活动，首先前往王家坪延安革命纪念馆，通过参观展馆内的文物展品和听解说员的讲解，使学生了解延安成为中共中央驻地的历史背景。随后，学生登上延安的标志性建筑宝塔山，他们不仅欣赏了延安全景，还深刻感受到了延安精神赋予这座城市的红色文化底蕴。接着，继续探访中共中央书记处所在地枣园和杨家岭革命旧址。通过实地考察和学习，学生能够亲身体验到革命历史的厚重和伟大精神的力量，从而更加珍惜现在的幸福生活并努力为国家的未来贡献自己的力量，切实增强了党史课教学的"在场"感染力。

第三，通过精神谱系实现数字技术与党史课教学的深度融合。精神谱系有丰富的历史资源和故事元素，可以通过数字化手段，将精神谱系资源如历史文献、图片、纪录片等转化为数字模式，依托区块链、VR 和 AR 等大数据技术，创建沉浸式的学习环境，让学生仿佛置身于历史事件现场，使教学内容更加生动形象。学生多元体验的增加，可以促进真实空间和虚拟空间的结合，让伟大精神"动起来""活起来""实起来"，为党史课专题教学带来全新体验。例如，学生可以通过 VR 设备，在虚拟环境中进行角色扮演，如成为一名红军战士，参与战斗、搭建浮桥等任务，这种情景模拟不仅有助于理解伟大精神的生动实践，还能让他们深刻体会到革命精神的内涵。在参观革命纪念馆时，学生可以通过 AR 设备扫描展品上的二维码或特定标记，获取该展品的详细介绍、历史背景等相关信息。这种信息叠加的方式有助于加深学生对历史事件的理解和记忆，极大增强了党史课的说服力和感染力。

　　上述方法可以有效提升教学效果，使中国共产党人精神谱系的教学更加生动、有效，激发学生的学习热情和爱国情感，同时，也有助于传承和弘扬中国共产党人的宝贵精神财富，为实现中华民族伟大复兴提供强大的精神动力。

第三篇
社会主义先进文化

社会主义先进文化融入高校党史课程的教学立意探析*

刘宗灵　李晨馨①

摘　要：社会主义先进文化的发展需要与高校党史课程建设相融合。社会主义先进文化作为中国特色社会主义文化体系的核心部分，凭借其在中国共产党领导的革命、建设和改革历程中形成的强大文化影响力，对于凝聚民族力量、促进国家繁荣发展具有重要意义，将其融入高校党史课程的教学实践，不仅能够体现新时代思想政治理论课建设的实际需求，而且有利于引导学生理解并传承中华民族宝贵的精神财富。本文从揭示社会主义先进文化与党史课程的内在关联性出发，深入探查和科学总结二者融合所产生的功能性价值，并进一步探讨和拓展二者融合路径的现实之途，旨在推动社会主义先进文化的赓续发展和高校党

---

* 【基金项目】国家社会科学基金 2024 年度一般项目"中国共产党纪律教育资料搜集、整理与研究（1921—1949）"（项目编号：24BDJ068）；四川省哲学社会科学基金 2024 年度重大专项课题（项目编号：SCJJ24ZD53）。

① 【作者简介】刘宗灵，电子科技大学马克思主义学院副院长、教授，博士生导师，历史学博士，主要从事于中共党史党建、马克思主义中国化、中国近现代史基本问题等领域的研究；李晨馨，电子科技大学马克思主义学院硕士研究生，主要从事中国近现代史基本问题研究。

以文化人　守正创新
——新时代党史课程教学改革探索

史课程教学工作的价值实现。

关键词：社会主义先进文化；党史课程；内在逻辑；价值意蕴；实践路径

2024年5月，习近平总书记在对学校思政课建设作出的重要指示中强调，要始终坚持马克思主义指导地位，以中国特色社会主义取得的举世瞩目成就为内容支撑，以中华优秀传统文化、革命文化和社会主义先进文化为力量根基，把道理讲深讲透讲活，守正创新推动思政课建设内涵式发展，不断提高思政课的针对性和吸引力。[①] 发展社会主义先进文化、弘扬革命文化、传承中华优秀传统文化，实现文化传承赋能思想政治教育的创新性转换，是新时代思政课建设的重要责任与使命，为进一步推动高校思政课教育教学改革指明了方向。

作为高校思政课建设重要组成部分的党史类通识课程，不仅要向学生传授知识，更承担着传承红色基因、培育时代新人的重任，因此，在实际教学中贯彻和落实"知识、能力、价值观"三位一体的教学理念尤为关键。社会主义先进文化深深根植于中华优秀传统文化沃土之中，同时着眼于当代中国社会主义现代化建设的实际需求与时代命题，是不断提升国家文化软实力和实现中华民族伟大复兴的文化根基和精神力量。在党史课程中融入社会主义先进文化，通过多元化教学设计，使党史课程与社会主义先进文化相融相促，既能够赋予新时代党史课程教育教学以深厚的文化基底与力量支撑，更好地发挥党史课程在立德树人方面的独特作用，又可有力破除当前思政课建设所面临的文化传承与发展问题，优化并全面提升思政课的教学质量和影响力。

---

① 《不断开创新时代思政教育新局面　努力培养更多让党放心爱国奉献担当民族复兴重任的时代新人》，http://hn.people.com.cn/n2/2024/0512/c208814-40841112.html，人民网。

一、"社会主义先进文化"融入党史课程的逻辑之维

社会主义先进文化作为中华优秀传统文化和现代文明成果相融合的产物,不仅见证了中国共产党在各个历史阶段的发展轨迹,也体现了从社会主义到中国特色社会主义这一过程中的持续进步和完善;同时,它作为马克思主义基本原理同中国具体实际相结合的文化成果,展现出鲜明的时代特色和民族特征,并蕴含着深刻的思想教育意义和实际指导价值,对推进中华民族现代文明建设、社会主义文化强国建设等具有深刻的意义。① 党的十八大以来,以习近平同志为核心的党中央高度重视社会主义先进文化在国家发展进程中的战略作用,多次重申坚持社会主义先进文化前进方向的重要性,为思想政治教育课程的建设与发展提供了发展方向。党史课程作为高校思想政治教育的关键组成部分,是社会主义教育事业发展的重要环节,在教学目标、内容及价值等方面,它与社会主义先进文化的核心内涵和时代精神具有高度契合性。为了适应新时代我国教育事业和现代化建设的需求,将社会主义先进文化融入党史课程,实现两者的相辅相成,不仅能够深化党史知识的教育教学,还能强化社会主义先进文化对党史课程的引领作用,这是实现文化力量赋能新时代思政课程建设的重点课题。

(一)社会主义先进文化与党史课程教学目标相契合

作为教学目标的内在体现,教学立意指引着教学目标的方向和层次,同时,教学目标也会反映教育立意的具体要求。社会主义先进文化坚定不移地遵循以马克思列宁主义为方向,紧密贴合社会主义社会发展状况,是中国特色社会主义体系内带有时代性的文化瑰宝,在立德树人、强化理论

---

① 高国希:《思政课以中华优秀传统文化、革命文化和社会主义先进文化为力量根基》,《思想教育研究》,2024年第5期。

以文化人　守正创新
——新时代党史课程教学改革探索

武装、增强历史自觉等目标属性方面，与党史课程的学生培养目标具有高度契合性。

一方面，社会主义先进文化遵循中国共产党始终坚守的"人民至上"的价值追求，倡导集体主义与无私奉献精神，其所传递的核心内涵和精神特质与党史课程的培养目标相契合。在党史学习教育中，通过学习革命先辈们的英勇事迹和无私精神，不仅能够激发学生对集体主义价值观的认同，而且能够培养学生的社会责任感、历史使命感以及团队协作能力，这对于在新时代背景下，承担社会主义先进文化"以文化人，以文育人"的历史使命，具有不可替代的作用。①

另一方面，社会主义先进文化深深根植于社会主义建设的伟大实践之中，具有博采众长、兼收并蓄的特点，党史课程作为传播党史知识、延续红色基因的学科，与社会主义先进文化的传承性和开放性密切相关。从其传承性来看，党史课程承载着历史教育和价值观塑造的重要功能，通过讲述党的奋斗历程、伟大成就、光荣传统和理论成果，培养学生对中国特色社会主义的认同和对祖国的热爱，是社会主义先进文化传承的重要核心；从其开放性来看，在党史课程教学中，开放包容、兼收并蓄的理念被置于教学的核心位置，既要求学生深入学习和了解中国共产党如何在风雨兼程中走过百年奋斗历程，更要鼓励和引导学生将视野置于世界优秀文明之中，不断丰富自我、提升个人素养，从而为中华民族现代文明的建设贡献自己的力量。

（二）社会主义先进文化与党史课程教学内容相契合

教学立意对于确定教学方向、深化教学内容以及开阔教学视野具有重

---

① 沈正赋：《习近平文化思想视域下中国文化传播的理论范式》，《内蒙古社会科学》，2024年第3期。

要作用，同时，教学内容的选择也必须符合教学立意的要求。社会主义先进文化以社会主义核心价值观为引领，其核心内容是马克思列宁主义、毛泽东思想、邓小平理论、"三个代表"重要思想、科学发展观以及习近平新时代中国特色社会主义思想，这些理论构成了中国共产党在革命、建设和改革的过程中始终坚持并不断形成的理论体系，与党史课程的教学内容具有内在一致性。

首先，社会主义核心价值观作为社会主义先进文化的重要组成部分，是在社会主义制度下发展起来的、反映时代特征和民族精神、符合当代中国国情的价值体系[①]，包括国家层面的富强、民主、文明、和谐；社会层面的自由、平等、公正、法治；个人层面的爱国、敬业、诚信、友善等。社会主义核心价值观与党史课程的内容和学生培养目标具有高度契合性，主要体现在历史逻辑的一致性和价值导向的统一性上。党史教育强调培养学生对中国共产党的深厚情感和对社会主义制度的坚定信念，而社会主义核心价值观教育则着重于培育学生的基本道德规范和社会责任感，通过党史的学习，可以更好地了解社会主义核心价值观的历史背景、理论依据和实践基础，通过实现两者之间的互补性，共同服务于立德树人的根本任务。

其次，社会主义先进文化蕴含着马克思主义及其在中国发展的成果，如毛泽东思想、邓小平理论、"三个代表"重要思想、科学发展观以及习近平新时代中国特色社会主义思想，这些文化成果构成了社会主义先进文化的基石，它们的核心价值和理论特质与党史教育课程紧密相连，彼此相辅相成。社会主义先进文化的核心内容不仅是对中国共产党成立以来百年历史经验的总结，又是对共产党执政规律、社会主义建设规律、人类社会发展规律的深刻认识，党史课程涵盖了这些理论是如何在中国的具体实

---

① 柯艺伟、张振：《建设中华民族现代文明的历史基础、时代特征与实践路径》，《南京社会科学》，2024年第2期。

践中逐步形成的，以及它们如何指导中国的革命、建设和改革。由此可见，社会主义先进文化与党史课程在内容构成上具有历史渊源、理论内核和实践应用三个方面的一致性。

（三）社会主义先进文化与党史课程教学价值相契合

教学立意是教学活动设计的总依据，为实现教学价值提供方向指引，同时，教学价值的实现也需要具体可行的教学立意作为支撑。社会主义先进文化是一个全面且科学的体系，它覆盖了政治、经济、科学、文化、民族团结以及党的建设等多个领域。这一文化形态与当代中国的实际情况相契合，作为一种新兴的文化力量，在培养道德情操、指导社会进步和保障国家安全稳定等方面扮演着至关重要的角色。同时，社会主义先进文化的价值观与党史教育在目标上呈现出结构上的相似性及功能上的互补作用，两者共同促进着国家文化的繁荣与发展。

从历史继承上看，社会主义先进文化浓缩了中国共产党百年奋斗历程中的智慧和经验，体现了党在引领文化自觉和树立文化自信过程中的重要作用[1]，党史学习教育是中国共产党进行自我学习、自我教育、自我革命、自我完善的优良传统，不仅是一种对过往成就的经验总结，更是一个面向未来、不断前行的过程。将社会主义先进文化融入高校党史课程，既是对已有党史教学内容的深化与延伸，也是继承党的优良传统、赓续红色血脉的重要途径，通过这样的方式，可以让学生更加直观地理解中国共产党是如何在历史的长河中不断探索和发展中国特色社会主义道路、制度、理论、文化，从对党史和社会主义先进文化的学习中汲取前进力量，进一步增强他们对社会主义的认同和实现中国梦的信心，有利于培养出更多具有高度社会责任感和使命感的新时代青年。

---

[1] 马振江：《马克思主义视阈下文化自信的建构与诠释》，《探索》，2019 年第 2 期。

从文明传承上看，党史课程的理论信仰、政治立场、价值导向等教育因素，同社会主义先进文化所蕴含的核心价值观、理论特质、科学内涵不谋而合。社会主义先进文化本身就是一种优质的文化资源，将其融入党史课程，既是对历史的回顾和学习，更是对当代中国社会核心价值观的一种深刻理解和内化。通过这种方式，学生能够更好地理解党的发展历程与社会主义理论之间的内在联系，从而增强他们对于中国特色社会主义道路、理论体系、制度以及文化的自信，在实现知识传授目的的同时，更重要的是培养了一代又一代拥护和支持社会主义事业发展的积极分子，为实现中华民族伟大复兴奠定了坚实的思想基础①。

二、社会主义先进文化融入党史课程的价值之维

将社会主义先进文化融入党史课程，不仅具有深远的教学实践意义，还蕴含着丰富的价值意蕴。一方面，弘扬社会主义先进文化和推进高校的党史学习教育是相得益彰的过程，二者是相互促进的，在结合中最大限度地发挥各自的功能性价值，用好社会主义先进文化的支撑作用，并掌握其文明传承、德育引导及使命塑造的三重价值，是提升该文化引领力与生命力、助力党史课程建设的关键途径；另一方面，把社会主义先进文化融入党史课程，不仅是对传统教学模式的一种创新尝试，也是新时代背景下加强爱国主义教育、促进青少年健康成长的有效策略之一。

（一）社会主义先进文化融入党史课程的文明传承性功能

社会主义先进文化体现了前进的方向和新时代的精神特质，它将中华文化的深厚底蕴与马克思主义理论的精髓完美融合，形成了一种独特而富

---

① 朱继东：《习近平文化思想视域下科学推进文化自信自强的四个方面》，《甘肃社会科学》，2024年第3期。

以文化人　守正创新
——新时代党史课程教学改革探索

有活力的文化体系。作为传承这一文化的重要平台，党史课程既是教育体系中的一个关键组成部分，更是一种传递文化和历史资源的有效方式。社会主义先进文化融入党史课程是传承和弘扬社会主义先进文化的重要途径，特别是采取课堂教学、实践教学与网络教学相结合的学生培养方式，对于中共党史的学习教育及社会主义先进文化的弘扬传承起到了关键作用。

党史课程肩负着传播中国共产党精神遗产、弘扬社会主义核心价值观的重要使命，它不仅讲述了党领导人民进行革命、建设和改革的伟大历程，还展示了这一过程中形成的丰富思想成果和文化特色。通过这门课程，学生能够深入了解中国共产党在不同历史阶段所展现出的精神风貌及其对国家和社会发展作出的巨大贡献。另外，全面深入挖掘社会主义先进文化资源，深度解读社会主义先进文化元素，确保将其与党史课程内容的融合既科学又合理，既能让学生在党史学习的过程中感受到中华民族深厚的文化底蕴，又能让学生将社会主义先进文化内化于心、外化于行，有助于增强学生的文化自信心和民族自豪感。

（二）社会主义先进文化融入党史课程的思想德育性功能

思想政治工作是中国共产党克敌制胜的法宝，思政课程建设是培养新时代人才的关键一步。习近平总书记强调，要不断增强思政课的思想性、理论性和亲和力，这一论述将思想性摆在首位，是由马克思主义在意识形态领域的指导地位所决定的，是发挥"用学术讲政治"功能的必然要求。社会主义先进文化作为中国特色社会主义体系的文化成果，既是总结历史经验、回答新时代课题、指导现代化建设实践的文化标识，又是具有深厚理论内涵和富有思想感召力的精神力量。①

---

① 赵义良：《以三种文化夯实思政课的力量根基》，《思想理论教育导刊》，2024 年第 6 期。

一方面,将社会主义先进文化融入党史课程,旨在引导学生从历史思维和辩证思维的角度出发,坚定政治立场,深刻理解政治内涵,从而对中国共产党的历史进行全面而多维度的解读。这一过程不仅能够充分发挥党史课程在思想道德教育方面的功能,还能够帮助学生建立起更加稳固的价值观体系。另一方面,社会主义先进文化是一种既满足新时代青年英才培养需求又前瞻未来社会发展趋势的文化形态,它强调进步性和前瞻性,这种文化被有机地整合到党史教学之中时,可以有效地促进学生形成良好的政治素养与高尚的道德品质。通过这样的学习经历,学生能够更好地认识到中国共产党领导下国家和社会的发展成就,在个人成长过程中树立正确的世界观、人生观和价值观,为将来成为具有高度责任感和使命感的社会成员打下坚实的基础。

(三)社会主义先进文化融入党史课程的使命塑造性功能

不忘初心、牢记使命不仅是每一位中国共产党员的终身课题,更是每一位青年的时代责任。[①] 在党史课程中融入社会主义先进文化,能够有效发挥其在思政课建设中的使命塑造性功能。首先,对党百年奋斗历程的学习,特别是将社会主义核心价值观及其在不同历史时期的体现融入教学内容,不仅使学生深刻认识到中国共产党带领中国人民走社会主义道路的历史必然性和现实合理性,更使学生深入体会新时代青年肩负着实现中华民族伟大复兴的使命和责任。

其次,将社会主义先进文化中的政治智慧和实践经验融入党史课程,既能为学生提供前行的动力源泉,还能显著增强他们的政治认同感和责任感。通过深入学习中国共产党的历史及其蕴含的政治智慧,学生可以更好

---

① 刘娜:《丰富青年精神世界的时代关切与实践逻辑》,《学校党建与思想教育》,2024年第3期。

以文化人　守正创新
——新时代党史课程教学改革探索

地理解中国共产党在长期实践中积累的宝贵经验，以及这些经验对于国家发展和个人成长的重要意义。这样的教育方式有助于引导学生将自己的个人理想与共产主义远大理想及中国特色社会主义共同理想紧密结合起来，激发他们勇担时代赋予重任的热情。① 当学生认识到自己是伟大事业的一部分时，便会更加积极主动地参与到社会建设之中。

三、社会主义先进文化融入党史课程的实践之维

从实践维度来看，社会主义先进文化融入党史课程的教学方式和创新路径，是坚定文化自信、加强理论武装、落实立德树人三重价值诉求实现的现实路径。社会主义先进文化是新时代背景下，结合中国具体国情和新时代发展要求，既体现科学理论指导又具有深厚民族根基的文化形态。将社会主义先进文化融入党史课程的教育教学实践，就必须充分考量现实的教学环境、师资队伍等各个层面的具体内容，明确社会主义先进文化在党史课程中的教学定位，传递其真正内核，才能顺利实现新时代思政课的教学目标和育人诉求。

（一）深入文化研究，丰富教学内容与实践

在社会主义先进文化融入高校党史课程的实践过程中，要不断深化对社会主义先进文化的研究，结合习近平总书记关于社会主义先进文化和新时代思政课建设的重要指示，深入挖掘社会主义先进文化和党史课程的契合点、融合点，在校园中营造弘扬社会主义先进文化氛围的同时，持续探索两者结合的最佳教学途径。

首先，高校的相关职能部门应当提供必要的资金援助与科研资源支

---

① 胡佳、田探：《习近平文化思想指导下中国式现代化道路的文化选择——基于对"三大文化"的继承、弘扬与发展》，《重庆大学学报（社会科学版）》，2023 年第 6 期。

持,可以通过开展关于社会主义先进文化校级课题项目等方法,激励马克思主义学院的相关教育者们对社会主义先进文化进行更深层次的研究与教学创新,促进教育者们以多元化视角探索社会主义先进文化和党史课程有效融合方式,定期组织相关教学研讨会和工作坊进行研究成果交流,以此最大限度地发挥出社会主义先进文化融入党史课程的价值。

其次,依托思政课程教学体系,实现社会主义先进文化与党史课程内容的全"面"整合,根据不同的党史课程内容,从不同层次和角度开展社会主义先进文化资源的挖掘与应用,特别要注重兼顾学理性和实践性。一方面,可以通过专题讲座、案例分析等形式引入社会主义先进文化的典型案例,运用唯物史观的方法分析和评价历史事件和历史人物;与此同时,可以根据不同时期的历史脉络和事件,提炼出其背后蕴含的、与社会主义先进文化相关联的不同文化主题,侧重对社会主义先进文化的理论内核和精神传统的揭示,更加灵活、生动地利用历史文本内容传递社会主义核心价值观的价值意蕴和时代内涵,强化学生对社会主义先进文化的理解、认同和内化。另一方面,实践是将课堂内容进一步深化理解的重要途径[①],因此,必须重点把握社会主义先进文化融入党史课程的实践导向,以此来实现社会主义先进文化和党史课程在实践层次上的有效对接。高校可以通过与校外文化实践基地建立长期合作关系及建设完善的校内文化实践平台,鼓励学生参与相关实践项目,如走访老党员、调研红色遗址等,通过更加生动和直观的方式使学生深度融入社会实践的"第二课堂"之中,不断加深青年学生对社会主义先进文化与中国共产党历史之间内在联系的理解和感悟,从而达到坚定文化自信、落实立德树人的党史课教育目的。

---

① 谢贵兵:《社会主义先进文化融入思想政治理论课的思考——以"思想道德修养与法律基础"课程为例》,《文教资料》,2019年第32期。

（二）强化师资队伍，创新融入形式

习近平总书记强调，要抓住思政课教师队伍建设这个关键，办好思想政治理论课关键在教师，关键在发挥教师的积极性、主动性、创造性，并对思政课教师提出了"政治要强、情怀要深、思维要新、视野要广、自律要严、人格要正"的总要求。① 思政课教师在社会主义先进文化融入党史课程的教学实践中承担着重要使命，高校需要进一步加强思政课教师队伍建设，提升教师的教学能力和综合素质。

首先，在融入内容方面，思政课教师要不断学习和了解社会主义先进文化的演进历程、理论内涵和最新研究成果，加强对社会主义先进文化的全面的、科学的、系统的研究，特别是要深入探究与当今时政热点相结合的前沿问题，确保课程内容既有深度又能与时俱进。同时，要掌握党史课程的逻辑构成、历史脉络、主要内容以及课程教学目标，在规划课程章节时合理融入社会主义先进文化的内容，使两者之间融会贯通以此来提高课程的吸引力和教学效果。

其次，将社会主义先进文化融入党史课程，必须充分考量学生自身的特点及其所学的专业背景。在设置党史课程的内容与教学目标时，将社会主义先进文化的理论知识与学生的专业实践紧密结合起来，尝试找到与之相关的社会主义先进文化元素以丰富课程内容，以便更有效地激发学生的兴趣和探索欲望。比如在针对航天技术专业类学生的教学实践中，可以通过讲述具有代表性的案例和故事，介绍我国航天技术发展史及其背后的航天精神，探讨航天精神如何体现社会主义核心价值观中的爱国、敬业等方面，通过与之相关的教学活动培养学生的爱国情感和社会责任感，鼓励他

---

① 肖贵清：《抓住思政课教师队伍建设这个关键》，2024 年 3 月 18 日，https://baijiahao.baidu.com/s?id=17938500024675120986&wfr=spider&for=pc，中国社会科学网。

们为国家和社会的发展作出贡献。

最后，教师队伍建设与能力提升不能故步自封，只局限于团队内部，必须加强教师团队之间的交流与学习，发挥思政课教师思想多样性的显著优势，鼓励跨校乃至跨地区的教师交流项目，探讨教学中的难点和解决策略，共建、共商、共享教学经验，不断拓展社会主义先进文化融入党史课程的现实路径，从而更好地服务于教学实践。

（三）加强协同联动，构建全方位育人体系

在 2018 年全国教育大会上，习近平总书记进一步深化蔡元培先生"五育并举"的教育理念，赋予了其新的时代内涵，后有学者将其总结深化为构建"德育为先，五育融合"的育人体系[①]，这一理念为新时代实施立德树人的工程提供了新的指导思想，并为构建全方位的育人体系提出了具体要求。基于这样的背景，在高校中将社会主义先进文化融入党史课程的教学实践成为实现上述目标的关键步骤之一，这不仅要求在教学内容、方法上进行深化和创新，还需要建立起高校相关部门长期合作的联动协同机制，形成高效的教学合力，充分发挥其在高校思政课建设中的带动性作用。

首先，加强协同联动，构建全方位育人体系，高校党委及其相关部门必须从顶层设计出发，发挥其在全校思政课建设中的领导作用，确保社会主义先进文化和党史课程深度融合改革的顺利进行。一方面，高校党委及其相关部门是制订整体课程改革规划的"领头羊"，必须从构建"大思政"格局入手，明确相关职能部门在思政课建设中的职责分工，制订详细的实

---

① 李成吾：《构建"德育为先，五育融合"人才培养体系》，2022 年 4 月，https://me.mbd.baidu.com/r/1oFoFDlHQfS?f=cp&u=6e284af5006c4e39&urlext=%7B%22cuid%22%3A%22gOHRu_ag280ZaHus0uB3u_8B28_Giv8UgiHTa_ugSi0HO2amgPHRa08pQRlNk1udMJ2mA%22%7D，中国教育新闻网。

施方案和细则,思政课推进教师、辅导员、党务与思政工作干部等多支队伍的融合发展,这是形成强大的思想政治教育合力、建立和完善"德育为先,五育融合"的育人机制的重要一步。另一方面,建立社会主义先进文化融入党史课程的有效融合机制,高校相关部门要从立德树人的教学目标出发,建立健全规章制度,需要深刻落实习近平总书记提出的"六个必须坚持"在思政课教学中的基本理念,编制符合学生全面发展要求的教学实践大纲。同时,高校利用好社会主义先进文化资源,还需要成立教材编写小组,组织编写以社会主义先进文化为教学导向的实践教学课本,有选择、有侧重地将社会主义先进文化的科学内涵融入教材,确保教材内容既符合社会主义核心价值观的要求,又能符合党史课程的教学培养方案。

其次,加强协同联动,构建全方位育人体系,还需要与校外资源,如党史研究基地、博物馆、纪念馆等单位建立稳定的合作关系,签署相关合作协议,组织学生进行社会实践教学,以深化对社会主义先进文化的理解。同时,还需要进一步整合校内外资源,践行理论与实践相结合的教学方针,形成一套完整的实践教学体系。

(四)强化网络教学赋能,完善教学反馈机制

近几年来,科学技术的迅猛发展,特别是人工智能技术的应用,为教育教学带来了显著的改进,为思政课建设提供了新的教学发展方向,网络教学平台的创新发展为社会主义先进文化融入党史课程提供了多元化途径和手段,实现了线上线下、课堂内外相结合的教学模式,这些技术进步不仅丰富了教学内容的呈现方式,还提升了学习体验和效果。

强化网络教学赋能并完善教学反馈机制是不断提升教学质量的重要手段。大数据、人工智能等数字技术的快速发展,实现了传统社会主义先进文化资源的数字型转化,打破了传统思政课堂时间和空间的限制,进一步推进了思政课内容、方式等方面的信息化和时代化。

首先，社会主义先进文化的形成与发展经历了一段较长的时期，利用数字媒体技术对其进行数字型转化，可以建立起一个鲜活的文化资源宝库，将其引入党史课程的教学，不仅丰富了课堂教学的内容，还优化了教学资源。

其次，网络平台增强了教学的互动性，为优化个性化学习路径提供了新的道路。一方面，在社会主义先进文化融入党史课程教学实践的过程中，教师可以利用新媒体技术，创建一个融合学习、交流、分享多功能一体化的学习平台，制作并分享结合教学内容的视频资源、情景体验等，并结合线下课堂教学与实践活动，使学生能够在多种场景下学习和体验党史及社会主义先进文化。另一方面，网络教学平台为实现社会主义先进文化融入党史课程的分板块教学提供了现实路径，根据学生的专业背景和能力差异设计不同的学习板块，学生可以根据自己的需求自主选择学习内容，为学生推荐最适合他们的学习资源和发展方向。

最后，网络平台为完善教学反馈机制提供了便利，能够实现多向反馈互动。其一，教师可以通过网络平台建立一个专属课程的学习管理系统，用来发布课程资料、布置作业、课堂测试，并记录学生的签到情况和表现，通过数据导出和分析，教师可以获得关于学生学习习惯和效率的重要信息。其二，可以通过发布问卷、设置开放性题目，收集学生的信息以及对课堂的建议，这种方式可以帮助教师了解学生的学习需求、兴趣、难点以及对课程的看法，从而更好地调整教学策略以满足学生的需要。其三，网络反馈机制在学校监督和评估实际教学效果中扮演着重要角色，它可以帮助学校管理层深入了解教学过程中的成效与不足，从而及时调整教学大纲和加强教师的能力培训，进而优化整体的教学质量。

社会主义先进文化融入党史课教学的必要性与契合性*

刘园园①

摘　要：社会主义先进文化是中国特色社会主义文化的重要组成部分。社会主义先进文化融入党史课教学，是坚持"两个结合"、坚定"四个自信"的必然要求，是弘扬社会主义核心价值观的必然要求，亦是应对意识形态领域挑战的必然要求，具有重要意义。社会主义先进文化与党史课教学在教学内容、内在涵养、价值目标方面高度契合，为社会主义先进文化融入党史课教学提供了可能。社会主义先进文化融入党史课，有助于充分发挥立德树人的重要作用，增强民族自豪感和凝聚力，促进社会主义核心价值观的培育和践行。

关键词：社会主义先进文化；党史课教学；必要性；契合性

"理论自觉、文化自信，是一个民族进步的力量；价值先进、思想解

---

* 【基金项目】四川大学马克思主义学院 2022 年新进教师教学研修项目（项目编号：MYXJ202201）。

① 【作者简介】刘园园，四川大学马克思主义学院助理研究员，法学博士，主要从事马克思主义理论研究。

放，是一个社会活力的来源。"① 党的十八大以来，以习近平同志为核心的党中央在既有道路自信、理论自信、制度自信的基础上，通过"第二个结合"的实践方法论，提出具有文明主体性特质的文化自信，将文化建设提升到一个新的历史高度，加快推进民族文化创新能力与全社会文化认同感的整体跃升。

党的二十届三中全会审议通过的《中共中央关于进一步全面深化改革、推进中国式现代化的决定》立足中华民族伟大复兴战略全局，以深化文化体制机制改革为主线，对构建社会主义先进文化作出全面部署，提出"必须增强文化自信，发展社会主义先进文化，弘扬革命文化，传承中华优秀传统文化"②。将社会主义先进文化融入党史教育的目的在于实现历史传承主体性与文化创新主体性的辩证统一。

一、社会主义先进文化的精神内涵与育人目标

社会主义先进文化是习近平文化思想的重要组成部分，体现了中国特色社会主义文化的时代性与先进性，彰显着中国文化的发展规律与前进方向，是实现中华民族伟大复兴的文化力量与精神旗帜。

（一）社会主义先进文化的基本内涵

社会主义先进文化始终坚守马克思主义理论根基。马克思主义是我们立党立国、兴党兴国的根本指导思想③，解放思想、实事求是、与时俱

---

① 《习近平在纪念马克思诞辰200周年大会上的讲话》，《人民日报》，2018年5月5日，第2版。
② 《中共二十届三中全会在京举行》，《人民日报》，2024年7月19日，第1版。
③ 习近平：《在纪念毛泽东同志诞辰130周年座谈会上的讲话》，《人民日报》，2023年12月27日，第2版。

以文化人　守正创新
——新时代党史课程教学改革探索

进，是马克思主义活的灵魂①。社会主义先进文化通过理论遵循与创新转化相结合的方式，促进马克思主义文化理论与中国具体国情实现深层次结合。这种理论实践双向互动的过程，既着力将马克思主义哲学精髓转化为富有民族特质的文化符号，又着重在现代化发展语境中完成理论的当代重构，进而塑造出体现中华文明底蕴、符合时代精神特质的文化范式，为推进中国式现代化建设注入不竭的思想动能。

社会主义先进文化具有先进性。社会主义先进文化产生于"站起来、富起来、强起来"的民族进程中。1840年后的中国沦为半殖民地半封建社会，国家蒙辱、人民蒙难、文明蒙尘，各种救国方案皆以失败告终。前现代文明秩序解体与重构中又暴露出资产阶级在殖民现代性困境中的软弱性。十月革命一声炮响，给中国送来了马克思列宁主义，并通过新民主主义革命、新中国成立到新时代，实现了从观念传播到政治实践的辩证飞跃。这种文化先进性在中华民族"站起来、富起来、强起来"的实践中得以展现：在革命阶段体现为列宁主义先锋队理论与农民战争历史传统的创造性综合；在建设时期呈现为《论十大关系》中生产力跃升与文化反作用力的矛盾运动；在改革进程中升华为社会主义市场经济与文化领导权再生产的制度创新。这种文明演进路径确证了无产阶级政党作为历史总体性主体的文化自觉，更意味着改革开放以来，中国特色社会主义道路的一系列新实践、新改革、新变化、新成就也在不断实现着社会主义先进文化的丰富与发展，如改革创新、开拓进取、求真务实等。因此，社会主义先进文化蕴含先进性。

社会主义先进文化彰显时代性。社会主义先进文化体现了改革开放以来的时代精神，包括改革创新、开拓进取、求真务实等，这一文化形态根

---

① 习近平：《实现中华民族伟大复兴的必由之路——关于坚持和发展中国特色社会主义》，《人民日报》，2016年04月21日，第9版。

植于马克思主义中国化实践，承载社会主义制度的核心价值，构筑中国精神的价值基准，凝聚全民族共同奋斗的精神共识。新时代背景下，社会主义先进文化注重科学精神与人文价值的融合，既突显科技作为核心生产力的地位，强化文化领域新质生产力培育，又强调人的主体性发展，推动个体素质提升与社会整体进步相统一，着力培育具备现代文明素养的公民群体。

社会主义先进文化蕴含民族传承性。社会主义先进文化深植中华五千年礼乐文明的连续性基因，但这种文化形态既非对传统农耕文明的简单再现，亦非对马克思主义教条式的理解，而是在辩证扬弃中形成的复合文明形态——既承继"天下为公、讲信修睦"的社会追求，又发展共产主义、社会主义的理想信念；既传承"民为邦本、为政以德"的治理思想，又融入"人民至上"的政治观念等。这种文化创新本质上是马克思主义基本原理与中华文明基因的深刻的"化学反应"，造就了一个有机统一的新的文化生命体，既维系中华文明的精神命脉，又塑造适应数字文明时代的文化适应性，使其在增强民族凝聚力、提升国际话语权、培育文化主体性方面发挥着不可替代的战略功能。

人民性是社会主义先进文化的本质属性。社会主义先进文化承续与贯彻马克思主义的人民性，以人民需求为价值中枢，通过公共文化服务体系完善精神文化产品供给，持续提升国民文明素养与文化获得感，筑牢民族复兴的精神根基。自延安时期至新时代的文化建设脉络始终贯穿着人民性原则，从《在延安文艺座谈会上的讲话》到党的二十大报告，"为人民服务"的根本宗旨一脉相承。这种以人民为中心、理论与实践互动的文化发展模式，既保持马克思主义文化观的本质属性，又通过与时俱进焕发持久生命力，构成新时代文明演进的重要实践进路。

（二）社会主义先进文化蕴涵的育人价值目标

社会主义先进文化以社会主义核心价值观为精神坐标系，锚定"时代新人培育工程"的战略目标。新时代教育以"铸魂育人"为核心使命，着力锻造堪当民族复兴重任的时代先锋，培育德智体美劳全面发展的社会主义建设者。社会主义先进文化作为立德树人的核心载体，始终贯穿育人全过程，其功能集中体现为思想引领、人格塑造、潜能激发、人才锻造和民生服务。这一文化育人范式通过深化文化自信教育，系统性提升全民族精神凝聚力，同步推进个体德智体美劳全面发展，充分彰显中国特色社会主义教育的本质要求。

社会主义先进文化作为无产阶级的意识形态，蕴涵三个育人价值目标。其一，坚定马克思主义信仰的真理之基。社会主义先进文化始终以马克思主义为灵魂，通过深化"两个结合"的理论创新与实践转化，将辩证唯物主义与历史唯物主义融入全领域育人体系。其不仅面向青少年培育政治认同，更通过文艺创作、公共文化服务等载体，在社会各领域厚植"中国共产党为什么能，马克思主义为什么行，中国特色社会主义为什么好"的信念根基，使全体人民在文化浸润中形成对马克思主义的真理性信仰。其二，传播马克思主义世界观与方法论的行动之钥。社会主义先进文化体系以社会主义核心价值观为坐标系，将马克思主义的立场观点方法转化为认知世界的思维工具，引导人们掌握矛盾分析法、群众史观等科学方法论，培养透过现象看本质的思维能力，在改造客观世界的过程中深化对"思维与存在关系"的规律性认知。其三，凝聚民族复兴伟力的实践之效。社会主义先进文化深刻体现思维对存在的能动反作用，通过塑造共同理想信念激发"改变世界"的磅礴伟力。其以"中国式现代化"叙事重构精神坐标，在脱贫攻坚、科技创新等重大成就的文化表达中，将制度优势转化为集体奋斗的情感认同。这种文化动能既表现为对"伟大建党精神"的传承弘扬，更通过培育改革创新的时代精神，推动物质文明与精神文明协同发展，为中华民族伟大复兴提供不竭动力。

总的来说，社会主义先进文化育人目标的本质要求，是以教育为根本途径，实现个体德智体美劳全面发展与社会主义核心价值观内化践行的有机统一，同时通过文化传承创新持续赋能中国特色社会主义文化繁荣发展，为中华民族伟大复兴提供精神动力和人才支撑。

二、高校中共党史课的育人逻辑与教学目标

（一）高校中共党史课的育人逻辑

中共党史课作为一门综合性学科，集历史学、政治学、思想政治教育学的三重学科育人逻辑于一身。从历史学的育人逻辑看，中共党史课聚焦中国共产党百年奋斗历程的系统研究，涵盖党的成立、革命实践、改革决策等关键历史节点，遵循"经史合参"的学术范式——通过梳理马克思主义中国化时代化的历史逻辑，引导学生从"四个选择"的必然性中理解党的真理力量，强化唯物史观与"两个结合"的理论自觉；注重历史细节与宏观叙事的辩证统一，运用"历史－理论－实践"互动机制，培育学生的历史纵深思维与战略研判能力，为锻造具有历史思辨力与使命担当的新时代人才奠定基础。从政治学的育人逻辑来看，中共党史课聚焦党的思想理论创新与国家治理现代化实践，通过政策演变与制度创新的案例教学，深化对中国特色社会主义理论体系的政治认同，形成"历史镜鉴－现实治理"的认知素养培育，这种双重属性使其既传承历史学科求真精神，又服务于治国理政的现实需求。从思想政治教育学的育人逻辑看，中共党史课构建起"铸魂育人"的双向赋能机制，自延安时期纳入党校教育体系起，其核心功能即定位于政治认同培育与价值观念塑造，自2021年习近平总书记提出"党史学习教育正当其时"，中共党史课程通过"四史"教育与

大历史观培育，将党的百年奋斗经验转化为"四个自信"的精神内核，在知识传授中实现意识形态引领。该课程深度融入"大思政课"改革，通过阐释党的创新理论与重大成就，推动历史规律认知与政治价值引领的同频共振。

（二）中共党史的教学目标

一是"让历史说话，用史实发言"，阐证坚持中国共产党的领导、坚持走中国特色社会主义道路的历史必然性，深化对马克思主义中理论真理性与实践伟力的认识；二是以中共党史课为枢纽贯通"五史"教育，助力广大学生理解中华民族"站起来－富起来－强起来"的历史逻辑，推动学生形成"四个正确认识"与"两个维护"的思想自觉；三是落实习近平总书记"学史明理、学史增信、学史崇德、学史力行"① 要求，将党史中的理论力量、道德资源与实践智慧转化为服务中华民族伟大复兴的行动自觉。

总的来说，高校中共党史课是一门集政治教育、历史教育、思政教育于一体的综合性课程，旨在通过深入学习和理解中国共产党的历史，培养具有坚定理想信念和全面发展能力的时代新人。

三、社会主义先进文化融入党史课教学的必要性

党的二十届三中全会明确提出"增强文化自信，发展社会主义先进文化，弘扬革命文化，传承中华优秀传统文化"② 的战略要求，为党史课建设指明新方向——通过将百年党史与五千年文明史贯通阐释，在理论武装中筑牢政治认同，在文化浸润中增强历史主动，全面提升课程的思想穿透

---

① 《习近平在党史学习教育动员大会上强调　学党史悟思想办实事开新局　以优异成绩迎接建党一百周年》，《人民日报》，2021年02月21日，第1版。
② 《中共二十届三中全会在京举行》，《人民日报》，2024年7月19日，第1版。

力与育人实效性。

（一）社会主义先进文化融入党史课教学，是坚持"两个结合"的根本要求

2023年10月，全国宣传思想文化工作会议正式提出和系统阐述了习近平文化思想，指出"两个结合"是习近平文化思想的基础。作为新时代教育改革的方法论指南，"两个结合"要求党史教育立足"中国式现代化"战略全局，通过历史叙事凸显制度优势、文化特色与治理效能。将科技自立自强、生态文明建设等新时代实践转化为可感知的教学案例，使青年在文明比较视野中理解"中国道路"的历史必然性，了解中国传统智慧、风格、气派，为培育具有文明自觉的新时代人才提供理论武装。党史教育承载着历史基因传承与时代新人锻造的双重使命，必须持续深化习近平新时代中国特色社会主义思想铸魂工程，将"两个结合"方法论贯穿育人全程，为民族复兴培育兼具文化自信与创新能力的先锋力量，最终实现"经史互"育人目标与文明范式创新的理论自觉有机统一。

（二）社会主义先进文化融入党史课教学，是坚定"四个自信"的必然要求

社会主义先进文化既能通过历史叙事与制度实践的双重维度展现"中国式现代化"的文明进路，又揭示了中国共产党领导人民实现民族复兴的实践逻辑，体现了中国道路的独特智慧。透过历史情境融合学理阐释，引导青年深入理解"中国智慧、中国方案、中国力量"的现代生成逻辑。这种深度融合不仅能实现课程的文化浸润功能，更能显著增强思想政治教育的理论穿透力与价值感召力。例如：在课程中构建"脱贫攻坚彰显制度优势""中国天眼"等新时代实践案例库、在教学中采用"比较文明研究法"揭示中国式现代化与西方现代化模式的本质分野等，加强学生对中国共产

党治国理政方案的深刻理解，增强"四个自信"。这种教育创新实现了百年党史与中华文明史的"经史互鉴"，使青年学生在历史与现实的对话场域中淬炼出文化主体意识与战略研判能力，为推进中国式现代化培育兼具历史智慧与"四个自信"的先锋型治理人才。

（三）社会主义先进文化融入党史课教学，是弘扬社会主义核心价值观的必然要求

习近平总书记强调，青少年阶段是人生的拔节孕穗期，需要精心引导和栽培。党史教育作为国家意识形态建设的一部分，能够将中国共产党领导民族复兴的百年历程转化为具象化的认知图谱。这种教育创新范式既通过"北斗系统创新路径解码"等实证案例，可视化呈现中国特色社会主义制度的文明突破，又在"五个认同"的理论建构中筑牢青年学子的思想根基，为培养社会主义现代化建设具有文明自觉的战略型人才提供价值支撑。

在党史教育中有机融入社会主义先进文化，既能够通过历史叙事揭示中国共产党领导人民实现民族复兴的实践逻辑，推动青少年学生深刻理解爱国与爱党、爱社会主义的高度统一，进而筑牢"五个认同"思想根基；又能以红色文化资源为载体，强化各民族共同奋斗、共同发展的历史记忆，促进民族团结进步，切实铸牢中华民族共同体意识。例如，在教学中引入"重走赶考路"，使学生在历史情境中感悟党的优良传统、战略眼光和崇高精神，在课堂讨论和教学实践中引导学生感悟到革命精神、斗争精神、时代精神、改革精神等精神谱系的激励，从而自觉将社会主义先进文化于核心价值观转化为思想自觉、行动自觉，树立起胸怀天下的共产主义远大理想，接力建设新时代的社会主义的重任。这一教育实践既是传承红色基因、赓续精神血脉的文化自觉，也是弘扬社会主义核心价值观的具体落实。课程设置严格遵循"四个历史必然性"阐释原则：系统论证中国共

产党的执政合法性、社会主义道路的历史选择性、改革开放的时代必然性、民族复兴的文明延续性。为构建社会主义文化强国建设、实现中华民族伟大复兴凝聚精神力量,为弘扬社会主义核心价值观锻造教育之维。

(四)社会主义先进文化融入党史课,是应对意识形态领域挑战的必然要求

当前我国的意识形态安全面临多维挑战:历史虚无主义运用解构性叙事策略,通过"微观史考证异化""流行文化戏谑化"等路径消解主流价值;西方意识形态渗透依托全媒体传播矩阵,造成后真相时代的认知偏差。针对数字原住民群体存在的认知碎片化、价值悬浮化特征,必须深化对中国道路历史必然性的规律认知,形塑抵御错误思潮的理论免疫系统。在文明秩序重构加速的全球变局中,这种文化赋能型教育已成为增强意识形态治理韧性、维护文明主体性的战略选择。

社会主义先进文化融入党史课,有助于应对意识形态领域的挑战,帮助青年抵御"解构崇高""泛娱乐化"的错误认知基础上,进一步形成主体性认知。这种教育创新既通过"五史"教育强化历史记忆,加强中华民族共同体建设,又使青年在"历史—现实—未来"的三重时间维度中淬炼政治定力,为应对"认知域作战""文化软殖民"等非传统安全威胁面前铸牢认知根基,引导青年成长为坚定不移拥护中国共产党领导、勇于担当民族复兴重任的有用之才,为实现中华民族伟大复兴贡献力量。因此,社会主义先进文化融入党史课是实现意识形态治理能力代际跃升的必然要求,有助于维护国家意识形态安全,坚定文化自信,更是国家意识形态领域安全战略的深厚支撑。

总之,社会主义先进文化与党史课的深度融合,是培育担当民族复兴大任的时代新人、铸牢中华民族共同体意识的战略举措。这种文化赋能教育实践不仅具有推动中国式现代化进程的现实紧迫性,更肩负着传承红色基因、赓续精神血脉的历史使命，为新时代青年树立正确的历史观、民族观、价值观提供了思想根基与精神动力，聚焦在新的历史起点上继续推动文化繁荣、建设文化强国、建设中华民族现代文明这一新的文化使命。将蕴含新时代精神的社会主义先进文化融入党史课，帮助青年大学生更好地学习中共党史，积聚强大精神动力，矢志不渝地投身实现中华民族伟大复兴的壮丽事业。

四、社会主义先进文化与中共党史课的契合性

（一）社会主义先进文化形成历程与中共党史课内容高度契合

社会主义先进文化形成于党领导人民进行革命、建设与改革的伟大实践中，深植于马克思主义中国化理论成果，赓续中华优秀传统文化与革命文化内核精髓，紧扣时代人民精神需求。这种文化形态通过"两个结合"实现马克思主义中国化文化进路与中国实践的融合创新，构建起涵盖红旗渠精神、改革开放精神、脱贫攻坚精神等时代标识的精神谱系，形成具有中国特色的现代文明话语体系。其发展目标与高校党史教育的育人使命高度一致——通过解读中国共产党治国理政的文化进路，培育兼具历史智慧与战略定力的时代新人，为中华民族伟大复兴提供精神动力。其指导思想、文化根脉、目标使命与高校党史课的建设宗旨和价值依归具有高度契合性。党史教育作为"培根铸魂"的核心载体，其本质是马克思主义历史观的教育实践。习近平总书记强调，党的历史是最生动、最有说服力的教科书[①]。党史课与社会主义先进文化历程有内在的高度契合。第一，党史是中国共产党领导全国各族人民进行革命和建设的政治奋斗史，是党不断保持自身先进性和纯洁性，加强自身建设的历史，反映了人民的政治选择

---

① 《党史学习教育工作条例》，人民出版社，2024年2月第1版，第21页。

历程和党的政治建设历程。第二,社会主义先进文化就生成逻辑而言,是中国共产党团结带领中国人民开创、坚持和发展中国特色社会主义事业的反映,体现了中国特色社会主义的"四个自信"。第三,就丰富内涵而言,中国共产党为中国人民谋幸福、为中华民族谋复兴的初心使命与精神风貌,在实践中凝练出中国共产党人的精神谱系和社会主义文化特征。第四,就基本特征而言,社会主义先进文化是由于对中华优秀传统文化的继承创新,对革命文化的拓展发展而具有民族性、传承性、开放性、包容性、时代性和超越性。因此,社会主义先进文化融入党史课,既是社会主义先进文化融入思政课的建设要求,也是党史课讲好中国共产党故事、中国人民故事和中国故事的立场与追求。

(二)社会主义先进文化内在涵养与党史课内在要求的高度契合

习近平总书记指出,高校思政课建设需立足"两个结合"理论创新,以中华优秀传统文化、革命文化和社会主义先进文化为力量根基[①]。党史学习教育,是牢记初心使命、推进中华民族伟大复兴历史伟业的必然要求,是坚定信仰信念、在新时代坚持和发展中国特色社会主义的必然要求,是推进党的自我革命、永葆党的生机活力的必然要求[②]。

深化社会主义先进文化的根基,能坚定党史课的政治性。文化是人类所创造和积淀的精神财富,同时又深深滋养着人类的精神世界。文化的先进性、正确性及其蕴含的核心价值观,在以文化人的过程中能够传递正确的、积极的、先进的价值导向。这种价值导向的影响是深远的、难以撼动

---

① 中共中央宣传部:《习近平文化思想学习纲要》,人民出版社,2024年12月第1版,第77页。
② 习近平:《学党史悟思想办实事开新局 以优异成绩迎接建党一百周年决胜全面建成小康社会》,《人民日报》,2021年2月21日,第1版。

以文化人 守正创新
——新时代党史课程教学改革探索

的,一旦形成了某种价值观就会内化为一种精神追求、外化为相应的自觉行动,具有稳定性和持久性①。社会主义先进文化是伴随着新中国的社会主义建设、改革开放而形成的,以马克思主义为指导,以社会主义核心价值观为内在的价值系统,是被实践证明正确的先进文化。社会主义先进文化融入党史课,为党史课的课程建设与精神导向提供了更为充沛的文化养分,确保党史课作为思政建设的重要渠道,在启智润心方面始终坚定正确的发展方向。

党史课供给鲜活案例,提升社会主义先进文化的感染力。文化需要现实为土壤,内涵需要实践来支撑。社会主义先进文化的内在涵养需要在中国的社会主义现代化实践当中方能得到鲜活生动的体现和真实深刻的感染力。党史课中包含社会主义革命、建设和改革等现代化历程中大量的实践经验,提供了丰富的经典故事和人物传记,能够增强社会主义文化的感染力。例如,在社会主义先进文化中,有焦裕禄鞠躬尽瘁、王进喜拼命也要拿下大油田、黄大年毅然归国等故事……用这些案例讲述社会主义先进文化内涵,丰富了党史课的课程内容,既能够增强学生的兴趣,又能够提升党史课与社会主义先进文化的亲和力、吸引力和感染力,使党史课真正做到铸魂育人,让社会主义先进文化切实融入教材编写、课堂教学的各个环节,并深深扎根于学生的思想意识之中。

社会主义先进文化彰显强大信心,能增强党史课文化认同,提振文化自信。文化自信是更基础、更广泛、更深厚的自信,是一个国家、一个民族发展中最基本、最深沉、最持久的力量。② 社会主义先进文化是最具崭新时代精神的、经由社会主义实践践行出来的文化精髓,是先进且有强大

---

① 韩喜平:《中国特色社会主义文化是讲好思政课的力量根基》,《光明日报》,2024年6月18日。

② 《中共中央关于党的百年奋斗重大成就和历史经验的决议》,人民出版社2021年11月第1版,第50页。

生命力的文化，其存在本身就彰显着文化自信。社会主义先进文化蕴含的改革开放精神、载人航天精神、脱贫攻坚精神、探月精神、新时代北斗精神等构成的精神谱系，既塑造了中国人民向上向善的价值坐标，也凝聚了自强不息、攻坚克难的精神力量，成为推动民族复兴伟业的核心动力。作为社会主义核心价值观的重要源泉，社会主义先进文化以马克思主义方法论为根基，既彰显了中国共产党为人民谋幸福、为民族谋复兴的初心使命，又通过崇高理想与共产主义信念的具象化表达，深刻诠释了中国共产党领导全国各族人民推翻阶级压迫、开创中国特色社会主义道路的历史逻辑与实践必然性。因此，社会主义先进文化本身就彰显着中国道路、中国经验、中国模式的自信，彰显着对自身文化的高度认同与坚定信心。深入学习社会主义先进文化，有助于青年学生从心底里树立文化自信，增强文化认同。因此，我们要充分挖掘社会主义先进文化内在的真理性、科学性，将党史课中的实践经验上升为体系化的理论学说，从文化维度真正做到以透彻的学理分析回应学生，以彻底的思想理论说服学生，以真理的强大力量引导学生。社会主义先进文化融入党史课，能够促进学生在学习中增长知识、增进认同、增添情感，从"两个结合"的高度，认识中华优秀传统文化、革命文化和社会主义先进文化在当代中国的统一性，自觉在党史课堂中成为有立场、有情怀、有思想的新时代青年，成为社会主义先进文化的践行者，成为当代中国文化的传承者和传播者。

（三）社会主义先进文化与党史课育人目标的高度契合

社会主义先进文化与党史课育人目标高度契合。党史学习教育以"明理、增信、崇德、力行"为价值坐标，通过中共党史课这一渠道在高校中系统实施，旨在实现三重功能：一是引导学生深化对马克思主义中国化理论成果的认识，从中国共产党百年奋斗史中揭示"三个为什么"的历史逻辑，筑牢"四个意识"政治根基；二是通过阐释精神谱系中的改革开放精神、探月精神、脱贫攻坚精神等实践密码,培育青年学生"四个自信";三是依托红色文化资源构建"大思政课"育人格局,在知行合一上下功夫,涵养忠于党、造福人民、严于律己的道德品格。社会主义先进文化作为中国特色社会主义文化的内生动力,既是以马克思主义为指导、融通中华优秀传统文化精髓与革命文化基因的先进文化形态,更是新时代中国人民精神追求的集中体现。其创造性转化与创新性发展不仅彰显了中国特色社会主义道路的文化生命力,更为培育担当民族复兴大任的时代新人提供了价值指引与实践范式。

当代青年学生的思想体系构建、文化观念形成及精神追求确立,均受到社会主义先进文化的积极引领与方向性指导,这要求课程内容深度融入中国特色社会主义生动实践案例,以脱贫攻坚、科技创新、生态文明建设等历史性成就为实证支撑,通过系统阐释习近平新时代中国特色社会主义思想的科学理论体系、精神实质与实践要求,引导学生实现从文化认同到政治认同的转化,切实掌握贯穿其中的马克思主义立场观点方法;引导学生运用所学的理论知识剖析和阐发社会热点问题,将理论优势转化为实践效果,不断增强党史课的现实关怀和社会实践性,最终培育出具有坚定理想信念、强烈家国情怀、扎实理论功底的社会主义事业接班人。同时要注重以社会主义先进文化强化价值引领。党的二十大报告指出,要"以社会主义核心价值观为引领,发展社会主义先进文化"。社会主义核心价值观是社会主义先进文化的精髓,要坚持以社会主义核心价值观为引领,帮助学生扣好人生的第一粒扣子,使其内化为青少年的精神追求和行为习惯。要用好社会"大课堂"引导学生走进中国式现代化的生动实践,感受社会主义先进文化的思想源头和现实基础,自觉践行社会主义核心价值观,努力培养出更多让党放心、爱国奉献、担当民族复兴重任的时代新人,让党史课充分发挥学史明理、学史增信、学史崇德、学史力行的教育意义。

五、结语

党的二十大报告指出:"我们要坚持马克思主义在意识形态领域指导地位的根本制度,坚持为人民服务、为社会主义服务,坚持百花齐放、百家争鸣,坚持创造性转化、创新性发展,以社会主义核心价值观为引领,发展社会主义先进文化,弘扬革命文化,传承中华优秀传统文化,满足人民日益增长的精神文化需求,巩固全党全国各族人民团结奋斗的共同思想基础,不断提升国家文化软实力和中华文化影响力。"①

习近平总书记强调:"文化认同是最深层次的认同,是民族团结之根,民族和睦之魂。"② 中共党史课程作为思政课建设体系之一,其本质是通过历史认知引导塑造价值体系,培育学生的"四个自信"与"五个认同",将中国共产党人精神谱系转化为青年学子的红色基因。社会主义先进文化是中华优秀传统文化和革命文化的赓续传承、创造转化和创新发展,是中华民族一脉相承的精神脉络。文化就是中国人的独特精神世界,百姓日用而不觉的价值观③。党史课的教育过程,不仅仅在于使青年学子深入学习了解中国共产党的历史,从党的历史中汲取智慧和力量,弘扬伟大建党精神,更在于要以史鉴今、资政育人,将新时代北斗精神等实践智慧上升为自主知识体系,夯实文化自信根基,培养青年学子唯物史观和正确党史观,弘扬社会主义核心价值观,发展社会主义先进文化,为强国建设、民族复兴提供精神力量。

---

① 《高举中国特色社会主义伟大旗帜 为全面建设社会主义现代化国家而团结奋斗——在中国共产党第二十次全国代表大会上的报告》,人民出版社,2022年10月第1版,第49页。
② 中共中央宣传部:《习近平文化思想学习纲要》,人民出版社,2024年12月第1版,第80页。
③ 汤玲:《中华优秀传统文化、革命文化和社会主义先进文化的关系》,http://www.qstheory.cn/dukan/hqwg/2019-10/09/c_1125079341.htm,求是网。

以文化人　守正创新
——新时代党史课程教学改革探索

当今世界正经历百年未有之大变局，文化正在成为衡量国家软实力与人类文明新形态的关键坐标。在建设文化强国、坚定文化自信的历史使命下，社会主义先进文化与党史课的深度融合，既能够通过"大思政课"育人格局将社会主义核心价值观培育融入教学全过程，增强青年学生的文化主体性与价值认同，又能够以马克思主义中国化时代化最新成果武装学生头脑，培养其运用中国智慧解决实际问题的实践能力。这种文化赋能教育实践，是落实"培根铸魂、启智润心"育人要求的关键路径，更是培育具有历史纵深感、文化创造力的社会主义建设者的重要路径，能够为全面建成社会主义现代化强国注入持久精神动力的战略支撑。

社会主义先进文化融入党史课教学的价值旨归、现实困境与路径选择研究

邢海晶　叶碧琳[①]

摘　要：社会主义先进文化继承中华优秀传统文化和革命文化的精髓，将其融入党史课教学当中是新时代推动文化创新、增强文化育人实效、深化党史课程内涵的应有之义。然而，现阶段社会主义先进文化在融入党史课教学的过程中在二者关系定位、师资队伍建设、学生观念转变等方面仍然面临现实困境。完善统筹机制、提升师资队伍融入意识和能力、创新教学方式方法是突破现有困境的有效路径。

关键词：社会主义先进文化；党史课教学；有效路径

一、引言

习近平总书记对学校思政课建设作出重要指示，强调要"以中华优秀传统文化、革命文化和社会主义先进文化为力量根基""守正创新推动思

[①] 【作者简介】邢海晶，四川大学马克思主义学院教授，博士生导师，哲学博士，主要从事思想政治教育研究；叶碧琳，四川大学马克思主义学院硕士研究生，主要从事思想政治教育研究。

以文化人 守正创新
——新时代党史课程教学改革探索

政课建设内涵式发展，不断提高思政课的针对性和吸引力"①，增强思政课建设实效，开创新时代思想政治教育新局面。社会主义先进文化是中华民族精神的时代升华，它不仅承载着中华优秀传统文化和革命文化的精髓，还在这一历史继承的基础之上结合当代社会发展需求和实际，形成了具有鲜明时代特征的文化发展形态和建设方向。社会主义先进文化不仅是推动中国社会进步的重要精神力量，更是中华民族在全球化时代确立文化主体性、增强文化自信的精神旗帜与灵魂所在。通过社会主义先进文化的引领，中华民族得以在世界文化格局中稳步前行，展示出独特的文化魅力和强大的文化影响力。中共中央印发的《党史学习教育工作条例》指出，要"推动党史学习教育常态化长效化"②，从党的奋斗历程和伟大成就、光荣传统和优良作风、历史经验和实践创造中汲取智慧。因此，运用社会主义先进文化资源厚植党史课的力量根基，实现党史知识点传授向中国精神、中国价值的浸润，对于丰富党史课程的文化底蕴、增强党史课程思想内涵和时代活力、提升党史课程的教学质量和育人效果具有深刻意义。推动社会主义先进文化融入党史课教学，需要在理论层面明确其融入的价值旨归，剖析教学过程中存在的影响和制约因素，基于此提出社会主义先进文化融入党史课教学的有效路径。

二、社会主义先进文化融入党史课教学的价值旨归

社会主义先进文化既顺应了时代发展的潮流，又充分展现了中华民族的精神特质、社会风貌、价值观念和行为方式，成为引领时代发展的文化指南。社会主义先进文化融入党史课教学对于坚定文化自信、提升文化认同、深化课程内涵具有重要价值。

---

① 《不断开创新时代思政教育新局面 努力培养更多让党放心爱国奉献担当民族复兴重任的时代新人》，《人民日报》，2024年5月12日，第1版。
② 《党史学习教育工作条例》，人民出版社2024年版，第3页。

（一）推动文化创新性，坚定文化自信

中国共产党在带领全国各族人民进行社会主义伟大建设的实践过程中创造了具有时代精神和中国特色的社会主义先进文化。将社会主义先进文化融入党史课教学，是新时代推动文化创新、坚定文化自信的重要举措。

党史课不仅仅是传递历史知识的平台，更是培养学生思想深度、文化素养的重要途径。社会主义先进文化的形成与发展既是立足于历史实践的体现，也是着眼于中国特色社会主义伟大建设实践的结果。也就是说，社会主义先进文化深度融合了中华优秀传统文化的智慧与精髓，继承和发展了革命文化的坚韧与奋斗，不仅是对中华文化宝贵精神财富的传承与发扬，更是中华文化在当代中国的最新发展和创新体现。通过社会主义先进文化与党史课的深入融合，学生能够更加全面地理解中国共产党在领导革命、建设和改革过程中如何在继承中华优秀传统文化和革命文化的基础上，结合时代需求进行文化创新，最终形成独具中国特色的社会主义先进文化。同时，社会主义先进文化融入党史课教学能够更加直观地展现其在中华民族面临各种抉择与挑战时所发挥的精神支柱作用，使学生在党史知识学习的过程中逐步形成对中华文化强大生命力的深刻体会和对社会主义先进文化的高度认同，从而坚定文化自信，增强民族自豪感。

社会主义先进文化融入党史课教学能够从更加广泛的层面上促进社会主义文化强国建设。习近平总书记在文化传承发展座谈会上强调："在新的起点上继续推动文化繁荣、建设文化强国、建设中华民族现代文明，是我们在新时代新的文化使命。"[①] 中国共产党始终以与时俱进的创新理论引领着中国特色社会主义事业的发展，从马克思主义基本原理同中国具体实际相结合使马克思主义这个在欧洲游荡的幽灵扎根于古老的华夏大地，

---

① 《在文化传承发展座谈会上的讲话》，人民出版社2023年版，第10页。

以文化人 守正创新
——新时代党史课程教学改革探索

到同中华优秀传统文化相结合使中华文明克服了自身的保守落后性得以与现代文明接轨走上正确道路。这"两个结合"巩固了文化主体性，推动社会主义先进文化的创新和发展，使得文化认同和自信自强达到了新的高度，为推进文化强国建设奠定了坚实的基础。文化强国建设离不开一代又一代人对文化传承和创新的使命感，因此，青年学生必须承担起这一"新的文化使命"。社会主义先进文化与党史课教学的融合能够使学生在全面系统学习党史的过程中挖掘党在长期奋斗中积累的宝贵历史经验和精神财富。也就是说，作为中国在新时代文化领域探索和实践的成果，社会主义先进文化融入党史课教学使得党史课不仅仅是对过去历史成就尤其是文化成就的总结和回顾，更是在新时代背景下的创新与升华。这种融合进一步引导学生思考如何在新的历史条件下继续推动文化创新，如何通过文化强国建设实现中华民族伟大复兴，使学生不仅仅收获了历史知识，更得到了思想的启迪和精神的升华，激发他们肩负起新时代赋予的文化使命，成为社会主义文化强国建设的中坚力量，为社会主义先进文化在全球舞台上展现风采贡献自己的智慧和力量。

社会主义现代化强国建设的新征程中必然有阳光也有风雨，有坦途也有险阻，因此离不开社会主义先进文化的引领和支撑。将社会主义先进文化与党史课教学相融合，能够推动文化创新、坚定文化自信，使中华文化在新的历史条件下焕发出更加旺盛的生命力，成为引领中国社会前行、昂首阔步迈向中国式现代化新征程的重要精神力量。

（二）增强育人实效性，提升价值认同

社会主义先进文化在继承的过程中不断创新，既展现出了深厚的马克思主义理论特质，又凝聚着对中国具体国情和发展建设实践的现实观照，还以开阔的胸襟和包容的态度吸收借鉴了全球范围内的优秀文化成果，代表着中华文化的前进方向。社会主义先进文化融入党史课教学符合立德树

人的根本任务要求，能够增强育人实效性，提升学生的价值认同。

　　世界局势正面临着百年未有之大变局，文化软实力在激烈的国际竞争中发挥着愈发重要的作用。中国在抓住时代机遇融入世界发展浪潮的过程中也不断发展与政治经济相适应的社会主义先进文化，以此夯实自身精神支柱，成为世界文化百花园中靓丽的一环。然而，许多西方国家依靠自身在经济发展、政治话语、科学技术等方面的优势将带有西方意识形态的价值观念以文化的方式包装成意识形态渗透的糖衣炮弹，通过这种没有硝烟的方式肆意发动一轮又一轮的文化袭击，以此巩固自身的霸权地位。青年学生由于社会经验较少、尚处于三观形成的阶段，在各色文化相互激荡的开放环境中容易被这些消极、颓废的不良文化所诱导和蒙蔽。将社会主义先进文化融入党史课教学可以从历史发展客观规律的角度帮助大学生深入理解中华文化源远流长至今的原因，通过生动且深入的纵横比较理解社会主义先进文化被人民群众所选择的原因和其中蕴含的强大生命力，有效引导大学生抵御西方不良文化的影响，提升他们的文化辨识力和思想免疫力。通过将社会主义先进文化融入党史课教学，大学生能够深刻理解中国共产党在长期革命、建设和改革过程中所形成的优秀文化传统和精神力量。在党史课的学习中，大学生不仅能够认识到中国共产党如何在各种艰难险阻中坚守理想、不忘初心，还能够理解社会主义先进文化所倡导的爱国主义精神、集体主义精神，以及为人民服务、改革创新等思想。这些科学的、先进的、健康的文化内容为大学生提供了强大的思想武器和精神支撑，使他们能够更好地从党的历史中汲取智慧和力量以辨别和抵制各种不良文化的侵蚀。同时，在中国特色社会主义的伟大实践过程中，社会主义先进文化以社会主义核心价值观为核心，通过其理论体系和价值观念的传播与实践，引导人民群众树立正确的世界观、人生观和价值观，关注人的思想觉悟、道德修养和文化素养的提升。这一作用与党史学习教育需要"用党的奋斗历程和伟大成就鼓舞斗志、指引方向，用党的光荣传统和优良作风坚定信念、凝聚力量，用党的历史经验和实践创造启迪智慧、砥砺品格"① 的要求不谋而合。

党史课教学与高校思政课紧密相连，也是落实立德树人根本任务的重要课程。将社会主义先进文化融入党史课教学，能够帮助大学生在厘清历史逻辑的过程中汲取宝贵的精神营养，从而在面对复杂多变的社会环境时能够保持清醒的头脑以抵御不良文化的影响，明辨时代发展的趋势与潮流，增强党史课程育人实效。

（三）深化课程内涵，优化教育方法

社会主义先进文化内涵丰富，将其与党史课教学进行深度融合对于全面提升党史课程的理论深度和内涵价值、优化教育方法具有重要意义。

社会主义先进文化融入党史课教学能够增强课程思想深度。社会主义先进文化是中国共产党带领中国人民在长期实践中探索和创造的成果，因而也承载着党和国家在不同历史时期的核心价值观和思想精髓，成为党史的重要组成部分。将社会主义先进文化和党史课教学深度融合，不仅可以使学生深入理解党在各个历史阶段的理论探索和实践创新，还能够引导学生思考这些思想在新时代背景下的意义与应用。这种思想深度的提升，有助于培养学生更为成熟的历史观和价值观，使他们在学习党史的过程中，不仅能回顾过去，更能展望未来，明确自己的社会责任和历史使命。

社会主义先进文化融入党史课教学有助于提升党史课的时代性和现实观照能力。社会主义先进文化不仅继承了中华优秀传统文化和革命文化的精髓，更在与中国特色社会主义伟大实践相结合的过程中展现出鲜明的时代特征，展现出了中华民族在漫长的历史长河中所孕育出的以爱国主义为核心的时代精神和以改革创新为核心的时代精神。在党史课教学的过程当

---

① 《党史学习教育工作条例》，人民出版社2024年版，第4页。

中融入社会主义先进文化成果可以使党史课教学内容不再仅仅局限于过去的历史叙述而是紧密结合当下社会议题，与当前社会现实形成有机连接，增强课程的现实意义。例如，社会主义先进文化在现代化建设中的具体应用和表现可以通过分析改革开放以来中国共产党在经济发展、科技进步、民生福祉、社会治理等方面作出的巨大贡献来展现。这些当代具体案例的讲解不仅能够使学生从党史中提炼出解决现实问题的思路和方法，还能够把握党在不同历史阶段所倡导的价值理念的演变过程，从而增强课程的现实观照能力。

社会主义先进文化融入党史课教学还能够优化教育方式方法。党史课教学多以史实陈述、理论教学为主，而社会主义先进文化作为主流文化的代表和时代精神的体现，它更加侧重于打破党史课程的时空局限性，从隐形教育的层面引领党史课教学的方向、形成良好的党史教育氛围以达到润物细无声的效果。这与现阶段党史课教学主要采用的正面理论灌输教育法相辅相成。同时，社会主义先进文化不仅是历史经验的积淀，更是为了满足当前人民对幸福生活的追求而存在和发展的。将展现社会主义先进文化的典型事例、人物和精神融入党史课教学，能够使党史课更加生动、更有感染力，激发学生党史学习的兴趣和热情。

社会主义先进文化融入党史课教学，能够在提升课程内涵、丰富教育内容、优化教学方法、增强学生思想政治素质等方面发挥重要作用，是党史课教学乃至思政课内涵式发展的必然要求。

三、社会主义先进文化融入党史课教学的现实困境

从《关于在全党开展党史学习教育的通知》就党史学习教育作出部署安排，到《关于推动党史学习教育常态化长效化的意见》持续推进党史学习教育贯彻落实，再到《党史学习教育工作条例》对党史教育的主要任务、领导体制、学习内容等作出了全面的规范，为开展党史学习教育工作

以文化人 守正创新
—— 新时代党史课程教学改革探索

提供了基本遵循,党中央高度重视党史学习教育这一系统性、持久性工作。习近平总书记多次提到,要将社会主义先进文化作为推进思政课建设的力量根基。这说明党中央对于发挥社会主义先进文化的作用以推动党史课学习常态化长效化尤为关注。然而,现阶段推进社会主义先进文化融入党史课教学仍然面临诸多现实困境。

(一)二者角色关系定位不清,融入内容衔接有待顺畅

党史课程通常以历史事件的时间线为主轴,侧重于事件、人物和决策的叙述,而社会主义先进文化,尤其是其精神层面的内容,往往与具体的历史事件之间的联系不够紧密,导致在教学中出现割裂感,难以自然融入。同时,社会主义先进文化作为上层建筑的存在,其许多内容具有高度的理论抽象性。这些理论内容在党史课教学中如何与具体的历史事件、历史人物相结合往往缺乏清晰的路径导致教学过程中出现衔接不顺的问题。

社会主义先进文化在融入党史课教学的过程中出现了衔接流畅度方面的问题,而这些问题主要又由二者角色定位不清晰、关系模糊而产生。其一,社会主义先进文化在党史课教学过程中的定位不清晰。社会主义先进文化在党史课程中应当起到价值引领、历史阐述、文化传承、情感教育等多重作用。例如,就文化传承的作用而言,将社会主义先进文化融入党史课教学,能够帮助学生理解和传承中国共产党在革命、建设和改革过程中所形成的精神财富和文化传统,这是社会主义先进文化的重要组成部分。然而,现阶段社会主义先进文化在党史课教学开展的过程中到底扮演着什么样的角色?发挥着什么样的作用?社会主义先进文化的课程教学与党史课教学二者在课程目标、内容、任务、价值等方面是否能够完美契合?社会主义先进文化在党史课教学过程中的角色定位仍然处于模糊状态,在融合过程中出现的内容衔接不畅便是最直接的体现。其二,二者侧重点不同且处在不同的课程体系之中。就现阶段高校开展思想政治理论课的情况而

言,党史课教学主要依托"中国近现代史纲要"课程和"毛泽东思想和中国特色社会主义理论体系概论"课程展开,侧重于历史知识基础认知层面的教育,而关于社会主义先进文化的相关内容则主要依托"思想道德修养与法律基础"课程展开。二者在依托的课程方面有所不同,因而在整个思政课教学体系之中也难以做到有机结合。同时,现有的党史课教材当中,历史事件和社会主义先进文化的内容往往是分开编排的,缺乏有效地整合。这导致教师在使用这些教材时需要耗费巨大精力寻找社会主义先进文化与党史课的衔接点,容易造成教学过程不连贯。

社会主义先进文化融入党史课教学需要解决史实讲授与社会主义先进文化教育的有机统一问题、史料分析与精神价值的相互融合问题,还需要把握好理论教育与价值教育、政治性与学理性等诸多方面的关系问题。也就是说,如何从历史现象、历史本质中挖掘其中反映出来的精神文化,找到二者相互融合的切入口,是社会主义先进文化融入党史课教学面临的重要现实问题。

(二)师资队伍融入意识薄弱,融入方式方法有待创新

中共中央印发的《党史学习教育工作条例》明确将学校思想政治理论课作为推进党史学习教育的主要方式之一。因此,教师在推动社会主义先进文化融入党史课教学的过程中发挥着主导作用。然而,现阶段部分教师在融合意识和融合方式方法方面仍有巨大的进步空间。

部分教师对于社会主义先进文化融入党史课教学的意识较为薄弱。现阶段高校党史相关课程教学大部分由党史、历史或者其他相关专业出身的教师担任,这些教师往往具有丰富而专业的历史知识储备,基本能够达到党史课所需要的理论知识和教学能力要求。然而,党史课教学需要将社会主义先进文化,尤其是马克思主义文化理论的内容融入其中,使得党史课兼具知识、价值和信仰教育等多重功能,这对党史课教师提出了更高的要

求。但是，部分教师由于自身认识的局限性，从马克思主义文化理论维度对社会主义先进文化的内涵和重要性进行阐释的能力不足，仅把它视为党史课的一个附加内容，未能认识到其在推动整个思政课建设、帮助学生形成正确的价值观念方面所发挥的重要作用。部分教师在党史课教学的过程中缺乏主动融入社会主义先进文化相关内容的意识。这种意识的缺乏可能是多种原因导致的。例如，部分教师教学负担重、专注点偏移。高校教师通常承担着繁重的教学和科研任务，他们可能更加关注如何完成教学大纲中规定的历史事件和理论知识传授，将课程内容限制在现有的教材体系之内，从而忽视了社会主义先进文化的融入。在这种情况下，社会主义先进文化的教育容易陷入边缘化的困境之中，成为党史课教学中"点到为止"的次要内容。又如，部分高校教师缺乏系统的培训和支持，对于如何将社会主义先进文化有效融入党史课教学缺乏实践指导和具体操作方法指导。此外，还有部分教师与学生之间的联系不够紧密，对学生的需求存在误判。部分承担党史课教学的教师或认为学生对社会主义先进文化不感兴趣，或认为这些内容过于抽象、理论性过强，不易于学生理解，因而在党史课教学中有意或者无意地减少了社会主义先进文化内容的比重。这种误判使得教师低估了学生对文化认同的潜在需求。

部分教师将社会主义先进文化融入党史课教学的方式方法有待创新。社会主义先进文化融入党史课教学需要打破固有的教学思维，推动教学方式多样化。部分教师在将社会主义先进文化融入党史课教学的过程中仍然使用传统的教学方法，过于注重理论传授而忽视情感素养的熏陶和价值观念的培育，使得学生对所学内容感到抽象，难以产生情感共鸣。例如，中国共产党人精神谱系是社会主义先进文化凝结而出的精华，但其具有高度凝练的理论性和抽象性，因此需要用更加生动的方式对这些精神谱系的内涵进行解析。通过具体的历史事件和人物故事赋予抽象精神真实而丰满的情感，增强教学的感染力，学生才能在历史的情境中与这些精神产生共鸣，从而在心灵深处真正接受和内化这些精神价值。然而，现阶段大多数教师仍然停留在理论教学的层面，未能以社会主义先进文化滋养党史课堂。同时，部分教师在课程教学的过程中未能深入了解社会主义先进文化所形成的历史渊源，也未能将生活中可利用的教育资源及时转化为党史课教学的课程资源，导致社会主义先进文化在融入党史课的过程中既未能与历史经验相结合，也未能与时代发展相结合。

（三）网络思潮影响学生思维，学生融合观念有待转变

作为党史课教学的主要受众，大学生现阶段的思想状况是社会主义先进文化能否顺利融入党史课教学的重要判断依据。如果大学生具备良好的文化和价值认知基础，那么社会主义先进文化就能够更为顺利地在党史课教学当中发挥其应有的作用，反之亦然。部分大学生受到网络错误思潮和多元文化的影响较大，导致社会主义先进文化融入党史课教学不畅。

大学生受到网络错误思潮的影响较大。在数字媒体迅猛发展的环境下，各色错误社会思潮在网络空间中成指数倍急速增长和迅速传播。被称为"网络原住民"的大学生群体并不具备完全扎实的党史知识储备，尚未形成完整的价值判断体系，在面对网络错误思潮的影响时往往处于被动状态。例如，历史虚无主义的存在无疑是社会主义先进文化顺利融入党史课教学的一大障碍。历史虚无主义以唯心史观为内核，盲目地否定历史过程，歪曲甚至编纂历史事实，打着学术研究的名义宣扬错误的历史观点、历史逻辑、思想观念以满足自身政治诉求。早在 20 世纪 30 年代陈序经和胡适提出"全盘西化"主张时历史虚无主义就初见端倪。而那时的"全盘西化"主张正是对中华民族传统文化的摒弃和对西方文化的全然接受，正是将中华文化摆在了"落后于西方文化"的位置并且认为其是导致中华民族积贫积弱的"罪魁祸首"。改革开放以后，历史虚无主义带有更多的中国本土色彩，对"黄色文明"的批判和对"蓝色文明"的崇尚和呼唤也是

以文化人　守正创新
——新时代党史课程教学改革探索

其中一种重要表现形式。现阶段，随着科学技术的飞速发展，历史虚无主义这一错误思潮在互联网这个意识形态斗争的最前沿找到了急速滋生蔓延的肥沃土壤。由于党史带有鲜明的意识形态性，历史虚无主义者热衷于"涂鸦"党史，意图动摇马克思主义在意识形态领域的指导地位，以期消解人民群众的"四个自信"。由此可见，历史虚无主义本身就与中国文化相违背，更是以各种新的形式站在了社会主义先进文化的对立面，成为社会主义先进文化融入党史课教学的障碍。现阶段受到网络社交媒体等平台的影响，个别大学生陷入错误思潮的泥沼当中，形成与马克思主义相违背、与社会主义文化相冲突的价值观念，从而阻碍社会主义先进文化融入党史课教学。

多元文化影响大学生价值观念的形成，使社会主义先进文化融入党史课教学面临着更大的挑战。互联网的普及与全球化的推进使得大学生能够接触到各种不同的文化、思想和价值观念，在丰富自身视野的同时也面临着众多价值观相互冲突所带来的迷茫和困惑。大学生通过前期系统性的价值观学习，具备一定的文化认识和价值判断基础。大学生的社会经验和判断能力相对有限，面对复杂的文化现象时往往缺乏足够的辨别力。因此，大学生往往容易被一些精心包装过的文化和价值观吸引，忽视社会主义核心价值观的深刻内涵和现实意义，在面对社会主义先进文化的教育内容时难以产生情感共鸣，甚至出现价值观念的混乱和价值判断的失衡。例如，红军在长征的过程中由于物资的紧缺不得不陷入啃树根、煮皮带的境地。许多大学生通过这一类的党史例子或许能够感受到当时红军战士生存环境的恶劣以及其中展现出来的不畏艰险的大无畏精神，但在日常生活中却沉溺于享乐浪费，认为时代的进步就是天赐的享乐机会而完全不能真正践行其中的精神价值。

网络思潮和多元文化对大学生产生了多重影响，不良的网络信息使得大学生在面对社会主义先进文化融入党史课教学时不能完全做到认知、认同和实践的转变，未能真正实现入脑入心、外化于行。

四、社会主义先进文化融入党史课教学的有效路径

社会主义先进文化融入党史课教学对于丰富党史课内容、推动思政课内涵式发展、实现立德树人根本任务等均具有重要意义。然而，针对现阶段社会主义先进文化在融入党史课教学过程中面临的制度保障、师资建设、网络影响等多方面困境，亟须从完善统筹机制、提升师资队伍意识和能力、创新教学方式方法等方面多管齐下，提升二者融合实效。

（一）完善社会主义先进文化融入党史课教学的统筹机制

社会主义先进文化融入党史课教学既是对党史课教学的深化，也是培养学生正确价值观的重要途径。现阶段社会主义先进文化融入党史课教学过程中出现的种种问题，如关系定位不清晰等，都与缺乏统筹规划有关。因此，完善统筹机制对于顺利推进社会主义先进文化融入党史课教学至关重要。

首先，系统规划社会主义先进文化融入党史课教学的各个关键要素，将文化传承与党史教育紧密结合。一方面，要明确融入目标以确保教学过程的方向性和可操作性，促成二者同向同行。社会主义先进文化融入党史课教学不仅要传授历史知识，还应该引导学生理解社会主义先进文化的当代意义，帮助他们将历史经验与当前社会发展相联系，深入理解党史中的文化要素，培养学生的爱国主义精神、社会责任感和民族自豪感，树立社会主义核心价值观，使其内化为个人的思想信念。也就是说，进行统筹安排需要明确社会主义先进文化在党史课教学中发挥的作用，这种作用可以包含价值引领、文化涵养等多方面。例如，就价值引领作用而言，社会主义先进文化作为中国特色社会主义的文化核心，具有引领思想、规范行为、塑造价值观的重要功能。在党史课程中，它应该作为价值引领的基

石，帮助学生在了解客观党史知识的同时形成正确的价值观念，增强文化自信。就历史阐释作用而言，党史课程讲述中国共产党从成立至今的发展历程，而社会主义先进文化则贯穿党的各个历史时期。在这个过程中，社会主义先进文化可以作为解释党在不同历史阶段作出重大决策、采取重大行动的文化背景。另一方面，要明确融入任务以确保社会主义先进文化能够深入、有效地融入党史教学过程。也就是说，需要将社会主义先进文化融入教学的具体行动计划，包括课程设计、教学方法创新、教学资源配置等方面，都需要结合学生的学情特点进行整体规划和严格把关，确保文化融入的全方位、系统化推进，打造高质量"金课"。

其次，进行统筹安排需要把握社会主义先进文化与党史课教学的衔接点，深入挖掘社会主义先进文化融入党史课教学的有效资源，清晰界定社会主义先进文化融入党史课教学的内容，即社会主义先进文化在党史课中的具体呈现方式。这涉及如何将文化元素与党史中的重大事件、重要人物相结合，如何通过生动的案例、丰富的史料将文化内涵具体化，使学生在历史学习中自然接受并内化这些文化价值观念。这一过程需要明确社会主义先进文化与党史的有机结合点，确保教学内容既富有历史深度又能传递社会主义先进文化的核心价值。例如，在党史课教学中，利用重大历史事件作为与社会主义先进文化的切入点，可以结合长征的艰苦历程由此引出长征精神；利用重要人物作为与社会主义先进文化的结合的切入点，可以通过分析党史中的关键人物如毛泽东、周恩来、邓小平等，探讨他们身上展现的精神品格以及对社会主义先进文化的影响；通过挖掘党史中的文化资源，参观延安、井冈山等革命根据地，深入挖掘和传递延安精神、井冈山精神等文化精髓。

统筹安排社会主义先进文化融入党史课教学的各个要素，把握其衔接点，深入挖掘并充分利用其中丰富的资源，既能对社会主义先进文化融入党史课教学的过程进行系统规划，又能实现有效把控。

（二）提升师资队伍社会主义先进文化融入教学的意识和能力

教师是深入推进党史课教学的关键，在党史课教学中发挥着主导作用。当前，部分教师缺乏将社会主义先进文化融入党史课教学的深厚功底和能力，难以结合社会主义先进文化的特点推进党史课教学。因此，需要通过对教师进行培训、构建教师交流与合作平台、挖掘教学资源等多样化的方式提升师资队伍的融合意识和能力。

首先，要对教师进行系统化的培训。一方面是开设社会主义先进文化融入党史课教学的专题培训课程，提升社会主义先进文化素养。高校可以通过开展专题研讨、理论学习等方式，提升教师对社会主义先进文化的认识与理解。也可以定期举办学习会、报告会，邀请专家学者讲解社会主义先进文化的理论基础、发展渊源、现实意义等内容，结合党史教学实际，使教师在思想上深刻认识到文化融入党史教学的重要性，鼓励教师在教学中自觉承担起传播社会主义先进文化的责任与使命，使他们更主动地在党史课教学中融入社会主义先进文化内容。另一方面是开展社会主义先进文化融入党史课教学的教学技能提升培训。可以通过开展实践性、操作性较强的教学技能培训，如多媒体技术应用、情景教学设计、文化案例分析等，增强教师在党史课程中将社会主义先进文化生动地传达给学生的能力。

其次，要构建教师交流与合作平台。一方面是举办教师交流研讨会。定期举办以社会主义先进文化融入党史课教学为主题的教师交流研讨会，鼓励教师分享教学心得、交流成功经验，探讨教学中的挑战与应对策略。这种交流不仅能提升教师的文化融入意识，也能形成良好的教学氛围和社会主义先进文化融入共识。另一方面是开展跨区域教师合作。既可以通过区域间、校际间的教师合作项目促进不同学校和地区教师之间的教学资源共享和经验交流，也可以搭建教师合作平台，如联合备课、跨校教研等，帮助教师拓宽视野，提升社会主义先进文化融入党史课教学的整体水平。

最后，要挖掘丰富的教学资源。可以通过建立资源库，开发社会主义先进文化融入党史课教学的参考资料。资源库应包括多媒体课件、教学案例、专题讲座视频、党史资料等，整合国内外优秀文化教育资源，帮助教师获取最新的文化研究成果和教学工具，支持教师个性化、创新化的教学设计。例如，无论是站在时代发展的风口浪尖面对社会发展的分岔口作出重要抉择所形成的改革开放精神，还是在全面建成小康社会过程中凝聚成的脱贫攻坚精神；无论是在面对自然灾害过程中所形成的抗震救灾精神、抗洪精神，还是在抗击疫情过程中形成的抗击非典精神、抗疫精神；无论是在增进民生福祉建设过程中形成的焦裕禄精神、青藏铁路精神，还是在推动科技创新过程中形成的载人航天精神、探月精神，都凝聚着时代发展的正能量，作为社会主义先进文化的生动呈现而具有强大的感召力，值得在党史课教学过程中深入挖掘。

对教师进行系统化培训、构建教师交流与合作平台、挖掘教学资源都是提升师资队伍社会主义先进文化融入党史课教学的意识和能力的有效途径，也是充分激发教师在党史课教学中融入社会主义先进文化的积极性、主动性和创造性的重要方式。

（三）创新社会主义先进文化融入党史课教学方式方法

习近平总书记指出，思政课教学是一项非常有创造性的工作，要善于运用创新思维，创新课堂教学，给学生深刻地学习体验。① 党史课作为思政课的重要一环，在党史课教学中融入社会主义先进文化也需要采用更加新颖有效的方式，提升学生的学习兴趣和课堂教学的质量。

第一，要用好第二课堂，推动教学方式多样化，拓展教学空间。第二

---

① 《思政课是落实立德树人根本任务的关键课程》，人民出版社 2020 年版，第 14 页。

课堂不仅可以补充和延伸第一课堂的内容，还可以通过实践和体验式学习深化学生对社会主义先进文化的理解。其一，可以组织红色文化体验活动，如参观革命纪念馆、革命遗址、党史教育基地等，这些活动可以通过实地考察和情境体验使学生更直观地感受中国文化的历史传承。其二，可以开展红色文化节，通过定期举办红色文化主题日活动，如演讲比赛、知识竞赛、主题展览、红色歌曲合唱比赛等，或者组织学生开展与党史中的社会主义先进文化相关的文艺创作活动，如编排和演出话剧或者舞台剧、创作红色诗歌、绘画红色历史画卷等，这类活动不仅丰富了第二课堂的内容，还能够激发学生对党史学习的兴趣，深化他们对党史教育中的社会主义先进文化内涵的理解。其三，可以组织志愿服务活动，如在社区、学校内开展党史中的先进文化知识宣传、组织讲座、参与革命历史展览解说等，通过志愿服务加深学生对党史中的社会主义先进文化的理解。其四，可以成立多元化的社团，如党史研究社、红色书籍读书会等，这些社团可以定期组织活动，如红色经典读书分享、党史专题讲座、文化沙龙、兴趣小组等，为学生提供更多的学习交流平台，营造良好的学习氛围。通过这些创新的方式，第二课堂不仅能够丰富党史课的教学形式，还能为学生提供更多元的学习体验和更广阔的成长空间，促进他们将社会主义先进文化内化于心、外化于行。

第二，要借助互联网技术，形成良好氛围。网络是当代年轻人获取信息、认识世界、形成价值判断的重要渠道，因此需要用好线上宣传平台，推动社会主义先进文化以更加"润物细无声"的方式融入党史课教学。其一，构建线上学习平台。开发专门的党史与社会主义先进文化学习网站，整合丰富的教学资源，如历史文献、影像资料、专家讲坛等，提高学习的便捷性和趣味性。其二，举办线上文化创作大赛。通过互联网平台举办以党史中的社会主义先进文化为主题的线上创作大赛，如红色微视频制作、红色文化短文写作、红色歌曲翻唱比赛、红色故事分享大赛等。可以鼓励

以文化人　守正创新
——新时代党史课程教学改革探索

学生上传自己的作品与同学分享交流，同时通过大众投票和专家评选形成激励机制，激发学生的学习热情。其三，利用社交媒体打造教育新媒体矩阵。可以利用微信公众号、微博、抖音等社交媒体平台发布党史中的社会主义先进文化相关内容。例如，定期推送革命故事、文化知识、时事评论等，利用短视频、图文结合的方式增强传播效果，使学生在日常的社交活动中潜移默化地接受文化教育。在党史课教学中融入社会主义先进文化需要充分利用好现代信息技术，增强课程感染力和亲和力。

在推动社会主义先进文化融入党史课教学的过程当中，应该结合大学生的思想发展状况、个性特点，根据不同学科特点以多样化的方式增强党史课教学实效。通过线上线下相结合的方式打破党史课教学的时空局限，是顺应时代潮流、提升教学效果的重要举措。这种结合不仅拓宽了教学渠道还以丰富的互动和资源共享形成全方位、多层次的学习氛围，进一步增强了学生对党史课程中社会主义先进文化的理解与认同。

社会主义先进文化融入党史课教学的前提、着力点与实现路径

李 欢①

摘 要：社会主义先进文化与中国共产党历史内容相互融合、理论品质高度一致、价值诉求紧密契合，可以为党史教学提供丰厚滋养。党史课教师要全面认识在党史课教学中融入社会主义先进文化的重要意义，深刻理解社会主义先进文化的本质内涵与核心要义，同时准确把握社会主义先进文化与党史课教学的契合点。党史课教学要从厘清社会主义文化发展脉络、明确社会主义文化内容体系、阐明社会主义文化发展方向等几个方面着力，通过强化对党史课教师的系统培训、加强党史教材的开发与建设以及提升学生主体意识与参与感等路径入手，积极推进社会主义先进文化融入党史课教学，不断丰富党史教学内容，提升党史教学实效。

关键词：社会主义先进文化；融入；党史课教学；实现路径

2016年5月哲学社会科学工作座谈会上，习近平总书记明确提出发

---

① 【作者简介】李欢，四川大学党委学生工作部教育科科长，副教授（思政），法学博士，主要从事马克思主义理论研究。

以文化人　守正创新
——新时代党史课程教学改革探索

展社会主义先进文化的任务；2019 年 10 月，党的十九届四中全会指出："发展社会主义先进文化、广泛凝聚人民精神力量，是国家治理体系和治理能力现代化的深厚支撑。"[①] 党的二十大报告进一步深刻指出，"要坚持马克思主义在意识形态领域指导地位的根本制度"，"以社会主义核心价值观为引领，发展社会主义先进文化"[②]。党的二十届三中全会再次对这一问题作出强调，指出要弘扬社会主义先进文化，增强文化自信。党和国家高度重视繁荣与发展社会主义先进文化，不断加强社会主义精神文明建设，推动建设社会主义文化强国。

近年来，为贯彻落实党中央和教育部门对青年学生加强"四史"教育的要求，四川大学面向本科一年级学生开设选择性必修课"中共党史"，梳理总结百年来中国共产党团结带领人民不懈奋斗、不怕牺牲、为民造福、思想探索以及自身建设等方面的伟大历史实践，系统向青年学生阐释中国共产党为什么"能"、马克思主义为什么"行"、中国特色社会主义为什么"好"的道理。社会主义先进文化与中国共产党历史内容相互融合、理论品质高度一致、价值诉求紧密契合，可以为党史教学提供丰厚滋养。明确社会主义先进文化融入党史课教学的前提与着力点、探索其融入党史课教学的实现路径，积极推进社会主义先进文化融入党史课教学，对于丰富党史教学内容、提升党史教学的实效具有重要的理论价值与现实意义。

一、社会主义先进文化融入党史课教学的前提

将社会主义先进文化融入党史课教学，要全面认识在党史课教学中融入社会主义先进文化的重要意义，深刻理解社会主义先进文化的本质内涵

[①] 《中共中央关于坚持和完善中国特色社会主义制度　推进国家治理体系和治理能力现代化若干重大问题的决定》，《人民日报》，2019 年 11 月 6 日，第 1 版。

[②] 习近平：《高举中国特色社会主义伟大旗帜　为全面建设社会主义现代化国家而团结奋斗——在中国共产党第二十次全国代表大会上的报告》，《人民日报》2022 年 10 月 26 日，第 1 版。

与核心要义,同时准确把握社会主义先进文化与党史课教学的契合点。

(一) 全面认识党史教学中融入社会主义先进文化的意义

党史教学中融入社会主义先进文化,可以增加课堂教学深度、提升课堂教学温度、增强青年学生对社会主义先进文化的认同感。党史课通过分专题授课,重在帮助学生梳理中国共产党百年历史的重大主题与主线,使其抓住百年历史的主流与本质,深化对党的历史的认知,深刻了解为什么历史和人民选择了中国共产党,树立并坚持正确的历史观,自觉抵制历史虚无主义,争做新时代爱党、爱国的好青年。在党史教学的不同专题中有机融入社会主义先进文化,穿插讲解社会主义先进文化的科学内涵、生成逻辑、发展脉络与未来发展方向,帮助学生理解社会主义先进文化在党的思想建设、作风建设中统一思想、凝心铸魂的重大作用,可以有效增强中共党史教学的学理性,以学理阐释的方式宣传并传递政治立场和政治观点,增强课堂教学深度,拓展其广度,以理服人。

社会主义先进文化以中华优秀传统文化和革命文化为基石,其中包含社会主义革命和建设时期、改革开放和社会主义现代化建设新时期以及中国特色社会主义进入新时代以来等不同历史时期无数中国共产党人积极投身国家建设的动人故事,在党史教学的不同专题,通过讲述这些优秀共产党员为国为民而不惧艰难、砥砺奋斗的故事,以细节化叙事形式将社会主义先进文化直观的呈现于学生面前,不仅可以增强课堂教学的趣味程度与信息密度,还能够增强课堂的感染力,提升党史课教学的温度,以情动人。中共党史作为一门思想政治理论课,其最终目标是通过党史学习,引导青年学生增进爱党之情,坚定中国特色社会主义道路自信、理论自信、制度自信与文化自信。以社会主义先进文化推进党史课程改革创新,将党的历史与社会主义文化的发展置于整个中华民族发展的宏大叙事体系与广阔历程之中,引导学生运用比较视角和思辨的眼光看待中外文化的异同,学会在错综纷繁的文化形态中划清正面与负面、辨析主流与支流、判别先进与落后,进而认识社会主义先进文化的鲜明特色与显著优势,不断增进对党的领导的政治认同、思想认同与情感认同。

(二)深刻理解社会主义先进文化的本质内涵与核心要义

《汉书·艺文志》曰:"秉要执本",意思是要抓住事物要害与根本。中共党史课授课教师要深刻理解社会主义先进文化的本质内涵与核心要义,把握其本源与关键,才能在课程教学中将相关内容灵活熟练地穿插其中,有的放矢地开展教学活动,推动党史学习入脑入心。文化就其本质而言,是一定社会条件下的政治与经济在思想观念形态上的反映,即以思想观念形态而存在的社会意识形态。文化的内核即价值观,反映了一个国家和民族思想领域的发展现状,具有鲜明的民族精神标识和民族价值观念印记。马克思、恩格斯认为,"统治阶级的思想在每一时代都是占统治地位的思想。一个阶级是社会上占统治地位的物质力量,同时也是社会上占统治地位的精神力量"[①]。中国是在中国共产党领导下的社会主义国家,高举的是马克思主义的旗帜,走的是中国特色社会主义的发展道路,其文化必然是社会主义意识形态的反映,亦必然以社会主义意识形态的价值导向引领文化前进的方向。

社会主义先进文化包含两个核心意涵,其一为"社会主义",即以社会主义的政治经济为基础而产生并发展的文化,这反映了文化鲜明的意识形态属性;其二为"先进性",这是社会主义先进文化的本质规定性,亦是其区别于其他文化的显著标识,即弘扬主旋律、传播正能量的文化,满足人民日益增长的精神文化需求、促进人的全面发展的文化。自中国共产党成立以来,在不同历史时期曾提出过不同的文化建设目标,但是先进性

---

① 《马克思恩格斯文集》(第1卷),人民出版社2009年版,第550页。

始终是党对文化建设孜孜不倦的追求。一部中共党史，也是一部中国共产党带领中国人民在批判改造旧文化、继承发展中华优秀传统文化和选择性吸收外来先进文化的基础上，不断建设和发展社会主义先进文化的历史。习近平总书记曾深刻指出："文化是一个国家、一个民族的灵魂。历史和现实都表明，一个抛弃了或者背叛了自己历史文化的民族，不仅不可能发展起来，而且很可能上演一幕幕历史悲剧。"① 社会主义先进文化并非无源之水、无本之木，它来源于中国共产党带领广大人民建设中国特色社会主义的伟大实践，吸收融合了中华优秀传统文化与革命文化的精髓，是中华文化与马克思主义相结合而形成发展的文化形态。

（三）准确把握社会主义先进文化与党史课教学的契合点

准确把握社会主义先进文化与党史课教学的契合点，才能在党史课堂教学中润物无声地融入社会主义先进文化，以文化启智润心、厚植情怀、涵养品格，实现知识传授与价值引领"双塑造"。社会主义先进文化的内容与党史教学内容互相融合。文化发展与文化建设是中国共产党历史不可分割的一部分，文化建设亦是中国特色社会主义事业"五位一体"总体布局的重要组成部分。社会主义先进文化形成发展于党领导国家建设社会主义的具体实践之中，纵向上构成了中国共产党长期以来百折不挠、不懈奋斗的脉络与线索，横向上形成了丰富、多层次的先进文化，包括思想道德体系、价值追求与精神风范等，为党史教学提供了鲜活的资源与素材。授课教师要找准契合点、善于运用资源，巧妙加以转化和运用，以图说党史、放电影、讲故事等沉浸式方式方法，将先进文化传播与党史学习教育融为一体，提升教学实效。

---

① 习近平：《中国文联十大、中国作协九大开幕式上的讲话》，人民出版社 2016 年版，第 6 页。

以文化人 守正创新
——新时代党史课程教学改革探索

社会主义先进文化与党史课教学在理论品质上高度一致,两者都具有科学性、发展性与实践性。社会主义文化是一种先进的、科学的意识形态,它根植于改革开放和社会主义现代化建设的伟大实践,并随着时代变化和实践发展而不断丰富完善。中共党史既是一门思政课程,也是一门富有生命力的学科。习近平总书记强调:"历史、现实、未来是相通的。历史是过去的现实,现实是未来的历史。"[①] 中国共产党以马克思主义为指引,党史是马克思主义理论与中国实际相结合在中国大地的生动实践。党史课授课教师要在准确把握两者契合点的基础上,紧密围绕课程内容,与时俱进地讲授党的创新理论和文化形态,坚持政治性和学理性相统一、工具性与人文性相统一。

社会主义先进文化与党史课教学在价值诉求上高度契合。发展社会主义先进文化最终是为了提升全体人民的思想道德水平、政治觉悟与文化素养;而开设中共党史课程的目的是引导青年学生了解掌握党的历史,进而增强对党的领导的政治认同与思想认同。授课教师要抓住这一核心,在授课过程中注重引导学生通过党史学习了解社会主义先进文化发展的脉络,萃取其精华精髓,涵育家国情怀,锤炼"听党话、跟党走"的政治品格。

二、社会主义先进文化融入党史课教学的着力点

将社会主义先进文化融入党史课教学,应注意从三个方面着力。首先要紧扣教学目标,厘清社会主义文化发展脉络;其次要优化教学内容,明确社会主义先进文化内容体系;最后要重视传承创新,阐明社会主义先进文化发展方向。

---

① 习近平:《在纪念毛泽东同志诞辰 120 周年座谈会上的讲话》,人民出版社 2013 年版,第 14 页。

（一）紧扣教学目标，厘清社会主义先进文化发展脉络

"教学目标是指教学活动实施的方向和预期达成的结果，是一切教学活动的出发点和最终归宿。"① 党史课"学史明理、学史增信、学史崇德、学史力行"的教学目标为整个教学过程提供了方向指引和根本遵循。在社会主义先进文化融入党史课教学的过程中，授课教师要紧扣教学目标，为学生梳理清楚社会主义先进文化发展脉络，引导学生感受社会主义先进文化的蓬勃发展，进而深刻领悟中国共产党领导的历史必然性，坚定"四个自信"。

社会主义先进文化形成于社会主义革命和建设时期，伴随着中国特色社会主义伟大实践的发展而不断充盈、丰富和完善。1949 年《中国人民政治协商会议共同纲领》中指出，新中国的文化教育是民族的、科学的、大众的，要消除各类封建剥削旧思想。新中国成立之前，毛泽东曾充满自信地推测："随着经济建设的高潮的到来，不可避免地将要出现一个文化建设的高潮。"② 周恩来也十分重视文化建设工作，新中国成立不久，他就指出必须加强文化教育工作："我们不应该把文化建设看作是将来的事，不能等待，现在就应着手。经济建设和文化建设，好像一辆车的两个轮子，相辅而行。"③ 新中国成立后，中国共产党带领中国人民开展除旧布新的新民主主义文化建设，1956 年社会主义改造完成后，党领导人民有计划地进行经济建设，引导全国人民参加并支援工业化建设，构建并发展了以"以劳为荣、崇尚劳动"为核心的社会主义先进文化。改革开放后，党领导人民群众对内改革、对外开放，积极发展社会主义市场经济，构建并发展了以"奋勇图新、改革创新"为核心的社会主义先进文化。随着改

---

① 李剑萍:《教育学导论》，人民出版社 2006 年版，第 2 页。
② 《毛泽东文集》（第五卷），人民出版社 1996 年版，第 344 页。
③ 中央教育科学研究所编:《周恩来教育文选》，教育科学出版社 1984 年版，第 71 页。

革开放的深入推进，社会经济成分、就业方式以及利益关系等日趋多样化，社会意识和社会价值观也呈现出多元化发展趋势。面对思想意识领域出现的新问题与新挑战，邓小平提出建设社会主义精神文明的重大命题，其本质即繁荣和发展社会主义先进文化，以先进的文化塑造人、影响人。其后，江泽民和胡锦涛均对建设和发展社会主义先进文化作出重要指示，要求必须牢牢把握先进文化的前进方向。党的十八大以来，以习近平同志为核心的党中央强调要培育和践行社会主义核心价值观，始终坚持先进文化引领社会风尚，提升精神文明建设的水平。习近平文化思想的形成与提出标志着中国共产党对社会主义文化建设规律的认识达到了全新高度。

（二）优化教学内容，明确社会主义先进文化内容体系

教学内容是课堂教学的核心与根本，抓住教学内容的改革即抓住了教学改革的源头活水。党史课的教学内容是否生动丰富直接决定了课堂教学效果的优劣。党史课任课教师应不断优化并充实教学内容，创新性地融入社会主义先进文化相关内容，并明确其内容体系，推动党史课教学提质增效。社会主义先进文化内容体系包括先进的思想道德以及先进的科学文化。

思想道德本质是社会意识形态，是社会经济关系的反映。先进的思想道德是先进文化的核心，决定着先进文化的性质与方向，引导着人们崇德向善，明大德、守公德、严私德。新中国成立以后，中国共产党在领导广大人民进行社会主义事业建设的过程中，培育形成了雷锋精神、大庆精神、抗震救灾精神以及抗疫精神等系列伟大精神，这些精神集中反映了人们对社会主义的思想感情与精神状态，充盈了社会主义思想道德体系。党史授课教师在授课过程中，应着重讲授上述系列伟大精神的形成与发展过程，深挖其内涵，引导学生自觉践行社会主义道德规范。社会主义核心价值观是社会主义先进文化的集中体现，是对社会主义思想道德的高度凝练与概括。习近平总书记指出："核心价值观，其实就是一种德，既是个人

的德，也是一种大德，就是国家的德、社会的德。"① 当前，世界动荡变革加剧，国际秩序仍处于大调整、大分化、大重组的变动期，面对变乱交织的国际环境和多重不确定性与不稳定性因素，党史课教学要积极引导青年学习践行社会主义核心价值观，以社会主义核心价值观凝魂聚气，站稳政治立场，以德立身、泽己及人。先进的科学文化包括科学知识、科学思想与科学精神等多方面。中国共产党历来将科学作为推动生产力进步的物质力量，也将其视为推动文化发展繁荣的精神力量。新中国成立以来，在党的领导下，中国科技实力显著增强，取得累累硕果。"两弹一星"精神、载人航天精神、探月精神和新时代北斗精神激励着一代代科技工作者勇攀科学高峰，也推动形成了爱科学、学科学的社会主义先进文化。党史课要着重引导学生了解新中国科技发展历程，大力弘扬科学家精神，推动科学文化持续焕发生机与活力。

（三）重视传承创新，阐明社会主义先进文化发展方向

创新是一个民族进步的灵魂，是一个国家兴旺发达的不竭动力，也是社会主义先进文化生生不息的动力源泉。社会主义先进文化不是一成不变、因循守旧的文化，必须随着时代变化和社会进步与时俱进地向前发展，才能保持强大与旺盛的生命力。党史课要重视传承与创新，向学生阐明社会主义先进文化发展方向，引导学生深刻认识与了解社会主义先进文化的性质与未来发展方向，为建设与发展先进文化而不懈努力。

传承与创新是相互关联、辩证统一的。一方面，传承是发展社会主义先进文化的基础与前提，另一方面，创新是发展社会主义先进文化的源泉与动力。中国共产党是社会主义先进文化的创造者，也是其践行者和发展者。只有不忘本来、善于继承，才能更好地推动社会主义先进文化创新性

---

① 习近平：《习近平著作选读》（第一卷），人民出版社2023年版，第238页。

发展，使其在世界多种思想文化的激荡中站稳脚跟，彰显自身特色与优势，不断增强广大人民群众的文化认同与文化自信。当前，社会思想意识多元复杂，文化领域深刻演进，中国共产党在领导人民进一步深化改革，集中精力进行经济建设的同时，必须牢牢地掌握文化主导权，努力传承并创新发展社会主义先进文化。经济发展状况是每个时代之思想意识所赖以确立的基础，创新发展社会主义先进文化要与社会主义经济发展状况相适应，但是文化具有先导性的特征，经济社会领域发展中面临的诸多问题与挑战也需要借助于文化发展才能解决。因此，未来要继续发展健康向上的社会主义文化，以先进的文化丰富人民的精神世界。在这一过程中，必须毫不动摇地坚持马克思主义的指导地位，牢牢掌握意识形态工作领导权，坚持社会主义意识形态，培育和践行社会主义核心价值观。同时，要认识到社会主义先进文化是开放包容的文化，不是封闭自守的文化，是兼容并蓄、博采众长的文化，是面向世界、面前未来的文化。要一如既往地吸收世界各国的优秀文化成果和各民族的一切优秀思想文化成果，坚持"百花齐放、百家争鸣"，形成勇于开拓、和谐包容与创新创造的文化氛围，努力激发全社会与全民族的活力与创造力，大力发展繁荣社会主义先进文化。

三、社会主义先进文化融入党史课教学的实现路径

（一）强化对党史课教师的系统培训

2019年3月18日，习近平总书记主持召开学校思想政治理论课教师座谈会并发表重要讲话，他强调，办好思想政治理论课关键在教师，关键在发挥教师的积极性、主动性、创造性。教师不仅是党史课堂教学的设计者、教学过程的组织者，也是教学活动的引领者。将社会主义先进文化融入党史课教学，要达到润物于无声、育人于无形的效果，教师在其中起着

关键与决定作用。教师对社会主义先进文化的理解越全面、深入、透彻，越能够将其内容有机地融入党史教学。

各高校应着重加强对党史课教师的系统培训，不断提升其知识储备，增强其素质能力。通过集体备课的方式强化专题培训，帮助党史课教师认识到将社会主义先进文化融入党史课教学的重要意义，帮助他们深刻理解社会主义先进文化的本质内涵与核心要义，准确把握社会主义先进文化与党史课教学的契合点，不断提升授课能力与水平。集体备课可以采取领学加研讨形式，由富有经验的教师谈教学思路、教学方法，分析将社会主义先进文化融入党史课教学的着力点与注意问题等，课程组其他教师进行补充与完善，在互相交流与互相探讨中把准教学方向、优化课堂设计、丰富课堂内容。要特别注意加强对青年教师的培训，青年教师由于教学实践不足，往往缺乏教学经验，无法在课堂教学中做到游刃有余、收放自如。课程组应安排经验丰富的教师对他们进行系统的指导与培训，教授他们如何开发并利用社会主义先进文化等教学资源、如何调动学生参与课堂讨论的积极性，鼓励青年教师参与集体备课教学展示与课程比赛等，在展示与比赛中不断总结与反思，提升自身能力水平，打造党史金课。

（二）加强党史教材的开发与建设

教材是教师授课的重要参考，是课程不可或缺的载体，也是促进学生全面吸收、理解中共党史课程内容的基础性材料。当前，党史课还没有出版全国性统编教材，因此要想将社会主义先进文化更好地融入党史课程，加强校本党史教材的开发与建设显得尤为迫切与重要。在教材的设计与编写过程中，可以分专题融入社会主义先进文化相关内容，特别注意要与中国近现代史纲要的内容与主线相区别，避免学生进行重复和无效学习。可以按照中国共产党历史展览馆展览的主题与主线进行教材设计与布局，将课程分为五个专题，分别讲述中国共产党的不懈奋斗、不怕牺牲、理论探索、为民造福以及自身建设的历史。在"不懈奋斗史""不怕牺牲史""为民造福史"等专题，融入雷锋、焦裕禄、周永开、黄文秀等优秀共产党员为国家的繁荣富强和人民的幸福生活只争朝夕、埋头苦干、不计得失、不怕牺牲、无私奉献的故事，引导学生认识社会主义先进文化的形成过程及其以人民为中心的鲜明特征；在"理论探索史"专题融入中国共产党治党、治国以及全球治理思想的形成与发展，引导学生了解社会主义先进文化与时俱进的时代性特征；在"自身建设史"等专题融入中国共产党如何建章立制、开展廉政建设，如何在长期执政条件下走出一条中国特色的反腐倡廉之路，展现中国共产党坚持"零容忍"惩治腐败的态度与力量，引导学生正确看待党内腐败问题，认同社会主义廉洁文化。在教材的编写设计中，可设置重难点、课后思考与延伸阅读等版块，帮助学生把握党的历史发展脉络，启发学生进一步深入思考，通过拓展阅读加深对社会主义先进文化的了解与认同。

（三）提升学生主体意识与参与感

思想政治教育是一个主动构建的过程，要激发学生内驱力，提升学生主体意识与参与感，引导学生主动学习、积极投入，才能达到事半功倍之效。因此，将社会主义先进文化融入党史教学过程中要遵循教育的规律性、把握意识形态建设的规律性。引导学生学习党的历史、了解社会主义先进文化、认同党的领导是一个循序渐进的过程，也是在实践中不断认知、感受和体悟的过程。党史课教师要善于调动学生参与课堂的积极性，鼓励学生挖掘校本资源或本土社会主义建设中形成的先进文化，一方面赋予党史教学以本土气息，让学生深刻感受到先进文化就在身边，从而提高教学的生动性、说服力与实效性；另一方面，学生挖掘的鲜活案例、讲述的生动故事和真切体验，可以有效引领他们自主探究和深度思考，感受社会主义先进文化的本质特征与优越性。将第一课堂的教学与第二课堂教育活动和校园文化建设相结合,开展"讲述身边的党史故事"主题教育活动,引导学生积极参与,鼓励学生通过"研、学、讲、拍"等多种形式,深入发掘和了解党史故事中蕴含的社会主义先进文化,把学习成果以喜闻乐见的视频形式呈现,强化学生认知、激发其情感共鸣,进而增强他们对社会主义先进文化的认同。充分运用大思政课资源,结合课程实践作业开展实践教学活动,鼓励学生利用短假、周末等课余时间参观攀枝花中国三线建设博物馆、成都工业职业技术学院工业博览馆等省内社会主义先进文化教育场馆;鼓励学生参与社区治理、社会调研与各类志愿服务活动,在生动实践中学习党史知识、了解并认同社会主义先进文化,筑牢信仰之基。

四、结语

社会主义先进文化是习近平文化思想的重要组成部分,是具有鲜明中国特色的文化形态,是推动实现中华民族伟大复兴中国梦的强大精神力量。中共党史与社会主义先进文化在内容、理论品质与价值诉求方面的紧密契合使两者互相促进、互相成就。党史课教师在向青年学生讲好党的故事的同时,要始终坚持深入挖掘和阐发社会主义先进文化在新时代文化建设中的价值,引导青年学生提高思想道德观念和科学文化水平,鼓励他们承担起新时代文化建设的使命,为实现中国式现代化以及中华民族伟大复兴提供精神动力。

社会主义先进文化融入"中共党史"课程教学的路径研究[*]

徐 鹏 赵甜甜[①]

摘 要：社会主义先进文化融入"中共党史"课程教学，对于弘扬社会主义先进文化、提高"中共党史"课程教学实效性，具有重要的理论与实践意义。在以社会主义先进文化重构"中共党史"课程教学内容的基础上，利用现代技术与多样化教学手段推动"中共党史"课程教学创新，以实践教学增强学生对社会主义先进文化的体悟，加强师资队伍建设以适应社会主义先进文化融入"中共党史"课程教学的需求，可以有效实现社会主义先进文化与"中共党史"课程所蕴含的教学内容、思政元素的"入眼"、"入脑"与"入心"，从而增强"中共党史"课程的说服力，增强授课效果，助推"中共党史"课程教学实效性的系统性提升。

关键词：社会主义先进文化；"中共党史"课程；教学实效性

---

[*]【基金项目】四川大学研究生教育教学改革研究项目重点项目"新时代中共党史学科人才培养的痛点难点与对策建议研究"（项目编号：GSSCU2023006）阶段性研究成果。

[①]【作者简介】徐鹏，四川大学马克思主义学院副教授，硕士生导师，历史学博士，主要从事中共党史、中国近现代史研究；赵甜甜，四川大学马克思主义学院硕士研究生，主要从事马克思主义理论研究。

社会主义先进文化融入"中共党史"课程教学的路径研究

中国共产党第十九届中央委员会第四次全体会议公报中提出了"社会主义先进文化"的概念，公报指出，"坚持和完善繁荣发展社会主义先进文化的制度，巩固全体人民团结奋斗的共同思想基础。发展社会主义先进文化、广泛凝聚人民精神力量，是国家治理体系和治理能力现代化的深厚支撑。必须坚定文化自信，牢牢把握社会主义先进文化前进方向，激发全民族文化创造活力，更好构筑中国精神、中国价值、中国力量"[1]。社会主义先进文化是中华文化在广泛继承中华优秀传统文化与革命文化精华的基础上，在当代中国的最新发展。

根据 2021 年 4 月教育部办公厅印发的《关于在思政课中加强以党史教育为重点的"四史"教育的通知》及 2021 年 5 月中共中央办公厅印发的《关于在全社会开展党史、新中国史、改革开放史、社会主义发展史宣传教育的通知》，"四史"课程在各高校中先后开设。"中共党史"课程是"四史"教育在高校中的核心课程之一，是一门融政治性、历史性、科学性于一体的高校思想政治课，承担着提升学生的政治认同、思想认同、情感认同，真正做到"学史明理、学史增信、学史崇德、学史力行"的使命。如此，将社会主义先进文化融入"中共党史"课程教学，便有了必要性。

在全国高校思想政治工作会议上，习近平总书记强调：要用好课堂教学这个主渠道，思想政治理论课要坚持在改进中加强，提升思想政治教育亲和力和针对性，满足学生成长发展需求和期待，其他各门课都要守好一段渠、种好责任田，使各类课程与思想政治理论课同向同行，形成协同效应。目前，学术界对于社会主义先进文化融入高校思政课教学，已进行了一定的学理上和实践上的研究，但对于社会主义先进文化融入"中共党史"课程，既有研究仍付之阙如。"工欲善其事，必先利其器。"为实现社

---

[1] 《中国共产党第十九届中央委员会第四次全体会议公报》。

以文化人　守正创新
——新时代党史课程教学改革探索

会主义先进文化有效融入"中共党史"课程，提升"中共党史"课程作为大学生思想政治理论课的教学实效性，关键是找到适用的、科学的方法。由此，本文即以四川大学本科生思想政治理论课"中共党史"课程为载体，探究社会主义先进文化融入"中共党史"课程教学的通用性范式。

一、以社会主义先进文化重构"中共党史"课程教学内容

目前，由于"中共党史"课程尚未有全国统一的教材，各开课高校在国家统一规划的指导下设置课程体系。四川大学"中共党史"课程授课体系是以不懈奋斗史、不怕牺牲史、理论探索史、为民造福、自身建设史共"五史"为框架搭建课程体系。为了实现社会主义先进文化融入"中共党史"课程教学，就需要以社会主义先进文化重构"中共党史"课程的教学内容。

一方面，要对既有教学资源进行整合。即借助纵向内容的大单元整合的教学方法，以社会主义先进文化对"中共党史"课程教学内容进行整合。所谓大单元整合教学，即"从'大教育观'出发，遵循系统论，整体论原则概括出来的。从'整合'入手突破教学内容、突破学习方式、突破学生思维形式，促进学生有效学习，让学生逐渐形成整体把握的学习与理解能力"[①]。大单元整合教学"立足于具体学情，对一个（或几个）单元教学内容取舍规划，整体性、结构性、系统性地安排后展开的教学。单元整合的心理学基础是，整体大于各部分之和；人们在学习过程中有追求一种整体、结构、系统的倾向"[②]。

从"中共党史"课程的设置与教学目标来看，"中共党史"课程是希望借助历史的教育功能实现思想政治教育的目的。"中共党史"课程的教

[①] 严华银：《课程：教育行塑学生跑道》，世界图书出版公司2018年版，第67页。
[②] 陈兵：《小学数学"单元教学"的特征和路径——从"课时教学"的不足谈起》，《教育研究与评论（小学教育教学）》，2019年第2期。

学，应采取"史实＋理论＋时事"的方式，即完整梳理历史过程和介绍史实，并运用马克思主义的立场、观点和方法对历史进行深入分析，在此基础上史论结合对时势与政策进行解读，从而正确引导学生的思想并培养学生正确的历史观与价值观。利用纵向内容整合的大单元教学的方法，以社会主义先进文化重构"中共党史"课程教学内容，能够从方法论的角度，基于"高观点"统领、"思想性"特征和"结构化"关联三个路径推动"中共党史"课程教学实效性的提高。如此，纵向内容整合的大单元教学成为社会主义先进文化融入"中共党史"课程教学过程中可以运用且应该运用的重要方法。思政课改革创新所需要坚持的"八个统一"中即包括"坚持灌输性和启发性相统一"。借助纵向内容整合的大单元教学助推社会主义先进文化融入"中共党史"课程教学，能够极大地助力消除"中共党史"课程教学中所出现的思政精神与授课内容脱节的现象，从而落实思政课程价值引领的目标，并推动"中共党史"课程"知识性与价值性、学理性与政治性、思想供给与学生获得感相统一"[①]。

另一方面，要精选能够体现社会主义先进文化的素材，打造"社会主义先进文化精品教学案例库"，以丰富"中共党史"课程的教学资源。"中共党史"课程兼具政治性与历史性，以历史为载体，而最终落脚点则是政治性，尤其是思政性。如此，将社会主义先进文化融入课程教学内容，需要重构"中共党史"课程的教材体系和教学体系，适当整合、打造一批精品教学案例，将其恰当地融入"中共党史"课程教学，从而充实"中共党史"课程教学内容，提高教学亲和力与感染力。打造精品教学案例，推动社会主义先进文化融入"中共党史"课程教学，可以从以下两个方面予以推进：第一，教师作为为党和国家培育人才的辛勤园丁，其自身的道德意

---

① 崔辉：《党史资源融入"中国近现代史纲要"课程教学机制》，《思想政治课研究》，2020年第4期。

以文化人　守正创新
——新时代党史课程教学改革探索

识形态建设是关键，所谓"学高为师，身正为范"，因此应该加强教师内心深处对社会主义先进文化和党史资源价值的高度认同，使教师真正理解社会主义先进文化的内涵与外延；第二，以学生为主体，在教师的指导下，针对指定的主题，推动学生在社会主义先进文化引领下自行对"中共党史"课程的知识体系进行重构，通过制作PPT、歌曲、演讲、微视频等在课堂上进行展示，增强课程教学过程中学生的积极性、主动性，使学生在参与课堂自我展示的过程中增强获得感。师生关系从本质上来说是一种双向互动的关系，需要教育主客体二者的共同努力，教师在提高认知的同时，学生也需要敞开心扉，主动接纳和学习新的知识，进行教学互动，构筑共有的精神高地。

二、推动社会主义先进文化融入"中共党史"课程教学方法的创新

为了推进社会主义先进文化融入"中共党史"课程教学，需要进一步创新"中共党史"课程的教学方法。教学方法的改进与创新可以有效提高教学质量，推动思政课教学"走深""走实"。

一方面是综合利用现代技术推动"中共党史"课程教学创新。对于传统传播媒介来说，一是开辟中共党史学习研究专栏，在学报、校报上刊登与党史相关的期刊文章，及时更新学界最新研究成果，激发师生的广泛讨论。同时，可以依托本校建立的中共党史研究机构，出版红色刊物，与教师课堂讲授内容相呼应，营造浓厚的中共党史研究氛围。二是通过校园广播电台播放党史上的红色故事、红色音乐、红色电影，解说重大红色节日来历，评析红色热点时事等，弘扬主旋律，丰富学生的业余生活，引起学生的情感共鸣和深度思考，拉近学生与革命先辈、红色史实的距离。慷慨激昂的红色革命历史叙说能潜移默化地教育学生正确对待挫折与困难，多角度看待问题，在日常生活中发扬艰苦奋斗、勤俭节约的优良作风。

对于现代新媒体平台来说,在这个信息大爆炸的时代,人人都已经离不开网络,信息传播不再局限于某些固定场所,人们的交往方式各种各样、内容丰富,大大提高了交流沟通的速度和效率。大学生作为社会中的主要群体之一,互联网新媒体构成的丰富多彩的世界恰好符合他们对独特个性的追求。借助形式不一的新媒体平台,宣传社会主义先进文化和党的历史,传递红色精神,顺应了大学生获取信息的方式,适应了大学生对现实生活思考的心理诉求。对于其实现方式,一是建设高校红色新闻网站,为"中共党史"课程知识与价值传播提供落脚点。红色新闻网站的建设有助于向广大学生普及党的基本历史知识,传播党史文化,加深党史学习教育,增强高校学生党性修养,弘扬社会主义核心价值观。二是从大学生经常活跃的新媒体平台着手,如社交平台微信、微博、QQ等,视频分享平台抖音、快手、小红书等,内容创作平台微信公众号、知乎等,加大"中共党史"的渗透力度,在网络世界中弘扬红色主旋律,营造风清气正的网络环境。同时要注意采用高校大学生喜闻乐见的方式传递社会主义先进文化和党史资源,坚持"内容至上"的原则,依托平台而不依赖平台,严格把控质量,避免形式主义。此外,还可以利用新技术,将党的历史以微课堂、微电影、微剧、微视频等形式呈现出来,避免长时间理论宣讲的枯燥乏味,从而适应高校大学生追求高效的特点。

另一方面是综合利用多样化的教学手段。综合利用多样化的教学手段,创新教学与考核方式,有助于推动社会主义先进文化融入"中共党史"课程教学。马克思曾指出:"人创造环境,同样环境也创造人。"[①] 蓬生麻中,不扶也直。校园环境作为弘扬社会主义先进文化和党史精神的重要载体之一,在润物细无声中潜移默化,对于加强高校大学生的思想政治素养具有十分重要的意义。其一,推动校园红色资源的物质呈现。物质层

---

① 《马克思恩格斯全集》(第3卷),人民出版社1965年版,第43页。

以文化人 守正创新
——新时代党史课程教学改革探索

面的校园红色景观包括党史围墙、党史图书、党史宣传栏、红色标语等,各大高校首先应该建立自己的红色走廊,介绍学校文化整体构思、发展历程和理想追求,将学校经历的红色历史、曾在学校学习的革命先辈的先进事迹等,以图片、文字、视频、雕塑等形式展示出来,宣传先辈名言警句,让学生真切感受党史文化的魅力,接受党史文化的熏陶和精神的洗礼。其二,加强校园社会主义先进文化与党史教育硬件设施建设。首先可以在教室、图书馆、食堂、门廊等醒目的地方悬挂红色标语,张贴党的历史上英雄先辈的照片,简要介绍典型的党史历史事件和人物,如红军长征中的四渡赤水、巧渡金沙江等,邓小平、朱德、赵一曼等的英雄故事,让学生一走进校园就被浓厚的红色文化气息包围。其次可以创办"红色之声"广播站,定期播放红色歌曲、宣讲党史故事、弘扬党史精神,促进视觉、听觉的联合冲击,提高育人成效。最后可以加强教室、办公室红色文化建设,鼓励学生、教师精心打造教室、办公室,设立"党史书籍阅读角",摆放党史纪念品等,定期评选党史文化建设最佳班级,为学生展示自己对社会主义先进文化和党的历史的理解提供表现平台。

三、以实践教学推动学生对社会主义先进文化的体悟

一定程度上,"中共党史"课程因其所具有的历史性导致课堂授课内容存在与现实生活场景相脱离的现象,即"时空隔膜"。如此,就需要在"中共党史"课程的教学中增强课程教学内容、课程素材、授课方式的现实感,努力使学生在学习中感同身受。而实践教学正是增强"中共党史"课程授课现实感的有效方式,借助实践教学可以推动学生在"中共党史"课程学习中增强对社会主义先进文化的体悟。

2018年4月颁布的《新时代高校思想政治理论课教学工作基本要求》明确规定:"从本科思想政治理论课现有学分中划出2个学分、从专科思想政治理论课现有学分中划出1个学分,开展本专科思想政治理论课实践

教学。学生既可以通过参加教师统一组织的实践教学获得相应学分，也可通过提交与思想政治理论课学习相关的实践成果申请获得相应学分。"①如此，在"中共党史"课程的教学中有机嵌入社会实践教学内容，既符合相应政策上的要求，也能够更好地提升教学效果，实现立德树人的教学目标。

具体而言，在社会主义先进文化融入"中共党史"课程教学的过程中，要走出教室，通过现场教学、参观考察等形式，深入具有代表性的可以彰显社会主义先进文化的现场，寻找"现实感"，将社会主义先进文化"实体化"，通过亲身体验和详细的历史讲解，使学生在可观、可听、可感、可触中增强对社会主义先进文化和中共党史的体悟，从而实现"撒盐入水""润物细无声"的教学效果。比如各大高校可以每学期选取少数优秀学生代表参观学校附近某个具有典型代表意义的红色基地或者革命遗址，由任课教师带领并提前讲述此次实践活动的目标与任务，要求学生在参观完成之后回到班级向其他同学分享所见所闻所想，激发其他同学的兴趣。师生共同撰写并提交一篇高质量实践报告，每学期积累，由学校汇编成册，发给全校师生共同学习，实现由点到面的积极扩散效应。

进一步的，社会主义先进文化融入"中共党史"课程的过程中，不仅要注重在实践中"输入"，也要注重在实践中"输出"。即要鼓励学生积极参与社会实践、志愿服务等，如参与传播、践行与传承中共党史、社会主义先进文化的各类活动，从而使学生在成为社会主义先进文化学习者的基础上，进一步成长为社会主义先进文化的继承者与传播者。实现这一目标最简单最直接的方式就是举办校园党史文化活动，以学生喜闻乐见的方式展现社会主义先进文化的鲜活魅力，绕开枯燥的课堂理论教学，调动学生

---

① 辛玉玲：《高职思想政治理论课实践教学指导》，北京理工大学出版社2018年版，第209页。

在社会主义先进文化和党史精神学习传承中的主体性。

打造校园党史文化活动可以从以下两个方面入手,即党史文化作品创作和党史主题活动演出。党史文化作品创作是以大学生为主体,发挥大学生的创造性,形式包括党史主题征文、党史主题演讲比赛、党史主题诗词创作、红色绘画等。这就要求学生发挥自主意识,将自己的人文素养和知识积累融入创作,在创作过程中感受革命先烈无私奉献的精神和崇高的道德品质,在对作品的一次次打磨中获得情感的熏陶。党史主题活动演出是以党史情景剧、党史电影、红色歌曲等的播放和演出为主的一种文艺形式,能够为大学生带来视觉和听觉上的冲击,感染力强,带领师生穿越回战火纷飞的革命年代,感受人民处于水深火热之中的痛苦心理和我们党不怕牺牲、顽强斗争的坚强革命意志,唤起学生内心深处对党和人民的崇高敬意。与此同时,党史主题活动演出有助于引领学生的思想潮流,陶冶爱国主义情操,以通俗易懂的形式号召学生担当起中华民族伟大复兴的时代重任。

四、加强师资队伍建设以适应社会主义先进文化融入"中共党史"课程教学的需求

教师是课堂的主导者。为了适应社会主义先进文化融入"中共党史"课程教学的需求,需要进一步加强师资队伍建设。

一方面是推动任课教师教学与科研相结合,教学与科研并举。要以社会主义先进文化融入"中共党史"课程教学为契机,助推"中共党史"课程教学论说性与学术性的提高。在学校对人才的培养中,没有科研支撑的教学必定是肤浅的教学。"中共党史"课程重在以理服人,用事实说话,故而,在社会主义先进文化融入"中共党史"课程的教学中,应高度重视如何增强"中共党史"课程的论说性,注重学术研究,积极做到教学与科研相结合,教研相长,不断将最新的教学、教改研究成果融入"中共党

史"课程的教学实践,以不断增强"中共党史"课程教学内容的学理性,从而起到事半功倍的效果。正如有论者指出:"如果说思想教育是'纲要'课程教学的宗旨,学术性则是该课程教学的生命之源"[1],由此,学术性也应该成为"中共党史"课程的"生命之源"。

在将学术研究传授给学生的过程中,应注意思维深度和底线意识。思维是语言的另一种反映,只有认识深刻透彻才能表达观点,只有丰富深厚的理论素养积淀才能发出慷慨激昂的声音。坚持马克思列宁主义、毛泽东思想、邓小平理论、"三个代表"重要思想、科学发展观、习近平新时代中国特色社会主义思想,用科学思想武装头脑,增强党史学习意识,增加社会主义先进文化和党史资源学习的种类、广度、深度,理论知识掌握得越扎实,内心的认同感越强烈,言语间的自信才会越增加。此外,事物的发展是从量变到质变、再从质变到新的量变的循环过程,底线就相当于事物发生质变的临界点或警戒点,一旦超出这个范围就会带来不良后果。高校教师在运用社会主义先进文化和党史资源授课时,必须明确什么该讲,什么不该讲,摒弃遮遮掩掩的扭捏姿态,坚定立场,传播正能量,并且将丑化英烈形象、蓄意歪曲历史事实的案例拿到课堂上来,与大学生一起分析其错误荒诞之处,树立起"红色是党和国家最鲜亮的底色"的积极正面形象,增强教师在学生心中的伟岸形象,从而使教师的获得感、成就感得到增强。

另一方面是引入专家资源,打造一批高素质教师人才队伍。组织校内外从事中共党史与社会主义先进文化研究的专家学者对任课教师进行培训,组织教师参加高质量的中共党史专家研讨会,与专业人员交流经验、合作共勉,邀请专家学者以专题讲座的形式向学生授课,讲解党史资源与

---

[1] 刘大禹、王球云:《"纲要"课程教学思想性与学术性融合的问题与对策》,《当代教育理论与实践》2013年第11期,第83页。

社会主义先进文化的相关理论、政策、实践成果。如此可以及时提升任课教师教学的理论素养，增强授课内容的专业性与学理性，增强授课教师的成就感与听课学生的获得感。除此之外，可以打造一批"传承红色基因、弘扬党史精神"的学生干部队伍，以点带面，传承社会主义先进文化和党史资源精髓。大学生是一个庞大的群体，不同学生之间的相互依存、相互作用所产生的同辈效应的影响是巨大的。发挥同辈群体的积极作用，有助于减少育人过程的阻力。在高校中有部分学生是革命先烈的后代，从小对红色文化耳濡目染，是高校立德树人过程的"先知群体"，学校可以通过选拔部分表现突出的学生代表与革命先辈后代组成学生干部队伍，定期开展理论培训和实践体验，在课余生活中向其他同学讲述长辈的红色故事，谈自己的感悟和见解，引导同学们思考，打造"先学带后学"的良好氛围。

五、结语

充分发掘思想政治理论课的教学资源，是提升思政课教学实效性的有效路径之一。习近平总书记高度重视学习历史的重要性，明确指出历史是最好的教科书、最好的老师、最好的清醒剂。他强调，学习党史、国史，是坚持和发展中国特色社会主义、把党和国家各项事业继续推向前进的必修课。这门功课不仅必修，而且必须修好。没有中华优秀传统文化、革命文化、社会主义先进文化的底蕴和滋养，信仰信念就难以深沉而执着。社会主义先进文化融入"中共党史"课程教学，即是要实现社会主义先进文化与课程所蕴含的教学内容、思政元素的"入眼""入脑""入心"，从而增强"中共党史"课程的说服力，提升授课效果，助推"中共党史"课程教学实效性的系统性提升。